纺织服装高等教育“十三五”部委级规划教材
东华大学服装设计专业核心系列教材

刘晓刚　主编

FUZHUANG MAISHOU SHIWU

服装买手实务

第3版

杨以雄　编著

東華大學出版社
·上海·

图书在版编目(CIP)数据

服装买手实务/杨以雄编著.—3版.—上海:东华大学出版社,2018.6
ISBN 978-7-5669-1390-6

Ⅰ.①服… Ⅱ.①杨… Ⅲ.①服装—采购管理
Ⅳ.①F768.3

中国版本图书馆CIP数据核字(2018)第072563号

责任编辑 徐建红
封面设计 风信子

东华大学服装设计专业核心系列教材

服装买手实务(第3版)

杨以雄 编著

出　　版:东华大学出版社(地址:上海市延安西路1882号 邮政编码:200051)
本社网址:dhupress.dhu.edu.cn
天猫旗舰店:http://dhdx.tmall.com
营销中心:021-62193056 62373056 62379558
印　　刷:上海颛辉印刷厂有限公司
开　　本:787 mm×1092 mm 1/16
印　　张:13.5
字　　数:380千字
版　　次:2018年6月第3版
印　　次:2023年2月第3次印刷
书　　号:ISBN 978-7-5669-1390-6
定　　价:47.00元

目 录

第一章

服装买手概述

服装是人类文化的显性表征和社会文化生活的重要组成部分，带有民族特征与时代烙印，与生产制造及零售市场环境的变化息息相关。进入21世纪，“买手”在我国服装界开始盛行，作用与功能日益受到重视。究其原因，可以归纳为：改革开放30余年来，我国服装业尤其是服装品牌企业取得了巨大成功，企业的组织结构和功能逐渐与国际接轨；随着服装商品供给的丰富多彩、国内消费需求快速扩大、产品供大于求，卖方市场开始转向买方市场，新的经营渠道和模式层出不穷；同时，大量的廉价商品面市，使得全球市场竞争日趋激烈，采购与供应模式正在发生变革。

第一节　买手的发展沿革

一、买手的起源

“买手”英文称“Buyer”。作为一种职业，“Buyer”源自20世纪60年代的欧洲，当时资本主义经济进入高速发展的黄金时期，商品周转加快，全球零售业重组，“Buyer”应运而生。20世纪90年代，美国市场萌生“企业商务目标采购员”这一职业，即通常意义的“买手”。买手在企业的分工中以采购为主，主要任务是：根据企业的商品企划，进行商品信息搜集和样品采购；指导产品开发；实施生产原材料、产品成品、贴牌生产产品等的采购。“买手”并不是服装业独享的名词，在其他行业也被广泛使用。20世纪90年代后期中国营销管理学引入“Buyer”概念，译为“买手”，由此在我国产业界开始使用并逐渐流传。

买手具备的基本素质和职能：了解时尚潮流前沿；熟悉行业商业惯例；专业知识完备，对货品具有质价是否相符的鉴别能力；能在适当的时机实施采购，即以低廉的价格购买适销对路的商品，然后加价出售，获取一定的利润。

二、服装买手

“买手”这一职业自欧洲诞生起，便与“时尚”“个性化”等含义联系在一起。欧洲的服装买手以目标顾客独特的时尚观念和趣味为基准，挑选不同品牌的时装、饰品、珠宝、皮包、鞋子以及化妆品，汇聚在一个店铺中。这种店铺通常位于商场内，是一间独立的店中店（Shop-in-Shop）。店里的每一件商品都有独一无二的风格，而店铺本身也有特别的原创设计，以体现经营者推崇的潮流。较之大而全的商场和只卖一种品牌的专卖店，这类店铺为顾客提供了既丰富又具个性的消费空间，被看作是城市时尚气质的风向标。

成为一名时尚服装买手的基本要素：

① 对流行趋势具有敏锐的洞察力、准确的判断力以及科学的预测力；

② 是时尚的忠实者和实践者，能迅速而准确地挖掘时尚热点；

③ 良好的人际沟通能力，擅长商务谈判，具有创新与勇于探究真相的意识；

④ 具备较完善的专业知识，掌握基本的商贸外语；

⑤ 能胜任频繁长途出差的工作任务。

三、服装买手在我国的发展

“买手”这一职业在我国的产生和发展与服装业息息相关。

从中华人民共和国成立至今，我国服装业的发展经历了如表1-1所示的三个阶段[①]。

---

① 李亚男．中国“服装买手”如何成长［J］．当代工人（精品版），2009（2）．

表 1-1 1949 年至今中国服装业发展的三阶段

阶 段	特 征
计划经济时期	服装企业自主权不大,产供销靠上级部门的统一计划与分配;没有形成活跃的市场,人们的穿着欲求主要满足生理需求
市场经济初级时期	衣着的需求量增大,服装产品供不应求,销售态势良好,开始流行时装,服装品牌企业迅速成长;但品种单一,易使市场饱和
完全市场经济时期	服装企业逐渐成熟,市场化程度高;全球经济一体化,国内外服装品牌竞争激烈;企业需要调整、创新组织结构与经营模式

自 1979 年改革开放以来,得益于国内政治经济体制的改革以及国际资本、技术的输入,我国服装业得到了迅速的发展。在改革开放进程中,服装业是外资最早投资的和非公有经济发展的起点行业。国外零售业进入我国市场,最早经销的产品大类之一也是服装。因此,服装业是我国经济中最活跃也是最具创新精神的行业。

如何保持我国服装业可持续发展有两大课题:加快组织结构调整,在加强研发设计和知识产权保护等方面提升综合竞争力;在加大力度开拓国外新兴市场的同时,注重培育和发展国内消费市场,改变过分依赖出口的格局。要完成这些使命,需要大量高水准的从业人员,尤其服装买手是业界期盼的人才。

20 世纪 90 年代中后期,随着"家乐福""沃尔玛"等跨国连锁零售企业进入我国零售市场,"买手"这一名词在我国服装业开始传播和应用。

我国服装买手主要划分为两类:品牌服装买手和成衣服装买手。

① 品牌服装买手。具有较大的职责权限。根据流行趋势,分析目标市场需求,收集各种产品信息,提出设计开发方案,确认设计稿并决定最终投产产品的种类和批量;会同采购部门完成面辅料的购买;参与服装产品生产与销售计划的制定;传递和反馈服装运作流程的相关信息。通常,国内品牌服装买手由服装品牌企业的高层主管、设计总监、企划部或产品部的专职人员等担任。

② 成衣服装买手。根据经营目标和市场运作经验,直接向服装制造(外加工)企业批量买进成衣,供给流通企业零售或批发。目前,国内主要的成衣服装买手有大卖场采购部经理、各级服装品牌代理商或个体服装店铺经营者等。

第二节 服装买手的定义与分类

尽管当今服装界"买手"一词已不再陌生,但到目前为止,学术界对买手的确切定义还没有形成统一定论,研究和应用角度不同,定义也各有千秋。以下是服装买手的若干论述:

西德尼·帕卡德(Sidney Packard)等(1983)的买手定义:"为一个特定的目标顾客群体服务,具有平衡产品价格、预测时尚趋势的功能"①。

① Sidney Packard. Fashion Buying and Merchandising[M]. New York: Fairchild Books. 1983.

提姆·杰克逊(Tim Jackson)(2001)将买手定义为:"服装买手是以获取利润和满足消费者需求为目的的服装专业买家,负责从服装生产商或服装批发商等供应商手中挑选服装货品,然后由服装零售商销售,是联系服装供应商与服装零售商之间的桥梁"①。

王士如(2005)认为:"买手可以称为服装前期市场的催化剂,他(她)们可以在世界各地进行新颖服装款式的采买,然后根据市场运作的需要,以生产成本最小化、边际收益最大化的经营方式分发到世界各地的加工基地与市场"②。

伦敦艺术大学琼斯·克拉克(James Clark)教授认为:"买手对于中国的服装界来说,已经不陌生。他们有敏锐的嗅觉和三寸不烂之舌,常常往返于世界各地、时时关注着各种信息,手中掌握着大量订单,不停地与供应商讨价还价,顾客能买到什么东西,往往是由他们来决定的,这个时尚职业开始引起更多人士的关注"。

一、买手的定义

买手是往返于世界各地,经常关注各种流行资讯,掌握大量的信息和订单,通过与各种供应商进行商务洽谈,组织或采购相应的货源,满足各种层次消费者的需求,获取相应回报的专业买家③。

二、服装买手的定义

广义的服装买手是为企业购买或开发产品,并将产品投放零售市场,满足市场需求并使企业获利的服装专业买家。这种买手在国际大型品牌或零售企业中地位高、权利大,他们洞悉时尚潮流,具备商品策划和制定供货计划的能力,精于市场需求分析与商业谈判技巧,熟悉服装货品采购和流通渠道,是联系服装供货商与零售商的桥梁。

狭义的服装买手主要指具体服装品类的计划采购,这些买手往往是服装品牌的经营者、设计师、经销商、代理商、百货公司采购部经理或个体店铺从业者等。

按职业形态划分的服装买手有以下几种:

① 服装品牌加盟商买手。专为一个品牌服务,在国内主要指服装品牌加盟专卖店的代理商或经销商。这类买手的特点是针对一个固定的品牌下订单,他们凭借着自己对某个特定市场的了解,结合品牌特色,以一定的折扣买进服装品牌产品,然后,按统一的市场价在自己的销售渠道内出售货品。

② 品牌公司服装买手。又可分为两类:一类是产品开发部门的样品买手,主要是收集市场信息,购买服装样品,协助制定产品设计方案和销售计划;另一类是营销部门的采购买手,主要是依据企业的商品计划,联系面辅料供应商和服装供应商,采购服装货品供流通渠道零售或批发。

③ 商场买手。负责为百货店、大卖场等零售商采购系列品类的服装。基于这些商场消费者的不同需求,购买不同品类或品牌的服装产品,或根据自身掌握的流行趋势预测和对竞争对手

---

① Tim Jackson, David Shaw, Mastering Fashion Buying and Merchandising management[M]. London: Macmillan Press Ltd, 2001.

② 王士如,高彩凤,韩贤军,等著.服装企业买手模式[M].北京:中国纺织出版社,2005.

③ 根据百度词条调整.

的分析，直接与供应商进行洽谈、签订供货合同，以丰富的服装款式种类和配套系列服务消费者，并获取期望收益。

也有学者根据工作性质的不同，将买手划分为营销买手和销售买手两类①。

第三节　不同企业类型的服装买手职责

在服装供应链中，买手工作覆盖面广，上至服装产品的开发、设计，下至服装的终端零售都与买手的工作职责有关。这些工作需要有一个齐心合力的团队共同努力完成。服装买手的主要职责见图1-1②。

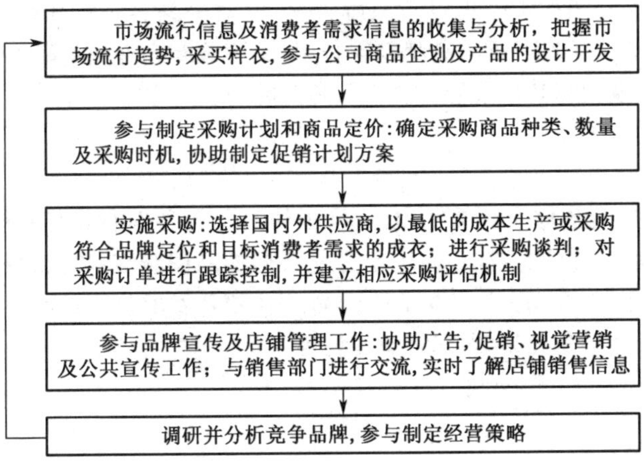

图1-1　服装买手的职责

一、多品牌服装零售商买手

这类买手的工作职能在我国业内称“组货”，主要面对的供货商大部分是批发商或生产企业，采购的均是经过设计的各类品牌服装。这一工作职能需要买手明确零售店客户的真正需求。买手的工作涵盖销售和市场推广，通常不需要了解产品设计和开发的过程，最主要的工作是了解零售店管理方面的知识。

二、制造零售一体化服装品牌企业买手

亦称综合型品牌服装企业买手。20世纪90年代至今，以GAP、ZARA、UNIQLO、H&M等

① 万艳敏. 服装营销战略·设计·运作[M]. 上海：中国纺织大学出版社，2001.

② 李亚男. 中国“服装买手”如何成长[J]. 当代工人(精品版)，2009(2).（略作调整）

为代表的制造零售一体化(SPA①)经营品牌在全球快速发展。我国雅戈尔、七匹狼等服装品牌也属于制造零售一体化企业。这些企业的服装买手除了遵循图1-1的职责外,根据企业的组织结构还可细分为服装样品买手和服装采购买手等。但国内外这类企业的服装买手功能差异显著。

三、品牌服装零售企业买手

我国企业中的这类买手往往兼顾设计师和采购员的工作职能,内部需要协调企业各部门同步进行工作,包括零售、市场推广、物流等计划的落实;外部需要协调各加工厂或贸易商协同完成货品供应。买手不仅要具备产品策划、开发的能力,而且对客户的需求有充分的了解,同时还要有对内外产品链各环节的良好沟通能力。因而,在这类企业中,需要工作能力强、专业素质高以及能胜任繁复任务工作的专职买手。

四、连锁超市或百货公司自营品牌买手

20世纪90年代起,连锁超市和百货公司逐步推出自营品牌,主要针对的是客户群比较稳定、数量较大的中档商品。这种类型的买手工作职责与品牌零售企业(品牌服装企业)的买手基本相同,即需要进行产品策划和开发、采购或订货以及协调整个商品链的沟通工作。

五、百货公司买手

国内百货公司较少用买手这一名称,通常称采购部经理,主要工作是与各种拥有品牌的服装(制造)企业或代理商进行沟通。百货公司买手职能有:决定进什么样的品牌服装;决定价格与备货方式;决定直营还是代销等经营事项。一般不需要了解产品设计和开发的过程,常参加各类订货会或时装秀,选择服装款式,决定订货数量,跟踪订单流程等。

六、无店铺经营的服装买手

无店铺经营形式主要包括邮购和网购,属于虚拟终端的销售形式。与实体终端零售店的最大不同是不存在实体店铺,主要通过产品宣传册或网站网页向消费者展示产品,供消费者挑选。充满吸引力的产品展示和宣传、相对低廉的销售价格、较好的产品质量以及完善的售后服务对无店铺经营至关重要。除了店铺形式以及交易方式不同,无店铺经营形式与实体服装零售并无本质区别,因此,买手的职责除了在店铺管理方面有特殊要求外,与品牌服装企业买手基本相似。

七、批零市场的服装买手

服装批零市场②上承服装生产商或供应商,下接传统零售商或直接消费者,在服装流通中处

---

① SPA(Specialty Store Retailer of Private Label Apparel)指服装企业拥有自主品牌和专卖店,从商品策划(MD)、设计、生产直到零售均由公司总部负责运营的一体化经营方式。

② 例如:上海七浦路服饰市场与韩国首尔东大门服饰市场在发展初期是以低价批发为主的传统型市场,随着经营模式的不断改革和整合,逐渐从单一的批发市场转变为批发零售兼具的多功能集聚型服饰商圈。这类市场是流通业中的一种新业态,起着整合批发零售营销功能、促进商品供应与消费快速敏捷沟通的作用。同时,作为重要的服饰商品分销模式,集聚型服饰批零市场是百货商场、超市、专卖店、大卖场等流通市场的有效补充。

于较为特殊的位置。批零市场的服装买手不参与产品设计开发，直接从生产商或供应商那里采购成衣用于转手或直接销售。买手的职责主要包括采购服装种类和数量的确定、服装批零价格的制定、店铺管理和销售等。

第四节 买手与采购的关系

《朗文当代英语大词典》(2005 年 7 月版)中把“Buyer”译为“采购员，进货员，买手”。可见，“Buyer”与传统意义上的“采购员”“进货员”有一定的联系，但也有区别。

一、采购与服装采购

采购从字面上分析，“采”——选择，从许多对象中选择若干之意；“购”——取得或购买，通常是指通过商品交易手段把所选对象从一方转到另一方的活动。因此，采购是指在一定的时间、地点条件下通过交易手段，实现从多个备选对象中取得能满足自身需求物品的活动过程。

采购有广义和狭义两种概念。狭义的采购是指企业根据需要提出采购计划、审核计划、选择供应商、经过商务谈判确定价格和交货条件，最终签订合同并按要求收货付款的过程；广义的采购是指除了以购买的方式占有物品之外，还可以通过其他途径取得物品的使用权，来达到满足需求的目的①。

顾苗勤在《服装采购作业指南》一书中指出：服装采购一般是指从多个对象中选择购买所需的服装类产品。这里的对象，可以是服装市场、服装制造商、服装批发商、代理商等②。

二、服装采购员与服装买手

服装采购员较服装买手诞生时间早。服装采购员主要指依照采购计划执行采购过程的专门人员，他们主要对服装产品的质量、价格和交货期等负责。通常只是企业根据自身的需求从多个对象中选择购买自己所需要的服装类产品，这时采购往往是大批量的，并且用于直接销售。传统采购员的工作在多数情况下带有较大的职能性。

服装买手除了跟单环节的大规模采购外，还将负责或参与市场考察、信息采集、产品设计与开发提案、单件或较少件数新款服装或样衣的采买。这种采买往往依据买手自身对市场流行趋势以及客户需求的把握，并且依靠自身独具的灵敏时尚嗅觉和较高专业素养做出综合判断，带有较强的自主性与创新性，引导甚至创造需求。服装买手具备管控和职能两重性。

服装买手的产生是适应现代市场发展与需求的结果。狭义的服装买手主要任务是负责为一个或多个服装品牌采买商品；广义的服装买手直接在市场上捕捉消费、流行信息，通过采买新

① 于森. 供应商管理[M]. 北京：清华大学出版社，2006.
② 顾苗勤. 服装采购作业指南[M]. 北京：中国经济出版社，2006.

款服装或样衣为企业产品设计、开发及商品企划提供依据,并在此基础上制定批量服装的采购和销售计划,同时参与品牌的宣传、产品定价、店铺管理、商品促销等多项工作。

一般情况下,服装采购员及服装买手的职责比较见表1-2。

表1-2 服装采购员和服装买手的职责比较

职　　责	服装采购员	服装买手
市场信息把握、流行趋势预测	一般	重要
新款服装的采买	一般	重要
参与产品的设计与开发、商品企划、商品定价	一般	重要
制定大批量成衣采购计划	重要	重要
大批量采购实施	重要	重要
店铺管理(店铺陈列、促销、存货管理)	一般	重要
销售信息收集、反馈	一般	重要

需要指出的是:目前国内服装企业,买手的工作已涵盖服装采购员的相关领域,出现了职能交叉,特别是在成品大批量采购环节,服装买手与服装采购员的职责范围大致相似。

第五节　买手的作用与意义

从市场角度来说,买手可以更有效地组合市场信息,优化资源配置。因为目前的市场已由供应商主导转向了消费者主导,市场的需求动态决定着产品的生产与流通。

从企业角度来说,买手有助于发掘市场需求,提供、开发适销对路的方案或产品,并及时传递和反馈专业信息,增强企业对市场需求的快速反应,能为企业创造高附加值。

一、增强消费者与商家的联结

服装买手的一项主要工作是收集、分析消费者需求信息,由此起到缩短消费者与商家距离的作用。创造并满足消费者需求是企业经营行为的出发点和归宿点,一个完整的商业模式不仅仅是货架和卖场,还应包含消费与生产两个循环系统。买手则是中间的枢纽环节,他们能帮助企业依消费者的需求而生产,使消费者获得满意的服装产品。

二、促进供应链协同运作

服装供应商提供的产品经过买手配套组合,在同一销售点不会出现商品重复,而商品种类丰富,可满足消费者不同需求的选择。同时服装供应商根据买手反馈的市场信息,进行设计改进,有助于生产适销对路的产品。由此,促进零售组织与服装供应商信息共享、风险共担,达到相互协作,供销双赢。

三、传递和反馈产供销与消费者的信息

消费者的需求能通过买手适时传递或反馈给服装品牌企业、面辅料供应商、服装生产供应商以及服装零售商等组织或部门,能形成与消费者的互动关系,形成"多赢"局面。

四、协调企业内部沟通

服装企业的产品设计开发、供应商协同管理、市场渠道、店铺终端、财务计划、信息技术等各部门必须分工明确,买手通过与各部门的及时交流沟通,能准确传递和反馈有效信息。

第六节　服装企业买手模式

21 世纪服装市场的消费需求和流行时尚瞬息万变,服装买手作为连接消费者与服装企业桥梁的作用日益凸显。出色的服装买手能够满足、引导甚至创造需求,促进产品适销对路,帮助企业实现成本最小化、边际利益最大化。

服装买手的工作包含众多环节,如:通过团队协作制定采购计划;买手往往带领着一个团队,每一项工作环节由不同职能的员工分工完成;买手团队工作的顺利执行需要其他相关部门的支持与配合。总之,不断完善买手模式,才能实现以消费者需求为核心,为企业带来高附加值的目标。

买手模式是结合现代企业制度与管理思想,适应市场需求特点,进行一种全新运营方法的革新模式。与企业传统经营模式相比较,买手模式强调运用信息技术、产品研发等各种资源,是对物流配送、终端市场等运营方式进行全新整合的一门科学①。企业运用这一模式,引入买手机制,以买手为中心进行产品开发和运营,通过买手与企业其他部门相互配合、协调,促进服装企业战略和战术经营高效、顺畅运作。

国外服装买手模式运用较早并获得成功的是 ZARA。在引进买手模式不到 10 年的时间里,ZARA 已迅速成长为全球一流品牌,跻身于世界三大服装零售品牌之列②。业界经常为 ZARA 快速的产品开发和供货所惊叹,而这一成功的背后主要得益于买手模式在公司内部的成熟运行。

① 王士如. 王士如手记——买手型企业运营案例解析[M]. 北京:机械工业出版社,2008.

② Inditex 集团(ZARA 是该企业的主要品牌)2013 年销售额为 167.24 亿欧元(增长 16%),净利润达到 23.77 亿欧元(增长 22%),占销售额的 14.21%。

■ 小资料

ZARA 企业买手模式的运用

ZARA 品牌拥有200多名专业买手。他们分布在世界各地,尤其是米兰、巴黎等国际时尚中心城市,担任着各地市场流行产品的信息收集、购买等产品开发的前期工作。此外,参加各种高档品牌和著名设计师的流行时尚发布会,并从中猎取设计灵感和时尚信息,也是买手们承担的职责之一。这些买手专业眼光敏锐、时尚嗅觉灵敏、业务素质精湛,他们所采集和传递的信息是新品开发和产品运营的关键。

产品开发环节买手的引入,加之高效协调的经营运作以及与其相配伍的技术管理体系的支持,使 ZARA 成为当今国际服装市场上集产品设计、生产、经销和零售为一体的时尚巨头。从本质上说,ZARA 的成功源于整个企业买手模式的运用:在产品开发环节引入买手,并且使“买手”上升为一种运作模式自始至终地贯穿于企业运营的全过程。在买手模式运作中,ZARA 依托现代信息网络技术和物流配送体系,实现面向消费者需求的快速供货,引导并创造着流行。

目前,在我国服装业集中程度高的地区,一些企业在经营上已开始实践买手模式,但这种模式的运用尚属于一种不自觉的现象。企业在采用买手模式的经营过程中,制度化、规范化、程序化的运作体系只是刚刚起步,“买手模式”的机制和作用还有待进一步发挥。

第二章

服装买手工作流程

服装买手职责和工作内容往往需要一个团队的通力合作。买手需要借助团队的力量来开展相关的工作,包括对市场和渠道、产品以及综合运营等方面的各种计划制定和决策执行。在以产品研发初期的信息收集积累为起始,包含商品企划、货品采买计划、店铺管理、货品信息和数据分析等过程形成的产品周期循环中,买手的作用至关重要,尤其体现在产品循环周期的起始阶段,即对每个季节波段产品进行的服装商品企划和采购计划。

企业的组织结构与规模不同,买手的职责和功能有很大差异。大型百货商场和连锁店组织分工明确,买手可运用的资金和职权大,主要任务限定于货品组织和采购。而中小企业的买手,除了组织和采购货品之外,还要承担其他的责任,如协助制定产品计划、销售管理、产品陈列以及广告宣传等。

一般来说,买手除了协助进行商品企划外,主要工作包括:信息收集与分析、制定采购计划、实施货品采购以及终端服务等。图2-1为买手工作流程的示意图。

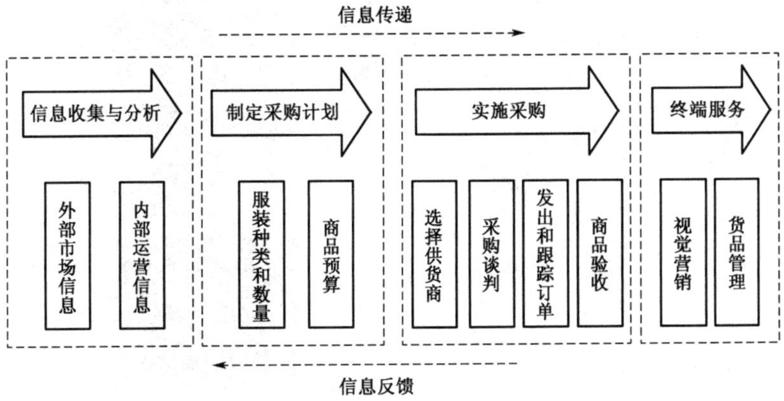

图2-1　买手工作流程示意图

第一节　服装商品企划与采购计划

一、商品季节企划

服装属于时尚类产品的范畴，因此具有时尚产品的特点，即处于循环变化的发展状态，其生命周期又由于流行趋势受到社会经济、文化、政治等的影响而存在不确定性。因此参与商品企划（Merchandising, MD）的买手（或买手团队）需要对时尚市场的需求和变化及时进行感知和把握，甚至是预测，同时又确保有一定的个性化特征，才能辅助相关决策者制定有效的商品企划方案，准确地预测服装市场需求，打造具有市场竞争力的产品。

服装商品企划通常按季节时段进行大类划分，以春夏和秋冬作为服装品类的基础划分品类标准。同时根据品牌经营模式和产品风格定位不同，服装时段划分呈现多样化。商品企划对整个销售起着非常重要的作用，买手的工作内容贯穿整个商品企划过程，需要适时地向企划、设计人员和决策者提供有效准确的信息支持和专业知识技术支撑。

完整的商品企划包括主题和波段规划、颜色系列、产品大类、面料、价格、成本、生产周期、销售计划和促销规划等。

（一）主题和波段规划

产品系列的主题诠释了品牌的灵魂和风格走向，主题的确定需要结合流行趋势信息（色彩、面料、服装款式、廓型等），围绕品牌定位展开。买手通过不同渠道和层面收集汇总的资料和信息是主题确定的重要参考。图 2-2 是根据品牌定位进行产品主题规划的示意图。

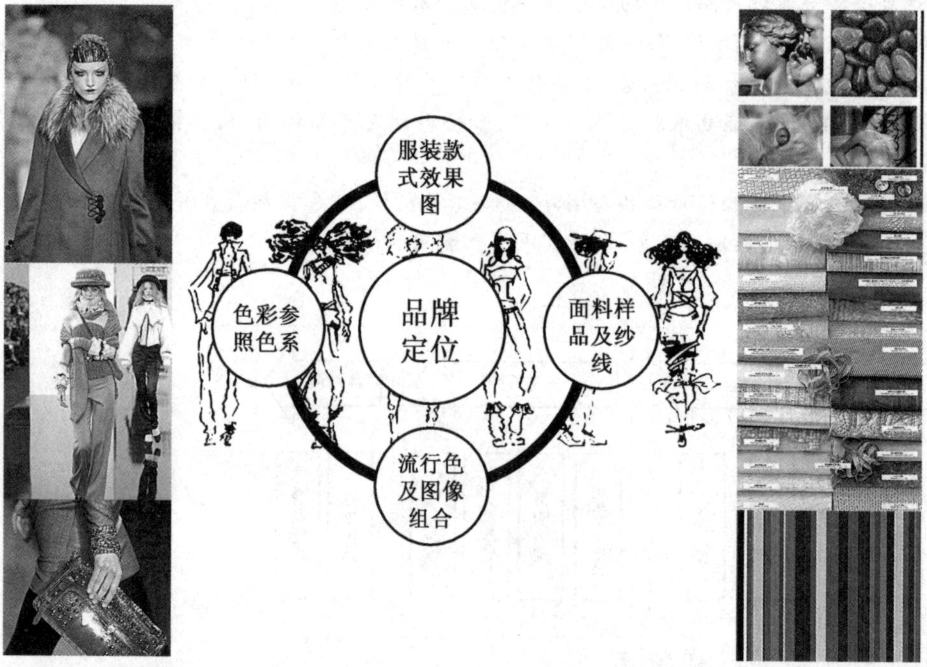

图 2-2　以品牌定位为中心的产品主题规划

主题与时间波段往往相互对应，传统服装企业一般分为春夏、秋冬两季，随后再细分为春、夏、秋、冬，并根据品牌理念和产品开发工作模式展开进一步的产品波段细分（如春1，春2，夏1，夏2……）。划分标准由于地域、产品类型不同等特点而存在差异，但即使划分标准各异，对于各个时间段的规划是任何一家品牌企业在商品企划阶段必不可少的工作流程。图2-3为快时尚品牌整体商品企划的实例。

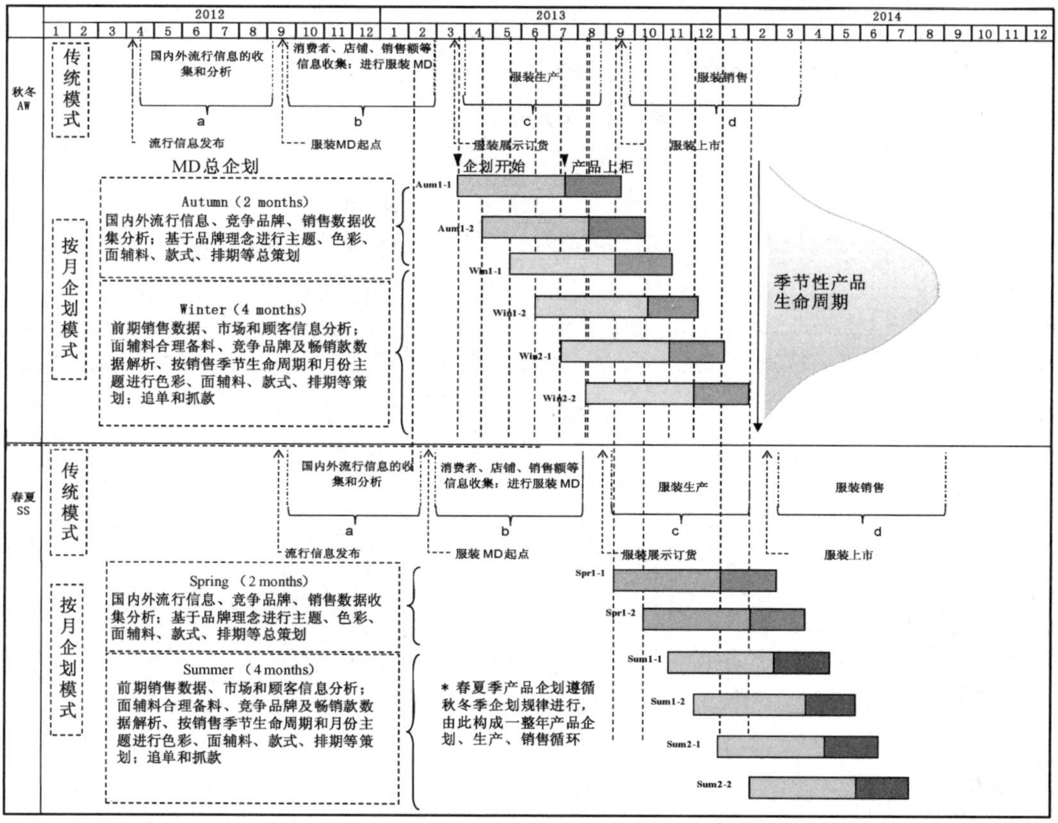

图2-3 季节整体企划方案

尽管一个销售季的采购销售周期通常为一年，但期间仍然需要开发小批量的个性化服装，所需时间也相应较短。服装买手这时会采购一些所谓“昙花一现”的时尚服装款，而ZARA H&M、Geroge等品牌时尚服装则是他们采购的主要对象，买手甚至将大部分的采购资金预算用于这些生命周期极短但十分流行的产品。对于目标定位更加年轻化的服装零售商而言，整个采购周期通常只有几个月，以确保紧跟流行趋势的需要，也因此使得快时尚（Fast Fashion）成为时下较多时装品牌的定位风向标。

（二）色系及产品规划

买手对于流行色预测信息和市场反馈信息的分析报告将为下一波段产品的色系、面料、产品大类、品类配比等规划提供参考依据。

① 色系规划是对产品主打色彩进行选择和计划，买手提供的建议和分析报告中，除体现风

格定位的品牌主打色系之外，还包含结合下一季流行色选取的相关色彩（符合季节主题），并且适当考虑系列感和产品的延续性。

② 产品规划由产品大类规划作为起始点，买手需要从深度（某一品类范围内可供消费者选择的产品组合数量）和宽度（产品品类的数量）两个维度中寻找平衡点，在保证资金和库存高效周转的同时为消费者提供最大限度的选择空间，尽量减少显性和隐性缺货现象的出现。通常比较传统或经典的服装品牌倾向于使用窄而深的规划方式，而年轻化的时尚品牌则更多采用宽而浅的产品策略。

表2-1是产品宽度规划示例，表2-2是产品深度规划示例。

表2-1　产品宽度规划示例

产品结构大类的数量与金额计划													
系列名称		春1-1		春1-2		夏1-1		夏1-2		夏2-1		夏2-2	
		系列1	系列2	系列1	系列2	系列1	系列2	系列1	系列2	系列1	系列2	系列1	系列2
产品计划	总量												
	款数												
色彩构成		色　卡											
面料构成		面料样卡											
品类/(%)	品类14 品类16 品类21 ……												
款式构成/(%)	核心款 基本款 时尚款 ……												
新品销售数量 新品销售金额 旧品销售数量 旧品销售金额 现有库存数量													

表2-2　产品深度规划示例

系列/主题		品类编号	款式大类	企划时间	上柜时间	款号	色系	面料说明	辅料说明	价格/元	款数	总价/元
春1-1	故事系列（一）	品类14	核心款									
			基本款									
			时尚款									
			…	…	…	…	…	…	…	…	…	…
		品类16										
		……	…	…	…	…	…	…	…	…	…	…
	故事系列（二）	品类14										
		……		…	…	…	…	…	…	…	…	…

品类规划完成后，需要进一步对价格、成本、生产周期、销售和促销等进行规划。通过一系列企划工作实现对产品设计开发、生产排期、货品上柜时间、产品促销、营销组合方案、库存以及成本的有效控制。

二、信息收集与分析

商品企划首先需要对市场外部信息、内部货品销售信息进行收集分析，以便在准确掌握市场需求、竞争环境及自身条件现状的基础之上对新一波段的产品进行设计和合理规划。多数服装品牌企业新一季的产品提前一年进行商品企划；而快时尚品牌在货品上柜前三个月甚至更短的时间进行商品企划提案。市场信息具有复杂多样的特点，收集信息时需要具备明确的目的性。

对服装买手而言，除了进行企业外部市场信息和企业内部运营信息分析外，还必须经常阅读时尚类杂志，关注时尚媒体，了解竞争对手的情况，对商贸、时装、面料的趋势等有一定的了解。通过市场调研与分析，预测下一季服装商品的颜色、面料和款式，并为制定商品企划和买手计划提供科学依据。

（一）外部市场信息分析

包括流行趋势、市场环境以及竞争对手等分析。

1. 流行趋势分析

流行是时尚产业的本质，随着社会经济、文化和人们生活节奏的不断变更，时尚传播媒体网络日趋发达、信息技术高速发展，时尚流行的周期日益缩短。新的流行源源不断地被时尚先驱人士引入消费者的感知范围和消费环境之中，消费者不断追逐新的流行，给商家提供了更多机会拓展新的市场，开发新的产品，同时也带来一定的压力和挑战。流行趋势信息源自国内外各大权威流行预测机构（如 Promostyle，WGSN，Fashion Snoops，中国纺织信息中心等）对下一季面料、色彩、服装廓型等相关预测内容的发布，以及巴黎、米兰、东京等主要时尚中心城市时装发布秀场、各类展会活动、各种时尚媒体（如报刊、网络、电视等）时尚传播机构发布的最新咨讯，同时也源自买手自身对时尚的敏锐感知能力。

流行预测（Fashion Forecasting）是指在特定时间，根据历史经验，对市场、经济以及整体社会环境因素等进行专业评估，以推测可能的流行趋势的活动。

策划师、设计师与买手等开发团队经过市场调研，依据现实和潜在消费者的需求，为下一季产品进行流行预测，拟定符合品牌理念的色彩、面辅料、款式以及配套饰品的产品提案。

（1）流行趋势预测组织和刊物

国际流行色预测由总部设在法国巴黎的“国际流行色协会”发布。国际流行色协会各成员国专家每年召开两次会议，讨论未来十八个月的春夏或秋冬流行色提案。协会通过对各成员国提案的讨论、表决，选定一致公认的三组色彩为未来季节的流行色，并进一步细分为男装、女装和休闲装流行色组块。

国际流行色协会发布的流行色定案是由专家直觉判断进行选择的，西欧国家的一些专家是直觉预测的主要代表，特别在法国和德国，专家们一直是国际流行色业界的先驱，对西欧市场和艺术有着丰富的感受，以个人的才华、经验与创造力设计出代表国际潮流的色彩构图，这些直觉和灵感的表达非常容易得到其他代表的认同，同时也被世界同行接受。表 2-3 所示为世界主要流行色组织和机构。

中国流行色协会①是国际流行色协会的分会员。

表 2-3　世界主要流行色组织和机构

中　文　名	英　文　名
国际流行色协会	International Commission for Color in Fashion and Textiles (Inter color)
国际色彩权威	International Color Authority
国际纤维协会	International Fiber Association
国际羊毛局	International Wool Secretariat
国际棉业协会	International Institute For Cotton

在巴黎、纽约、米兰、伦敦等时尚之都，有专业的流行趋势预测公司定期发布关于流行的刊物，如法国的 Promostyl 流行趋势研究工作室。刊物以图片为主，内容包括服装效果图、流行色板及面料或纱线种类等。图 2-4 为 2014—2015 秋冬男装流行趋势预测图，图2-5 所示为 2015 春夏女装设计及色彩趋势。

图 2-4　2014—2015 秋冬女装趋势预测（资料来源：法国 Promostyl 流行趋势研究工作室）

① 中国流行色协会经国家民政部批准于 1982 年成立，是由全国从事流行色研究、预测、设计、应用等机构和人员组成的法人社会团体，1983 年代表中国加入国际流行色协会（International Commission for Color in Fashion and Textiles）。

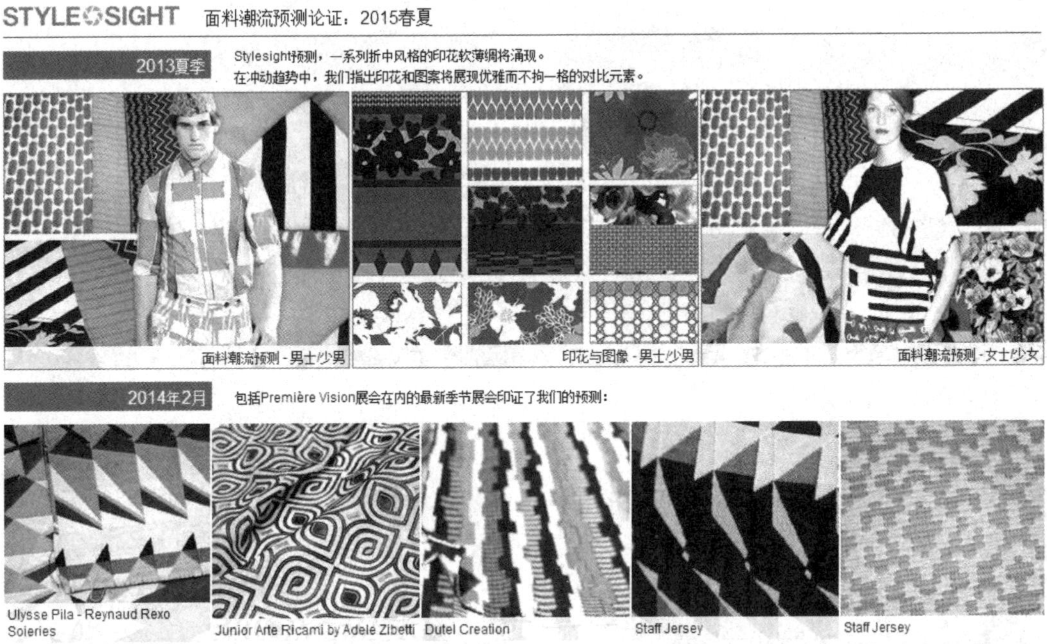

STYLESIGHT
面料潮流预测论证：2015春夏
2013夏季
Stylesight预测，一系列折中风格的印花软薄绸将涌现。
在冲动趋势中，我们指出印花和图案将展现优雅而不拘一格的对比元素。
面料潮流预测 - 男士/少男
印花与图像 - 男士/少男
面料潮流预测 - 女士/少女
2014年2月
包括Première Vision展会在内的最新季节展会印证了我们的预测：
Ulysse Pila - Reynaud Rexo Soieries
Junior Arte Ricami by Adele Zibetti
Dutel Creation
Staff Jersey
Staff Jersey

图 2-5　2015 面料潮流预测论证及流行趋势(资料来源:Style Sight 国际时尚趋势及市场专业数据库)

流行趋势发布与国际流行色预测相同,通常比正式的销售季节提前 18 个月,每 6 个月出版一次。这些刊物分为不同种类,如男装特刊、女士内衣或针织物类特刊等,其中诸多信息对服装产品的设计开发和生产经营有着重要的指导意义。

一些专业杂志,如中国的《流行趋势》杂志、《国际纺织品》(*International Textiles*)、《纺织研究》(*Textile View*)等也会发布近期的流行趋势,主要关注服装面料和色彩等。虽然没有专业预测刊物详尽,但还是能为大多数买手提供某一阶段的基本流行信息,并且这些刊物在一些主要服装原产地或代理商所在城市都可以买到。

(2) 服装展会

随着服装品牌的流行信息、时尚文化的传播网络越来越发达,以完善市场功能、树立品牌形象、帮助企业拓展市场为目的的各种服装博览会、交易会也越来越多,范围覆盖整个服装产业。展会设有专门的展区,供面辅料制造商、服装供应商和代理商展示最新产品。买手根据自身产品和潜在市场的需求,与面辅料供应商或服装供应商接洽,选择适合自身品牌需求的供应商或货品。同时,一些参展商会在中心展示区展出流行面料样品或色彩预测样品,并结合专门视觉传播工具,演示或诠释流行趋势。期间,有些服装供应商还会举办服装发布会,以吸引更多的买手型代理商或经销商。

国际上最负盛名的服装面料交易博览会是每年 3 月和 10 月在巴黎举行的法国第一视觉面料展(Premiere Vision, PV),每次都会吸引成千上万的参展商。

中国国际服装服饰展览会(CHIC)每年 3 月在北京举行,内容包括服装流行趋势发布、品牌发布、各类论坛等。图 2-6～图 2-9 为中国国际服装服饰博览会部分展会图片①。

图 2-6　CHIC 新闻发布会现场

图 2-7　CHIC 买手与供货商接洽

图 2-8　CHIC 某品牌服装发布会

图 2-9　CHIC 某品牌展台

上海国际服装文化节每年举办的上海国际服装纺织品贸易博览会（Fashion Shanghai）是国内最具规模的专业纺织服装、面辅料展会之一，该展会凸显着“商贸合作”的宗旨，已成为具有国际级水平的采购优质服装纺织品的重要贸易平台。

此外，针对不同的市场需求还有各种专门的交易会，如巴黎国际内衣展（Salon International de la Lingerie）、童装展（Mode Enfantine）、上海纺织服装采购交易会（Shanghai Textile & Apparel Trade Fair）、大连国际服装纺织品博览会（Dalian International Garment & Textile Fair）等。

每年在各种时装发布会期间，不难捕捉到买手们奔走于各个品牌新品发布秀场的身影，他们需要在各种时尚流行信息发布活动地、服装设计机构、世界各大时尚购物场所和主要的时尚中心城市频繁出现，及时接触和关注时尚动态，尽快将信息汇总分析并反馈至公司，成为设计师开发设计产品的重要参考内容和产品企划相关人员的指导性建议。表 2-4 是部分国际时尚中心城市的服装商店和所在街区。

① 图片来源：http://www.chiconline.com.cn/cn/news/Information.asp

表 2-4　主要时尚城市的服装商店及街区①

城　　市	服　装　店	街　　区
伦敦	赛弗瑞吉百货公司(Selfridges) 自由百货(Liberty) 夏非·尼高商场(Harvey Nichols) 哈罗兹百货(Harrods)	庞德街(Bond Street) 诺丁山(Notting Hill) 武士桥地区布朗顿路(Bromptom Road)
米兰	复兴百货商场(La Rinascente)	米兰拿破仑街(Via Montenapoleone Manhattan) 史皮卡大道(Via dellaSpiga)
纽约	梅西百货(Macys) Bloomingdales 百货公司 Henri Bendel 精品店	曼哈顿(Manhattan)
巴黎	老佛爷百货公司(Galeries Lafayette) 巴黎春天百货(Au Printemps) 玻马舍百货公司(Bon Marche)	塞纳河左岸(Rive Gauche left Bank)
东京	银座三越百货 新宿伊势丹 丸井百货	表参道(Omotesando Street) 银座(Ginza) 竹下通(Takeshita street)

(3) 设计师作品系列展和时装秀

一些顶级设计师,如 John Galliano、Karl Lagerfeld 等每年会举办两次服装发布会展示自己的新设计系列。巴黎、纽约、米兰、伦敦、东京等地也会定期举行时装周,邀请著名品牌设计师参加。设计师的作品秀主要分为两类:高级女装秀(Collection Fashion Show)和高级成衣秀(Ready-to-wear)。

高级女装②是 19 世纪末 20 世纪初发展起来的,20 世纪 50 年代达到顶峰。然而,到 20 世纪末,其影响力日渐下降,目前已不再是流行风向标的主要信息源。

高级成衣③相对高级女装价格不那么昂贵,面对的是大众消费群体,因此,高级成衣秀影响力越来越大,是每年时装秀及流行趋势的主要信息源。

(4) 互联网信息

互联网在流行趋势预测中正起着越来越重要的作用。一些受条件限制不能及时购买刊物杂志、参加展会或时装秀的买手可以通过网络了解有关流行趋势的信息。

部分国际时尚流行网站如表 2-5 所示,国内部分服装网站见表 2-6。

① 海伦·戈沃瑞克. 时尚买手[M]. 甘治昕,弓卫平,译. 北京:中国纺织出版社,2009.

② 高级女装源于法文:Haute Couture.

③ 高级成衣源于法文:Prêt-a-porter.

表 2-5　国际时尚流行网站

网站名	
http://www.style.com/	http://elemag.com
http://www.fashion.net	http://helly.com
http://elle.com	http://alo.com
http://www.fashion-planet.com	http://esprit.com
http://www.fashionmall.com	http://etnic.com
http://www.fashionangel.com	http://channel.fr
http://firstview.com	http://vogue.com
http://magazinenetwork.com	http://fashion.org.cn
http://worldmedia.com	http://alibaba.com
http://fashion.sh.net	http://yesite.com
http://clinique.com	

表 2-6　国内相关服装网站

网　名	网　址
中国服装信息网	http://www.zei.gov.cn
服饰经纬	http://fashion.commerce.sh.cn
新时尚网站	http://www.fashion.com.cn
中国服装商贸信息网	http://www.chinafashion.com
新世纪中国服饰网	http://www.2000cn.net
时装杂志	http://www.fashion.net.cn
纺织电子商务网	http://www.sinotex.net
中国纺织贸易网	http://www.chinatextrade.com.cn
中国衬衫	http://www.chinashirt.com.cn
中国纺织经济信息网	http://www.ctei.gov.cn
中国服装信息网	http://www.chinagarments.net.cn
东方时尚	http://www.fashion.org.cn
中国服装服饰网上博览会	http://www.chic.com.cn

2. 市场环境分析

买手在为特定地区市场采购服装时，必须充分考虑当地宏观经济、自然环境以及消费者特征对服装购买行为的影响。

（1）宏观经济分析

宏观经济是指整个国民经济或国民经济总体及其经济活动和运行状态，如总供给与总需求，国民经济的总值及增长速度，国民经济中的主要比例关系，物价的总水平，劳动就业的总水平与失业率，货币发行的总规模与增长速度，进出口贸易的总规模及变动等①。

一个地区的宏观经济数据直接影响到当地消费者的收入状况和购买力。如某女装品牌计划拓展九个城市的专卖连锁店，根据统计分析（表2-7），北京、上海、苏州等地人均国内生产总值（GDP）和社会消费品零售总额等在全国名列前茅，居民用于服装的消费支出也相对较高。买手在为这些城市安排服装采购计划时，首先应对该地区的宏观经济数据有所了解，以期预测入驻品牌的价格、档次是否能为当地目标消费者接受及潜在消费群体的规模。

表2-7　国内九个城市综合指标比较（2012年数据）

	城市	GDP/亿元	人均GDP排名	人均GDP/元	社会消费品零售总额/亿元	城镇人均年			(B)÷(A)/(%)
						可支配收入/元	消费支出(A)/元	衣着支出(B)/元	
北部	北京	17 879	5	87 475	7 702	36 468	24 045	2 638	10.9
	沈阳	6 602	8	82 654	2 417	26 431	20 003	2 413	12.0
	大连	7 002	2	104 675	2 230	27 480	20 417	2 193	10.7
长三角	上海	20 181	6	85 373	7 412	40 188	26 253	2 111	8.0
	南京	7 201	3	88 808	3 080	36 322	23 493	2 182	9.3
	苏州	12 115	1	114 193	3 254	37 531	23 092	1 964	8.5
	杭州	7 802	4	88 661	2 944	35 704	22 800	1 991	8.7
	宁波	6 582	7	85 223	2 018	38 043	23 288	2 362	10.1
中西部	成都	8 138	9	57 841	3 317	27 193	19 053	1 867	9.8

来源：各城市政府统计年鉴与报告。

（2）气候因素

买手在制定采购计划时，考察一个地区的气候条件也是重要因素。如中国南方（深圳）与北方（哈尔滨）同一时间温差可达到20～25度，导致产品上货周期相差颇大。如北方城市8月底冬装就会上柜，而南方城市一般到9月底才有冬装上柜。此外，气候、地域等因素也会影响消费者的穿着习惯，不同地区消费者的服装类别、款式风格侧重点都会不同。如广东、云南等南方地区气温相对较高，严寒较少，因此对套装、裙装需求较大；浙江、河南等中部地区对西装需求较大；而北方地区秋冬季长，年均气温低，一些城市如哈尔滨、沈阳等对羽绒服、保暖装的需求量大。而且，受气候影响，不同地区的人群体型也会出现差异，影响服装款式和号型尺寸的选定，服装买手应明确这些差异的原因并采取不同的针对性措施。

① 资料来源：根据百度百科词条整理 http://baike.baidu.com/view/337567.htm? fr = ala0_1_1

(3) 消费者特征

目标消费群体基本信息包括:消费者年龄跨度、文化教育特征、收入水平、地域性差异等,属于相对变化比较缓慢和稳定的信息资源。服装买手需要对不同地域的消费者有针对性地进行调查和了解,有效聚焦目标消费群体,以敏锐的洞察力、丰富的资料来源和良好的沟通能力对消费群体的基本信息进行分析和汇总。商品企划和设计开发需要基于消费群体的喜好来把握正确的市场方向。

在人口统计细分中,消费者的年龄结构、收入状况、生活方式等对服装消费行为有着重要的影响,从而导致不同的服装偏好(案例见表2-8)。服装买手要判断消费者人口特征是否与产品的市场定位相吻合,以此制定吸引消费者的采购和供货计划。

表2-8　不同年龄阶段消费者生活方式、服装偏好

划分方式	年　龄	生活方式	服装偏好
儿童	0~13岁	游戏、童话、上学	电视、广告商品
青少年	14~19岁	求新、叛逆、求学	相对低价位的前卫商品
年轻青年人	20~34岁	时尚、品味、工作	较高价位的时尚产品
年长青年人	35~44岁	品味、舒适、档次	高价位时装、奢侈品
中年人	45~59岁	舒适、享受	旅游、定制服装、降价出售的高价商品
老年人(退休)	60岁以上	安静、享受	保健、舒适商品

注:年龄划分依据联合国世界卫生组织提出的年龄段分段整理。

3. 竞争对手分析

"知己知彼,百战不殆。"为了做好品牌产品的开发、采购与销售工作,服装买手应定期考察和了解竞争对手的信息。通常,买手可与设计师或策划师一起考察竞争对手的店铺商品信息,如价格、款式、颜色、面料等,比较各个竞争对手产品的异同,再根据自身品牌的战略路线,制订合适的采购计划。

买手获取竞争品牌信息主要通过实地走访观察,包括面料、产品设计、价格、质量、数量、店铺陈列、客流量与成交量、新品上货频率及数量导购服务质量等直观信息,同时也需要透过现象进行深入分析,发掘竞争对手内在的优势和弱点,利用有效渠道(如供应商)了解竞争对手相关信息,及时将这些有效信息反馈至企业相关部门,为企业决策及计划实施提供可靠依据。

表2-9是对竞争品牌产品分析的示例表。图2-10是某女装品牌公司竞争对手的产品定位图,从风格、细节、造型等要素对相关品牌产品进行定位比较。

表2-9　竞争品牌产品分析示列表

品牌名称	品类	相关图片	色彩	面料	廓型	上市季节	热销原因	售价

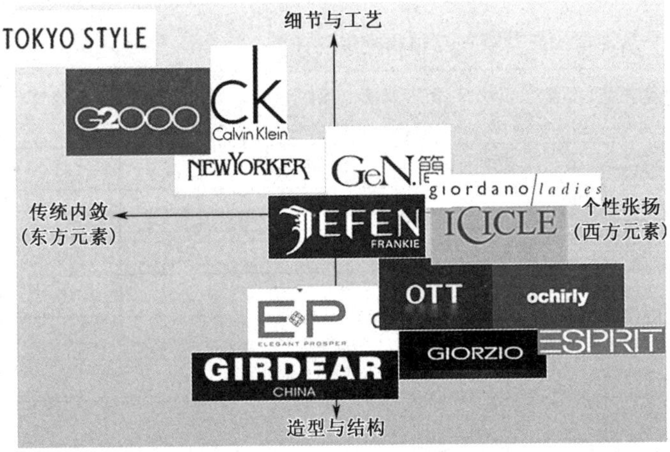

图 2-10 标杆品牌产品定位图

（二）企业内部运作信息分析

在进行商品企划和制定采购计划之前，服装买手必须仔细分析企业内部的数据，查询以往的销售记录，了解不同商品销量数据以及这些商品的利润水平，包括种类、价格、款式、顾客退货等数据。

1. 内部销售数据分析

销售数据直接反映品牌运作的情况和产品适合市场的程度。销售数据分析结果是新产品在品类配比、设计方向和数量价格设置等方面的有效参考依据。

表 2-10 ~ 表 2-12 所示为某品牌销售数据分析统计系列表格，分别从产品品类、数量、金额、销售数量金额占比、库存量等方面对产品销售进行汇总，并对销售畅销前五位（top5）及滞销前五位（bottom5）进行统计排列。作为买手，需要对数据具有一定的敏感度，能够快速从分析表格中发现异常条目，对销售排名前端及末端产品予以重点分析和关注。

表 2-10 A 品牌某时段销售数据统计表

产品线	色款	预算数/件	预算金额/元	金额占比/（%）	采购金额/元	采购占比/（%）	销售数/件	销售额/元	销售额占比/（%）
皮大衣	48	17 738	30 817 562	41.8	30 315 075	41.5	6 189	9 796 846	47.5
裤装	27	14 667	9 285 033	12.6	9 256 830	12.7	4 361	2 594 192	12.6
春/夏 T 恤	48	32 809	8 359 111	11.3	8 323 450	11.4	9 570	2 224 152	10.9
夹克	12	3 647	5 058 553	6.9	5 054 856	6.9	1 202	1 504 196	7.3
防风绒衣	26	6 952	7 292 648	9.9	7 283 258	10.0	1 402	1 320 203	6.4
毛衫	23	7 434	4 046 766	5.5	3 958 425	5.4	1 954	1 018 429	4.9
春/夏 Polo 衫	24	11 528	3 701 372	5.0	3 699 877	5.1	2 839	800 398	3.9
春/夏衬衫	17	3 467	1 442 483	2.0	1 442 483	2.0	1 415	499 290	2.4
短裤	8	5 556	2 427 244	3.3	2 423 203	3.3	1 342	511 615	2.5
长/短袖衬衫	4	1 109	753 691	1.0	752 992	1.0	309	190 199	0.9
马甲	2	676	607 724	0.8	606 825	0.8	167	134 452	0.7
总计	239	105 583	73 792 187	100.0	73 117 274	100.0	30 750	20 613 970	100.0

表 2-11　A 品牌某时段滞销产品销售数据统计

货号	品类	总数量/件	总金额/元	数量占比/(%)	销售数量/件	销售金额/元	销售额占比/(%)	销售百分比/(%)
13168263	防风绒衣	66	105 534	7.2	1	1 599	1.7	2
13003211012	防风绒衣	50	39 950	2.7	4	3 196	3.3	8
13167600	防风绒衣	48	76 752	5.2	6	6 999	7.3	13
17003214650	毛衫	50	24 950	1.7	5	2 420	2.5	10
175305900	毛衫	70	34 930	2.4	9	3 592	3.7	13
小　计		284	282 116	19.2	25	17 806	18.5	9.2

表 2-12　A 品牌某时段畅销产品销售数据统计

货号	品类	总数量/件	总金额/元	数量占比/(%)	销售数量/件	销售金额/元	销售额占比/(%)	销售百分比/(%)
15003716350	裤装	1 106	662 494	22.2	583	324 053	27.8	53
15329701	裤装	1 167	699 033	23.4	498	248 520	21.3	43
15002314690	裤装	479	478 521	16.0	213	200 879	17.2	44
15002616000	裤装	627	500 973	16.8	266	195 741	16.8	42
15003714030	裤装	1 081	647 519	21.7	364	197 871	17.0	34
小　计		4 460	2 988 540	100.0	1 924	1 167 064	100.0	43

通过数据统计分析，能对产品品类结构、各产品系列销售状况、畅销款、滞销款有具体的了解和把握，可作为新产品品类配比、金额、数量、款式设计等参考依据，结合外部市场信息以及品牌风格定位，进行新一轮的产品企划与采购计划制定。

畅销商品与滞销商品的分析是销售数据分析中重要的数据因素，一个款式的畅销与否可以从库存数量获知。按照每周、每月、每季不同时段对款式进行分析，列出畅销、滞销款式明细表单，将成为各个款式的补货判断依据。买手还能够依据对同类款式的销售对比结合库存判断补货数量，及时补充货品能减少显性缺货带来的经济损失。另一方面，通过对畅销款的分析，能够协助设计师更好把握品牌风格定位，也能审核陈列、导购的有效性和质量。

将畅销款式转成为下一个销售季节的主色调，或者在某些细节装饰上进行调整，使之成为具有新品流行特征并保有畅销元素竞争优势的产品；如果产品滞销，则需要找出产生的原因，以避免在下一季的产品企划时出现类似问题。

2. 商品种类

按季节或时间段上柜的服装种类以及不同地区消费者穿着偏好变化多端。如有些地区偏爱裙装、有些地区偏爱裤装。买手应了解以前所订购和畅销的服装种类。例如，若某年长款连衣裙的订货量大、销量大，库存很少，并且利润也高，那么在下一季的采购中，长款连衣裙应该占较大的比重；如果发现某一种类服装销量不好，库存积压较多，则在下一季的采购中应减少或终止此类商品的订货。

此外，根据消费者习惯，T 恤、衬衣、外套等上装购买较多，而裙子、裤子购买较少，所以上装款式数量一般比下装款式数量多，但是女士内衣中的内裤数量比文胸多。

明确这些信息后，才能在采购计划中制定合理的服装款式、品种和数量配比。

3. 价格

大多数情况下，商品价格是影响消费者做出购买决定的重要因素，即向目标消费者提供价廉物美的商品是企业经营的关键要素之一。品牌的价位形象，如“高价”“低价”“价格适中”等，会在消费人群中广为传播。通过分析以往销售记录，买手可以对服装销售的价位产生直观的感性认识，以便在工作过程中控制货品采购的价格和档次。例如，某服装企业通过分析前三年的销售记录，发现高价位连衣裙 400 ~ 600 元的销量最高，而低价位连衣裙 100 ~ 400 元经常需要打折促销才能售出。那么，在以后的采购计划中，可以减少或终止低价位连衣裙的订货，将进货重点定为售价 400 ~ 600 元的连衣裙。

4. 款式、色彩、面辅料与尺寸规格

定期浏览购货商品的销售信息，了解畅销款和滞销款等数据，对于买手考虑是否追单购买或为下一销售季节做准备至关重要。

（1）款式

销售记录提供的是以往商品的销售数据，不能显示未曾上柜的新款商品信息。买手判断购进何种新款商品往往是一项艰难的抉择。一般来说，买手通过考查企业以往新商品上市方面的记录，可以了解消费者对新款的接受程度。如果以往的销售情况显示部分消费者具有尝试新商品的意愿，那么消费者接受其他新商品的机会就会增大。例如，在迷你裙刚流行时，买手所采购的迷你裙畅销，在第二年开始流行长裙时，长裙的销量也很高，说明这个地区目标消费者对流行趋势敏感，并且对新款的接受程度高。反之，如果销售记录显示消费者的购买意愿仍维持在基本款方面，则买手应尽量减少新款商品的采购和配比。

（2）色彩

买手在选择采购服装颜色时，不能过于依赖流行色，而是要根据消费者的爱好决定。考查销售记录可使买手了解畅销款的商品颜色，而且进行适当的分析还可以获得与颜色相关的信息。例如，如果消费者去年购买最多的是当时的流行色——蓝色，前年购买最多的也是当时的流行色——红色，那么，买手就可以假设消费者基本上是追逐流行色的，因此在采购时，可以大胆地订购当季的流行色商品。如果销售记录显示消费者喜好基本色，且没有尝试其他颜色的意愿，那么，基本色款应成为买手采购的首选。

（3）面辅料与尺寸规格

买手查看以往销售记录，可以知道消费者服装尺码规格和面辅料喜好的大致范围，并为下一季采购服装面辅料和尺寸配套提供依据。

5. 退货

有时，一些价位、款式、颜色等方面都有特色的货品仍然会成为库存。通过查询销售记录，买手可能会发现，消费者虽然已经购买了这些商品，但由于尺码不合适或材料等原因向店铺提出退货。在退货过程中，店员通过询问退货原因而保留的记录能清晰地提供退货相关信息。买手需要了解这些信息，修正采购计划，在以后的采购中避免发生类似问题。

三、采购计划

一般来说，商品企划是对每个波段产品进行整体全面的规划，而采购计划则是对具体实施产品的采买制定详细量化的标准，是采购实施的依据。

分析企业外部市场信息和内部运营数据之后，买手开始制订采购计划（Procurement Planning）。采购计划是指在产品生产和发货之前，以财务和设计为基础，制订一个在商业上可行的采购范围，是预选之后和采购之前的一个工作文档①。最初的服装采购计划通常是买手在特定销售季节内预计采购的一系列服装种类清单，且这个清单所列的支出不应超过预算。在具体采购时，计划在执行过程中会做调整，最终为销售季节提供完整明确的产品目录。

这一阶段的工作内容要求买手在数字处理和财务规划方面具有较强的业务能力，同时对服装、面辅料市场行情有比较完整的认知。在制定采购计划时，服装买手需要对以下方面进行规划，并需要其他部门的合作。

① 采购服装的数量。

② 不同品类服装所占比例（如款式大类配比，价格配比，尺寸号型配比等）。

③ 每款服装所提供的面料及色样。

④ 每款服装的成本及售价。

⑤ 每款服装的制造供应商。

⑥ 每款服装的订单量。

⑦ 采购预算。

⑧ 采购时机。

（一）采购服装的种类和数量

采购数量计划基于营销目标而制定，买手需要与相关营销人员共同对新一季销售目标进行商洽，通过对同期实际营业额的比较，预测销售业绩增长比率，结合店铺状况分析（平效、店铺数量等），确定新的销售目标。同时参考销售数据，对每个品类的存销比进行分析，分析结果一方面可作为调整货品的依据，另一方面也可为新的货品采买计划作参考。

1. 采购数量和金额

一般而言，用于计划性采购货品的金额占总体采购金额的60%～70%，余下的资金用于补充畅销款（即补单），有时会预留一定金额作为对有争议款式进行试单，同时还要考虑现有库存以及折扣等因素造成的利润损失，通过对各个要素的综合，最终确定采购数量及金额。

通常，买手要为两个销售季即春夏季或秋冬季采购服装（快时尚甚至每月都有采买任务），需要结合季节天气和流行趋势等因素制订相应的采购计划。大部分的店铺在冬末上市春装，春末上市夏装，夏末上市秋装，秋末上市冬装，因此买手要保证每季这一阶段所采购的服装能适应天气的变化。如在3月份春装刚上市时，店内应有适合冬季的服饰。为满足消费者的需要，商品的种类要尽可能多样化，买手必须仔细规划准备购买的服装规格和数量等。

2. 采购品类

服装根据时尚程度的不同，可以分为经典类和时尚类。为了使销售获得平衡，买手需要在时尚款与经典款之间找到一个合理的平衡点②。

根据产品的生命周期特点，一般品牌服装产品可分为基本款（Essential）、时尚款或形象款

---

① 海伦·戈沃瑞克．时尚买手［M］．甘治昕，弓卫平，译．北京：中国纺织出版社，2009．

② 也有一些企业一开始便将买手分为经典服装买手和时尚服装买手，并不是在采购计划中按服装时尚程度进行分类。

(Fashion)以及核心款(Core)等。在产品采购计划中可基于不同品类生命周期特点进行采买比例的分配实例见表2-13,例如较为传统或经典的服装品类如男士西装,经典款会占到较大比例,而ZARA、H&M等快时尚品牌,时尚款占较高比例。

表2-13 产品品类比例划分示例

品类分类	分配比例/(%)	利润/(%)	说　明
基本款	30	40	根据历史销售情况,提前备料
核心款	50	40	体现品牌特色,提前企划面辅料,针对同款面料开发
时尚款	20	20	通过抓款、高单价体现品牌时尚性

服装品牌企业有时会根据地理和区域差异将店铺进行等级划分,针对不同等级的店铺,配给货品品类和数量都需要有所调整(示例见表2-14)。

表2-14 店铺等级与货品配备示例①

店铺分类	特　征	款式分布
A类店铺	货品规模大,款式最全,数量最多,几乎安排所有产品线上柜,可作为形象店或旗舰店	核心款+时尚款+基本款
B类店铺	规模居中,款量居中,二级店铺	时尚款+基本款
C类店铺	面积、规模、数量较小	基本款(+少量时尚款)

同时,基于对不同地区在气候、文化、消费和经济发达水平上的差异以及当地消费者体型方面的特点,在产品的款式、尺码和品类上也需要制定差异化采购和配货的计划。

从产品品类配比的深度来看,上装、下装、配饰和其他产品的比例也需要进行一定的协调。一般而言,一款下装可以用于搭配一件以上上装,上装数量会略多于下装,买手需要根据实际销售和库存数据统计出合理的上下装配饰配搭比例,并结合产品款式、色彩和自身积累的经验拟定采购计划。

■ 小资料

经典类服装

经典类服装的廓型、材料有时保持不变,有时保持款式不变而颜色或面料改变,如男式衬衣、西服等。经典产品将舒适感和实用性以及人们对美的向往结合在一起,从而占据市场的一席之地。Gap集团会连续两季或超过两季都销售灰色等传统颜色的裤装,同时也会跟随季度流行趋势引进颜色更为时尚的服装。女装也会在大众市场销售传统经典服饰。女士内衣比其他服装有更长的生命周期,经典款式通常要连续生产好几年;牛仔裤和T恤也仅在款式上有些许不同。经典颜色一般包括黑色、白色、灰色,但依据产品领域和市场层次的不同而有所变化,如白色是女士内衣的经典畅销色,每年白色内衣的销售量比其他所有颜色销售量之和还要多。

① 陈静.服装买手在国内品牌中的职能化动作研究[D].北京服装学院硕士研究生学位论文,2008.

■ 小资料

时尚类服装

时尚类服装或流行服装如果受市场欢迎,在特定时期内可产生高销售额或利润。绝大多数流行服装不会存储超过一季,仅有小部分的时尚产品会转变成经典产品。在降价阶段,这种产品会吸引年轻顾客。某种服装可能被一家零售商作为时尚品,而另一家零售商会将类似产品归于基本款,定位于年轻、具有时尚意识的消费者。买手需要根据企业品牌理念和产品定位,确定采购经典类服装和时尚类服装的比例。

(二)采购商品预算

买手工作的目的是使企业盈利,制作一份合理可行的商品预算十分重要。在做采购资金的预算时,大多数企业要求买手制定一份半年期的采购计划和资金分配方案。为此,买手必须关注春夏季或秋冬季的服装商品企划方案的相关细节。

1. 预算的制定

负责采购预算的销售总监会决定各部门的资金份额,再由销售部经理对部门内的每一位买手进行具体分配。根据分配的资金份额,买手将此后六个月计划采购的商品种类、数量、资金等分别以数字上报。此时要根据内部销售记录、外部市场信息和当时社会经济情况进行综合判断,制定预算。

2. 采购计划的调整

在商品采购过程中,买手应尽可能地遵循既定采购计划,但有时可以根据实际情况做部分调整。在调整时,买手必须加倍小心,既不能轻易被供货商左右,又要兼顾原计划的合理性。通常情况下,只要在制定计划时方案明晰、合理,采购时就不必做大的调整。

3. 预留机动资金

热卖商品是提高盈利的关键,由于大多供货商在交货之后又会被增加一些新的订货款式,这些款式可能成为热卖商品,但此种商品并未包含在最初的采购计划之中。此时,买手必须掌握一定的备用资金用以购买此类商品。因此,拥有一定的机动预算是必要的。

机动资金 = 某一时期实现计划销售目标所需资金 - 采购已支付资金①

服装企业也可采用 OTB(Open-to-buy,即机动采购)系统确定机动采购额度。所谓的机动采购额度,是在给定时期内计划采购额与采购员承诺购买款项之间的差额。它代表采购员留待当期购买的数额,并且随每次购买数量的上升而下降。实际上是指买手为采购新商品或更新库存而预留的备用资金。

(三)采购时机

何时进行货品采购需要根据产品上货计划做出详细的安排,以保证新款适时进店上柜,在恰当的时机有效地销售产品。买手需要对历史同期上货情况进行分析,同时针对新产品的特点和市场需求制定新的上货计划,进一步确认合适的产品采购时机。

---

① 杰·戴孟德,杰拉德·皮特.服饰零售采购——买手实务[M].北京:中国纺织出版社,2007.

在春夏季和秋冬季,买手需要根据季节性天气和流行趋势的变化制定采买计划,少量新款逐步加入流通领域,使得一个服装季内的款式变化多种多样。通常服装企业会选择在年初发布春夏季服装新品,并将这些新品的销售与库存销售分开进行。

在同一销售季节的不同时段进行的服装采购可称为“波段”或“阶段”,每季有6个波段甚至更多(根据服装品牌的时尚程度和定位进行确定),买手对每一波段的采购范围进行细化,根据市场实际情况及库存等对新品上货、降价销售时期,作出及时的调整和与之相配合的采购计划。大部分商店至少每隔6周会进行一次服装采购,以保证店铺内商品的不断更新,提供给消费者更多的选择。而特定的商品则会有比较明显的季节性销售模式,例如泳装、大衣及羽绒服等。

许多因素都会对服装采购计划的制定带来影响,进而影响产品的销售和企业的发展,买手通常会实时关注采购的执行,并且还要了解外部的因素。这些因素包括:企业的资金预算、其他部门的业绩和工作配合程度、管理者的决策能力和掌控能力、当时的社会情况和流行趋势、经济政治形势、竞争对手的采购计划、消费者的购买意愿、合作供应商的配合程度和生产能力以及其他客观因素,如天气气候等。

四、商品定价

价格是影响消费者购买决策的重要因素,也是划分品牌档次的重要指标。利润的产生来自于商品的成本和销售价格之间的差价。服装买手必须对商品的销售价格和它的成本同样关注,因为这两者对于利润的产生有着同等重要的作用。买手在企划每一季产品时,要综合考虑多方面因素为商品制定销售参考价格;在与生产供应商谈判时,也要做到严格控制成本,以达到企业管理层所制定的利润率指标。

一般而言,企业管理层要求买手的采买任务在一定时期内实现规定的目标利润率和利润额指标。无论是大商场买手或是中小服装品牌企业买手,其经营是否成功的主要考核指标是采购效益是否达到或超过预期目标利润率和利润额。

买手按照企业制定的目标利润率和利润额指标,经过调研其他竞争品牌的售价,结合考虑本企业品牌的价位档次及原产品的价格带,在新一季产品做采买计划方案时,重点是为价格组合以及各价格带货品的配比提供参考。

买手的价格策略:

① 为每个品类制定一个平均价位,然后每个品类里再细分若干价格,目的是为消费者提供不同价位的选择和覆盖市场能够接受的价格。

② 在市场选款时,基本根据制定的平均价位挑款,如果服装价格太高将取消购买。

③ 在选择供应商时,如果产品以及交期没有很大差异,价格便是重要的衡量指标。有时为了控制成本,在无法压缩其他费用的情况下,买手会与供应商、设计师协商对服装款式或面辅料进行修改调整。

(一) 利润考核采购效率

目标销售价格和利润率通常由高层管理部门确定,并由管理买手的商品主管具体实施。买手需要按照公司利润最大化的原则对商品进行定价,即:买手根据同类产品的市场价格、品牌常规价格带以及该款产品的成本,制定各款服装单价。针对一些涉及价格竞争的特殊商品、滞销商品,买手需要采取不同的定价策略。

虽然,管理部门会给买手制定预期利润率,但买手仍具有灵活性,不必拘泥于这一数值去衡量每一种商品。预期利润率是一个整体的平均利润率,而非各单品的利润率,买手可以灵活机动地决定哪一种服装价格高一点或哪一种低一点。如何达到管理层制定的预期平均利润率,需要买手具备良好的市场把握能力以及定价策略技巧,优秀买手的标志之一在于能使用合理的定价手段完成目标利润率。

如果买手采购失误,商品降价促销,这会直接影响到品牌的利润率。因此,最终产品是否降价、是否达到预期的利润水平可以作为评价买手的方法。降价对买手而言,往往是非常严重的问题。优秀服装买手采购的商品销售业绩综合评价高,降价商品占比少。

要想获得预期利润率,买手在采购过程中必须把握好成本。成本控制的覆盖面广,需要把握货品的价格组合和单品的成本。按照企业已定的零售价和利润率,反向倒推成本价或进货价。合理的操作流程是在产品规划时,确定好产品零售价和成本价的关系,而不是等到产品设计完后,再制定价格。企业若先做款再定价,将犯本末倒置的错误,这样的产品价格缺乏市场竞争力。买手和供货商之间的商务谈判有许多成本控制方法,在不改动原企划和整体设计风格的基础上,可以通过单款替换辅料、修改小细节等方式压缩产品成本。

(二)价格定位

零售经营成功与否在很大程度上取决于定价策略。制定的服装价格既不能低得没有利润,也不能过高而没有需求,必须介于两者之间。产品成本为价格规定了最低限度,消费者对产品价值的认知和需求期望为价格规定了最高限额。因此,价格定位时必须考虑产品成本和消费者需求这两方面因素。此外还必须考虑竞争者的价格以及其他各种内部和外部因素,并根据不同情况,制定出对企业长远发展最为有利、合理的定价策略和价位档次。

买手在制定产品价格结构时,需要考虑以下几个方面因素。

1. 竞争品牌价格

在服装定价中,单纯依靠价格竞争是不行的,价格竞争可能会导致两败俱伤的结果;但定价中不考虑竞争对手的价格也是不行的,在与竞争者其他方面的差异缩小时,价格仍具有决定性的作用。

竞争定价法是指企业依据自身在竞争中的地位,以竞争各方之间的实力对比和竞争者的价格为定价的依据,以在竞争环境中生存和发展为目标的定价方法。即根据本企业产品与竞争者产品在市场知名度、产品质量、销售服务等方面存在的差异,比照竞争者产品价格,确定本企业产品的价格。

要了解市场需求以及其他品牌的情况,最有效的方法是市场调研。通过市场调研,及时收集全面、可靠的信息,掌握市场上同类竞争品牌的信息和动态,从而为品牌的市场营销决策提供可靠的依据。

2. 定价策略

(1)尾数定价法(Mantissa Pricing)

定价时注重保留商品价格尾数的心理定价策略。主要针对一部分消费者求廉的心理,以达到“比较便宜”的效果。市场上相当多的服装以98元、198元等出售,而不是以100元、200元整位数出售,虽然两者实际价格差异不大,但给一部分消费者的心理感受却是不同的,他们会认为前者比后者便宜。

（2）整数定价法（Integer Pricing）

定价时将商品价格设定为整数，以显示商品具有一定品位或质量的心理定价策略。高档商品宜采用整数定价法，以达到“价高质优”的效果。整数定价法多用于价格昂贵的服装，这种场合顾客对质量较为重视，往往以价格高低衡量商品的品位，产生“一分价钱一分货的感觉”。

（3）分档定价法（Grading Pricing）

根据商品档次分类定价的方法。根据消费者不同的收入，将服装商品按不同档次分开定价，有利于企业按不同收入层次分档销售，也易于消费者接受。

（4）取脂定价法（Market-skimming Pricing）

以利润最大化为目标，对商品采取高价厚利的定价方法。企业推出新产品时，利用消费者求新心理，在产品价格的可行范围内尽可能制定高价，在产品生命周期的早期阶段迅速回收投资并获取丰厚利润。名牌、高档服装通常采用这一定价方法。

（5）渗透定价法（Market Penetration Pricing）

利用顾客求廉心理，在产品价格的可行范围内采取保本微利、薄利多销的定价方法。廉价销售可迅速打开销路，扩大销量和市场占有份额。市场存在较大潜力、需求价格弹性系数较大的服装商品可采用这一定价策略。

有的企业单纯执行一种定价策略；而大部分企业既要使某一分店凭借价格打折迎接挑战并表现出竞争力，又要在特定时期购进低价商品以满足销售特殊商品的需要。同时，还要经常在主要连锁店中执行正常的价格策略，因此这类企业会选择使用几种形式的定价策略。但无论选择哪种，买手都必须不折不扣地执行并在采购过程中体现管理层的定价意图。

3. 品牌价位档次

通常，一个品牌销售商品的价位决定了品牌形象。品牌在建立初期应有明确的档次定位。不同类型的品牌要有适合自身价位的产品，而且这些产品要能够得到持续的供应。顾客对自己的购物也有一个相对明确的价位要求，对于顾客来说，在同一价位的两件商品中更容易做出选择，顾客不会把价格相差很大的两件商品放在一起进行比较。适当的价位能降低产生滞销商品的可能性，而且明确的价位也有助于广告和视觉营销，买手不用被迫把促销销售预算扩展到每个领域，而是侧重于会有最大需求的商品，由此提高促销的效率。

买手在制定价位时，要符合顾客的需要，同时还要用一些比正常价位相对便宜一些的商品进行促销，以此吸引消费者。另外，买手在进行价位档次选择时，应注意各商品价格的档次与商品质量一致。

4. 以往销售记录

尽管销售管理人员会非常仔细地说明品牌的价位政策，但实践中，买手的理解却可能会存在一定程度的偏差。因而通过分析以往的销售记录，买手就能对畅销服装的价位水平产生直观的感性认识。有时甚至通过分析以往销售的价格数据，并通盘考虑外部的相关信息后，能获取品牌进行价位调整的可靠依据。

（三）成本分析和计算

利润＝市场价－成本。当服装市场价格已定或商品竞争激烈时，只有降低服装产品成本才能获取更多的利润。服装买手在与供应商谈判时，应熟知成本的构成、利润空间以及能够接受的底线条件，同时也应谙熟对方的成本底线和利润空间。为此，买手必须掌握服装成本的计算方法，以便制定准确的价格和预期利润。服装成本与价格的关系见图2-11。

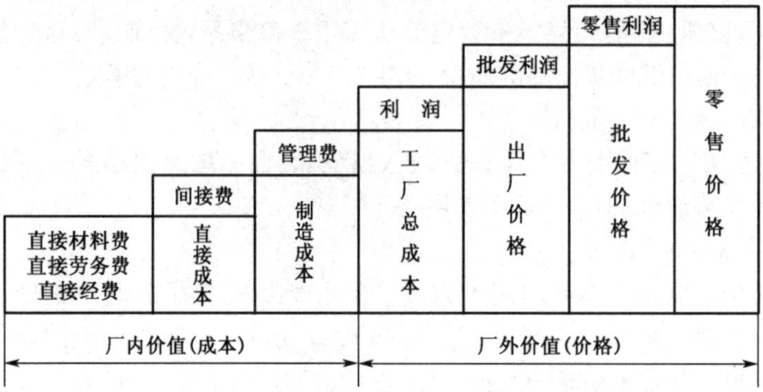

图2-11 批发价、零售价与成本的关系

① 出厂价格(Product Price)：制造企业向流通企业出售或调拨商品的价格，即工厂成本加利润。产品的出厂价格是进入流通领域的第一价格，是制定产品批发和零售价格的基础。出厂价格有若干形式：全国统一价格、分地区统一价格、地方临时价格、浮动价格、协议价格等。

② 批发价格(Wholesale Price)：由批发企业的进货价格、流通费用和利润构成。批发价格须规定批发起点，否则按零售价格出售。

③ 零售价格(Retail Price)：亦称最终价格。由批发价格、零售费用和利润构成的商品出售价格。按价格管理划分有计划零售价格和非计划零售价格。由于我国服装业发展迅速，种类和数量丰富，服装零售价格已从计划零售价格转向非计划零售价格体系，依靠市场调节价格。

品牌服装买手可以根据成本倍积法制定价格。

■ 小资料

设计师品牌的服装定价

国内服装设计师品牌采用成本倍积法定价，倍率为6~10倍。若定价倍率为6倍，价格构成如下：

1 000元(零售价)
－100元(10% 商场贵宾折扣率)
－900×30% ＝270元(30% 商场扣率)
－1 000÷6≈170元(面辅料和加工成本，按零售价6倍定价计算)
－460×17% ＝80元(增值税)

380元(毛利润)

380元毛利润为不参加季末折扣等商场打折活动情况下的利润额，此外还要扣除库存费、销售费用、广告费等。因此设计师品牌定价有时要在面辅料和加工成本的6倍以上才能保证企业良好的经济效益。但目标消费者是否接受这一价格是设计师和经营者经常面对的难题。

服装买手与服装供应商商务谈判时，若对服装产品成本进行分析和计算时，会出现各种费用名称。为此，买手应明确成本构成的方法和责任区域。

成本分析的基本过程：

① 要素成本（按成本三要素：材料费/物品的费用、劳务费/人工费用和制造经费/设备折旧费等分析）。

② 部门成本（各部门成本，如裁剪部门、缝纫部门、整烫部门等）。

③ 产品成本（不同产品的成本分析）。

在成本计算时，通常的做法是从过去的资料中找出类似产品的成本计算信息，由此类推出单价或工时数。服装工厂中加工费的构成内容如表 2-15 所示。

材料费方面，由布料的尺寸、附属品等规格可计算出数量额度，材料单价可参考市场价格，由此制成材料预算一览表。

表 2-15 委托加工费的构成

<table>
<tr><td rowspan="7">委托加工费</td><td rowspan="6">总成本</td><td rowspan="5">制造成本</td><td colspan="2">材料费</td><td colspan="2">尺寸×单价、使用量×单价、使用个数×单价</td></tr>
<tr><td rowspan="4">加工费</td><td>工时数/h</td><td colspan="2">工时数＝表观时间－（等待时间、不工作时间、上医院时间和自然需要时间等）＝纯加工时间</td></tr>
<tr><td rowspan="2">加工费率</td><td>工资率</td><td>工资率＝（当月工资支付总额＋年奖金额/12）/（直接作业人数×22.5 d×8 h）</td></tr>
<tr><td>经费率</td><td>以每一期结算后的6个月为基础，从经费中除去一般管理费、销售费、余下的作为经费估算额，然后除以6个月的直接作业时间就能得到经费率</td></tr>
<tr><td colspan="2">外加工费</td><td>外加工时数/h×外加工费率</td></tr>
<tr><td colspan="4">生产每件服装的一般管理费、销售费</td><td>工厂负责人的工资、交际费、旅费和营销部门的工资、奖金、汽油费、交通费、汽车修理费、汽车保险费、汽车折旧费等费用。核算时，以前6个月的实际值来预计后6个月的核算值，然后再除以6个月的订货量，就可得到所需值</td></tr>
<tr><td colspan="5">利 润</td><td></td></tr>
</table>

在加工费的计算方面，根据工时数以及与之有关的加工费率进行核算。从衣片加工直至产品完成时所花费的时间即工时数将成为核算的重要依据。在加工费的计算中，应以工时数（h 或 min）乘以工厂劳动工资率算出劳务费，再以工时数乘以经费率算出制造经费，这两者的合计值即为加工费。当服装生产为小批量多品种时，则工时数的核算由于品种和款式的频繁变更需要用批量系数进行修正①。

1. 线性量—本—利盈亏分析（盈亏临界点分析）

成本可划分为固定成本和变动成本，由此构成量—本—利分析的基础。

固定成本（Fixed Cost）是与生产量的多少无关而需要花费的费用，即总额在一定期间和一定业务量范围内不随产量的增减而发生变化的成本。就单位产品而言，固定成本部分与产量的增减成反比，即产量增加时，单位产品的固定成本减少；产量减少时，单位产品的固定成本增加。服装产品的固定成本包括间接工资、间接经费、销售费、折旧费、管理费、营业外的支出、营业外

① 批量系数（Batch Coefficient）指订货批量、标准批量和熟练率之间关系的数值。主要用于制定多品种小批量的生产计划、交货期、工时定额或加工费等。可通过查表获得。

的收入等费用。

变动成本(Variable Cost)是与生产量成比例增减的费用,即总额随产量增加而成正比例变动的成本。就单位产品成本而言,其中的变动成本部分是固定不变的,如材料费或外加工费。劳务费也可以纳入变动成本,但生产削减后人员很难裁员,为此有时纳入固定成本较为适宜。

量—本—利分析是对成本、业务量、利润相互间的内在联系进行的盈亏分析。量—本—利分析的主要内容包括:盈亏临界点分析、影响利润的各因素分析、不同生产方式盈利性对比分析和为实现目标利润应采取的措施。

如图2-12所示,线性量—本—利分析图由产品总成本线和销售收入线组成。总成本是固定成本与变动成本之和;销售收入线从原点开始,随着销售量的增加而呈比例增加。由图可知,变动成本、固定成本、销售数量、利润之间的相互关系为:

销售利润 = 销售收入 - 变动成本 - 固定成本

或 销售利润 = 销售数量 ×(单位售价 - 单位变动成本)- 固定成本

(其中 变动成本 = 材料费 + 外加工费 + 测定经费)

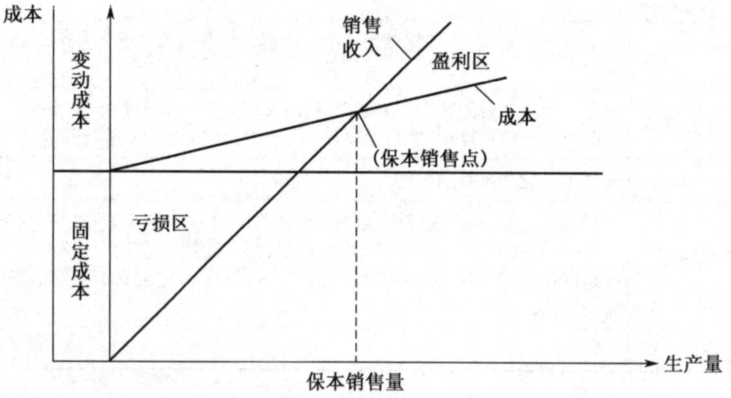

图2-12 线性量—本—利分析

销售收入线和产品总成本线相交之点是盈亏临界点(保本销售点或盈亏平衡点,Breakeven Point),即盈亏临界点是指在一定销售量下,企业销售收入等于产品总成本,不盈不亏。以盈亏临界点为界,销售收入高于此点,则企业盈利,反之,则企业亏损。但这种线性分析仅适用于服装少品种大批量生产的定价方法。

2. 非线性量—本—利盈亏分析

对于多品种小批量服装来说,由于服装件数和成本呈非线性关系。在这种情况下,就不能使用线性量—本—利分析。在非线性量—本—利分析图中(图2-13),

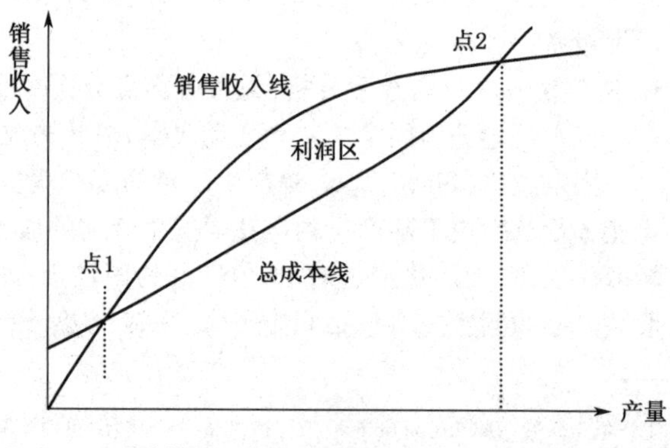

图2-13 非线性量—本—利模型图

产品总成本线和销售收入线呈非线性变化，总成本线和销售线相交于两个点（即点1、点2），相应地有两个保本点，在点1和点2之间则为利润区，其中存在一个利润最大的产量或单位产品成本最低的产量。

3. 边际贡献法

在量—本—利分析中，产品售价超过变动成本的部分，称为边际贡献（Marginal Contribution）或边际利润，而产品获利能力的大小可用边际贡献率表达。公式如下：

边际贡献 = 销售总额 - 变动成本总额 = 单价 × 销售量 - 单位变动费 × 销售量

边际贡献率(%) = 边际贡献 / 销售总额

利润 = 边际贡献 - 固定成本总额

以上计算式表明，边际贡献补偿固定成本后，尚有的余额是利润。服装买手在成本决策时，可根据边际贡献率大小以变动成本作为订价基准，确定产品的获利能力。这种方法，适用于服装品种变换频繁，市场竞争激烈的场合。

在服装买手与供货商进行价格谈判时，如果供应商无法再压缩成本，买手又难以保证预期利润率的情况下，供货商、买手、设计师以及技术人员应商量如何通过替代方案来降低成本。例如：可以考虑不同的制作方式，置换面辅料、修改设计与版样等降低成本的方法。为了寻找低成本的制作方法，可以撇开现有的制作方法，用其他替代方法试做，然后与现有的成本相比较，以寻找最佳的成本方案。为了达到与现有方法不同的独创做法，需要一定的技术条件保证，重点如下：

① 有问题时，不要一个人解决，而要充分利用其他专家或技术人员的经验和知识。

② 现在的规格、做法重新审查，进行分析，努力创新。

③ 发挥真正的创造力。

④ 不拘泥于小节。

⑤ 利用外界（服装业）的熟练知识。

（四）降价促销

每一季服装都会存在滞销产品，为了降低产品的存货量，服装买手或零售商不得不对存货进行降价处理。服装削价的原因：

① 商品原来的价格过高。

② 投产批量过大，企业不可能通过加强促销活动扩大正价销售额。

③ 在竞争者压迫下，企业市场占有率下降。

④ 企业成本费用比竞争者低，通过削价可提高市场占有率，从而扩大生产和销售量。

⑤ 服装在产品生命周期的衰退期或季节尾期需要降价处理，以售出剩货。

⑥ 过于前卫时装款式，到了销售尾季，要么季末打折销售，要么来年再推向市场。一般而言，为加快资金周转，多采取当季折价销售。

⑦ 过于落伍的款式，常常以成本价或低于成本价进行甩卖。

降价的另一个重要原因由商品企划和采购计划不当导致。当商品的采购数量远高于需求数量时，会导致跌价损失；同样地，对于颜色和尺寸的错误判断也会导致商品滞销。

对于滞销商品，买手应查明滞销原因，究竟是商品本身问题，还是计划管理有误，又或是陈列定位错误等。一旦发生服装滞销现象，一般采取促销或让滞销商品从货架上消失的方式。

促销的方法主要是调整商品的销售方式，如商品买赠、加强终端演示、内部商品调剂、加强陈列等。在实施以上活动一段时间后，商品仍不好卖，则要对商品进行降价处理。降价应循序渐进，例如：先将商品的价格降低10%，如果跌价两周后效果不明显，可将价格再降低10%。如果销售额的增长还是不明显，再将价格降至成本价销售。通常，不轻易将商品的零售价定得低于商品采购价格。

虽然降价销售有时可以提高销量，解决积压的商品库存，但要从根本上解决问题，买手必须仔细分析滞销的原因，避免在下一季工作中再犯类似的错误。

另外，供应商同零售商一样，也会存在滞销的产品，为了降低产品的存货量，供应商不得不对存货进行降价处理。通常采用的方式有：

① 通过整批销售的方式，供货商将存货以“打包销售”的方式销售给其他采购商。通常情况下，以整批方式出售的存货，价格会远远低于买手正常采购的价格。

② 供应商将存货处理给专门从事低价零售的商家，直接进入低价卖场。

③ 供应商和零售商联手对某些服装款式进行促销。在这种促销模式中，供应商的老客户享有低价购买存货的优先权。在将存货打包发售给其他批发商或零售商之前，这些零售商的买手优先决定是否购进这些服装产品，并通过降价促销的方式带动其他款式商品的销售。

供应商的低价促销策略并不是在零售季节快要结束时才展开，为了给零售商留出足够的低价补货时间，供货商会选择在销售季节中期，就开始对部分存货水平较高的产品进行低价促销，以此吸引买手眼球。同时，由于销售季节并没有结束，所以也为零售商开展终端促销留出了足够的时间和空间。在这种情况下，买手采购的服装具有议价优势。因此，如果买手能正确地把握供应商的供货规律，从中也可获取可观的利润。

第二节　实 施 采 购

为了更好地提高企业利润，降低采购成本，需要选择合适的供货商（供应商）。每次和供货商做交易或进行供应商评估时，买手应对供货商的各种信息备案，这样在以后的采购实施过程中，可根据这些记录在案的信息、品牌产品定位与需求选择合适的供货商。

一、供应商的评价与选择

（一）国内服装供应商现状

在当前世界经济结构和现实背景下，发达国家的跨国公司到发展中国家寻找供应商是一种较为普遍的现象。而我国由于成本优势比较明显而逐渐成为世界制造中心，国外企业在我国的采购规模不断扩大，选择我国供应商成为跨国公司采购实施的重要环节。

尽管我国服装企业已进入跨国企业采购供应链，但是除了成本、交货期和质量等优势要素外，人民币升值、出口退税、社会责任、环境保护、非贸易壁垒等其他衍生出来的服装供应商环境条件，也增加了服装外向型企业发展的难度。

我国服装供应商的 SWOT 分析见表 2-16。

表 2-16 我国服装供应商的 SWOT 分析

优势(Strength)	劣势(Weakness)
① 劳动力和原材料成本相对较低 ② 逐渐形成一条龙的供应体系，能够得到所在产业集聚地的支持 ③ 合作稳定	① 基本为贴牌加工，缺乏设计研发能力 ② 快速反应能力不强 ③ 认证体系尚不完善
机遇(Opportunity)	挑战(Threat)
① 与服装采购商的深度合作提高了对供应商要求，也带来企业管理素质提升的契机 ② 跨国采购商业机构在国内的增多扩大了合作前景	① 社会责任等非贸易壁垒条件的限制 ② 人民币升值、材料价格上涨 ③ 其他发展中国家服装业的崛起 ④ 生活水平的提高使劳动力优势减弱

我国服装供应商的若干特征：

1. 以传统交货模式为主

在国际采购流程上，国内大多数服装供应商(生产企业)仍采用传统交易模式，较少直接面对国际采购商，而是通过贸易公司等中间商接单生产。另外单个企业的营销推广在面对国际大规模集中式采购时往往处于弱势地位，产能不对等、不同企业产品开发和质量控制能力的差异、满足快速交期的反应能力不足等是制约我国服装企业获得高附加值的原因。

2. 快速应变能力有待加强

众多服装企业信息化建设刚刚起步，按照市场需求和采购季节周期提前开发能力不足，不适应短周期、小批量、多品种的国际服装市场变化趋势。供应商往往因为对消费市场走势、零售商产品要求了解不深，造成准交货、质量稳定等因素经常处于被动地位。

3. 标准体系与国际对接不完善

目前国际标准表现为重基础标准轻产品标准，而具体标准要求往往由企业、买家通过合同约定。国外先进服装标准往往是根据产品的最终用途制定，考核项目更接近实际。我国传统的检测手段多依据国家标准执行，注重的是国内服装产品质量监督检验工作。现有的检测手段亟待进一步完善，以满足日益增长的出口产品检测需求，更好地为全球贸易服务。

4. 企业面临社会责任的考验

自 20 世纪 90 年代初以来，国际上掀起一股声势浩大的社会责任运动浪潮。在欧美国内舆论和非政府组织的压力下，一些大型采购商纷纷制定自己的企业社会责任标准，据此要求供应商按照这一标准对待工人，如减少劳工工作时间、提高工资待遇、改善工作与生活环境等。在没有其他方法提高产品附加值的前提下，将直接导致加工产品价格大幅上扬，使服装供应商丧失价格竞争优势。

(二)服装供应商的评价指标体系

目前，大多数企业在评价选择供应商时尚未形成综合评价指标体系，而往往是根据主观印象，因此无法对供应商做出全面、客观的评价与选择。供应商选择的评价基础是确定评估指标，通过确定各项指标及权重，能组合成考核供应商的综合评价指标体系。

1. 评价指标体系的建立

1966 年美国学者迪克逊(Dickson)开始系统地研究供应商评价问题，整理出 23 项评价供应商的标准，并随后向美国经理协会的 273 位买手(采购经理与采购代理)进行了调查；按照重要性原则对这 23 项标准进行了排序，结果为：品质、交货期、过去绩效、客户投诉与反馈策略、生产设备与产能、价格、技术能力、财务状况、客诉处理能力、沟通系统、业界声誉、商业关系、管理组织、管理控制、修复服务、服务态度、过去印象、包装能力、劳资关系、地理位置、过去营业额、训练及相互协调，其中，品质、交货期和过去绩效为主要标准①。

根据迪克逊提出的供应商选择标准，结合其他文献的评估理论和深度采访等一手资料，东华大学课题组拟定如表 2-17 所示的适合服装供应商特征的 8 个方面 30 项评价指标。

表 2-17 评价指标的明细分类

1	服装采购成本	5-2	检测环节
1-1	交易价格	5-3	应对不同生产要求能力
1-2	运输成本	5-4	仓储设施
1-3	维护成本	6	反应能力
1-4	降低成本适应竞争	6-1	改变生产量的能力
2	质量	6-2	具备服装设计能力
2-1	出货质量优良率	6-3	对订单的应变能力
2-2	产品质量可靠性	6-4	交货前置时间
2-3	持续改善能力	7	管理层面
3	交货期	7-1	内部管理制度
3-1	交货期的准确性	7-2	供应商教育培养体系
3-2	对业务接单的承诺	7-3	企业内部员工素质
4	供应商记录	7-4	沟通协调能力
4-1	以往业绩	7-5	场地设置
4-2	业界声誉	7-6	对客户依赖性
4-3	服务态度	8	信息处理
4-4	针对客户意见，改进程度	8-1	网络支持
5	生产技术	8-2	信息共享
5-1	设备齐全，具备特定生产设备	8-3	电子数据交换

通过对服装企业进行问卷调查②(表 2-18)，从初步设定的 8 方面指标中萃取供应商素质、交货期准确、资讯交流、生产能力、成本价格、质量状况、服务能力 7 个特征指标，建立了服装供

① 王国文，赵海然，佟文立. 供应链管理之采购流程与战略[M]. 北京：企业管理出版社，2006.
GRAHAM C STEVENS. Successful Supply Chain Management[J]. Management Decision，1992，28(8).

② 具体问卷见附录一、二、三、四

应商一般评价指标体系(图2-14)。

表2-18 问卷的具体构成内容

构成	内容	问项数量		明细
		初期	最终	
第一部分	供应商评估指标涉及内容	25	29	成本、质量、价格、交货期、供应商记录、生产技术、供应商的反应能力、供应商的基本情况和信息处理技术,针对初步设定指标的八个方面进行认同打分
第二部分	通过因子分析确定的七个评估方面,进行外部和内部的权重比较。	—	64	萃取公司素质、交货准时、信息传输、生产设施、成本价格、反应能力、持续改进、品质状况、生产变通、服务质量等因素,并在评估指标体系的内部进行两两比较打分,获得体系内部的权重顺序和数值

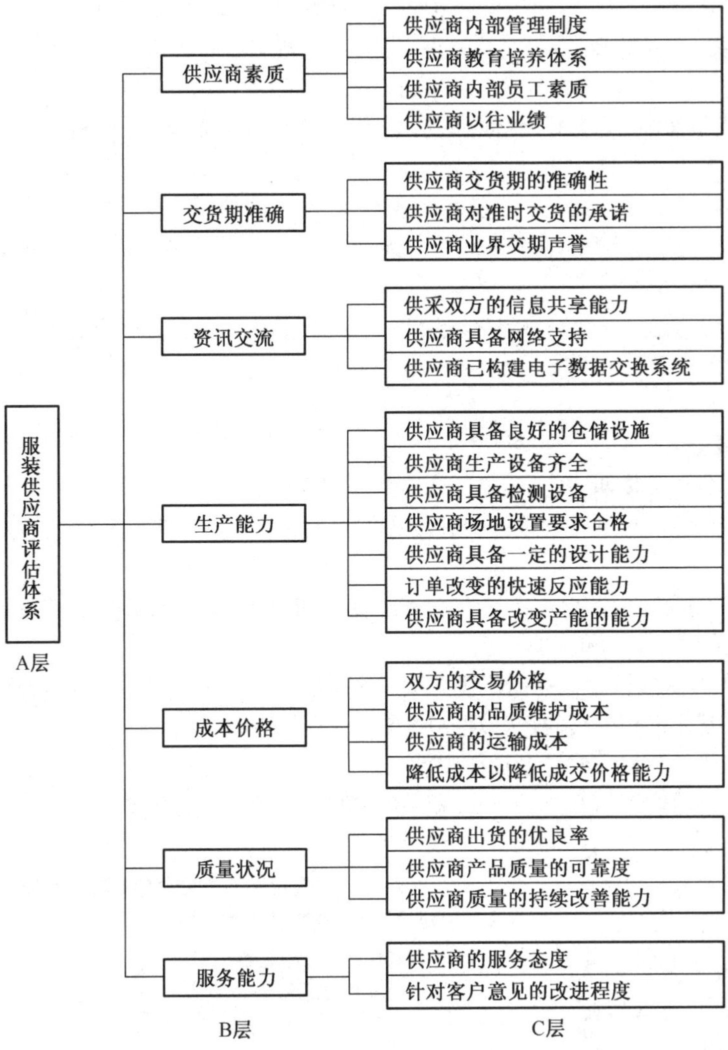

图2-14 服装供应商评价指标体系层次结构

2. 采供双方关注的评价要素

基于服装供应商一般评价指标体系的层次结构(图 2-14),通过调查问卷分析,对各指标进行量化,得出权重。对于 B 层指标中的供应商素质、交货期准确、资讯交流、生产能力、成本价格、质量状况和服务能力这七项进行评估,采供双方各自关注的要素重要性顺序有所不同(图 2-15)。

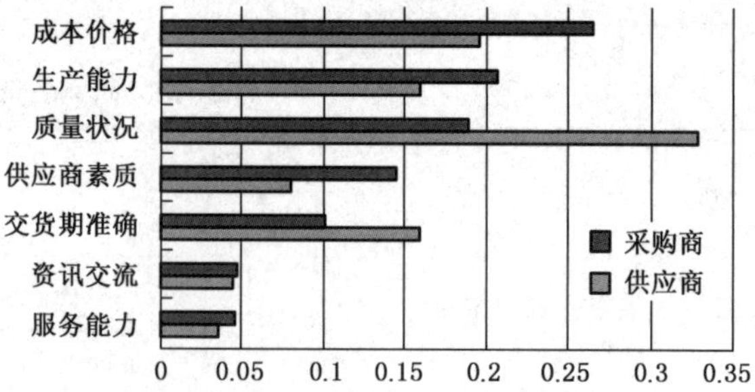

图 2-15 采供双方对 B 层评估体系因子的权重比较

(1) 服装买手关注的要点

根据调研得出的各项指标权重排序,采购商(以下简称买手)关注的因子依次为:成本价格、生产能力、质量状况、公司素质、交期准确、资讯交流和服务能力;这与服装品牌买手近几年为了缩短供应链成本,优化供应商协同,以达到长期稳定合作的目的密切相关。

① 成本价格:由于市场竞争激烈,买手对价格成本敏感,国内供应商在面辅料、服装加工等订单价格方面具有比较优势。

② 生产能力:我国服装制造企业拥有国际水准的硬件设备。同时买手对供应商执行生产工艺能力非常关注,甚至为了保证供应商准确完成订单要求,买手会提供工艺技术等培训。

③ 质量状况:服装买手对工艺标准、合格质量及安全性等要求严格,经常会对供应商的生产设备进行检验,如对品牌标签的转移印花机和磁性验针机(防止断针致命疵点)等重要机械特别关注。

(2) 服装供应商关注的要点

关注因子依次为质量、成本和交货期;其次是生产能力和公司素质。

① 国内服装供应商在生产能力方面的权重评价并不占据重要位置(列第四位),但有信心能够满足买手的要求。

② 在生产设备方面,服装供应商应健全生产硬件设备的保全和维护规则,对影响服装产品质量和安全的关键设备应加强平时检测和维护。

③ 在公司素质方面,买手的认同权重值远高于供应商。因此公司素质应引起供应商重视,即在供应链长期合作中,供应商改进和提高内部管理制度、员工培训以及公司形象等十分重要,同时应逐步完善员工的福利、教育及相应的社会责任体系。

对于 B 层 7 个评价方面的具体指标(C 层因子),采供双方的关注顺序也有所不同。

① 成本价格(图 2-16)。在成本价格的 C 层指标中,买手关注的因子依次为:交易价格、降低成本以降低价格的能力、品质维护和运输成本;而供应商关注要点则依次为:交易价格、品质维护、降低成本以降低价格的能力和运输成本。在降低成本以降低交易价格方面,买手关注度高,其他三

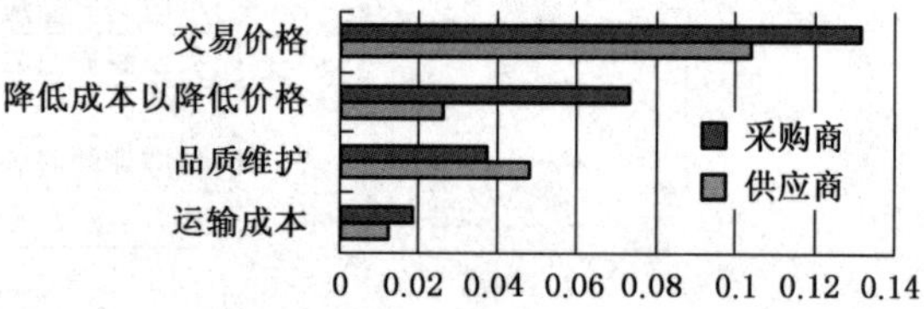

图 2-16 采供双方对成本价格 C 层因子的权重比较

项排序基本一致。

② 生产能力(图2-17)。在生产能力的C层指标中,买手关注因子依次为:设备齐全、厂房设置、改变产能、订单快速反应能力、设计能力、检测设备和仓储设施,其中设计能力和检测设备权重相同;供应商关注要点依次为:设备齐全、订单快速反应能力、改变产能、厂房设置、检测设备、设计能力和仓储设施。在改变产能、厂房设置和设备齐全方面,采供双方认同度存在较大差异。

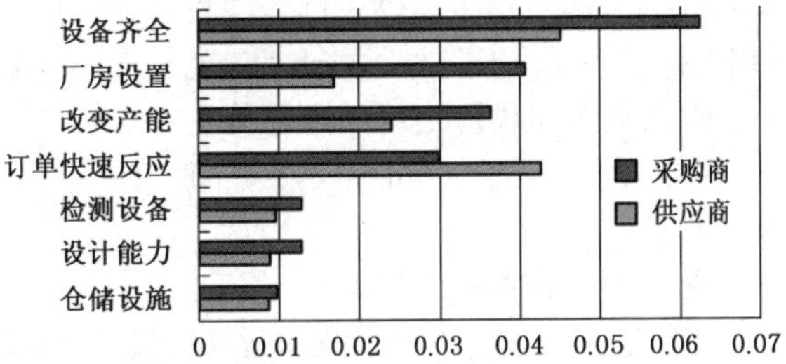

图2-17 采供双方对生产能力C层因子的权重比较

③ 质量状况(图2-18)。在质量状况的C层指标中,买手和供应商的关注因子相同,依次为:出货品质优良率、质量可靠度和持续改善能力。说明双方对待质量的观点趋于一致。

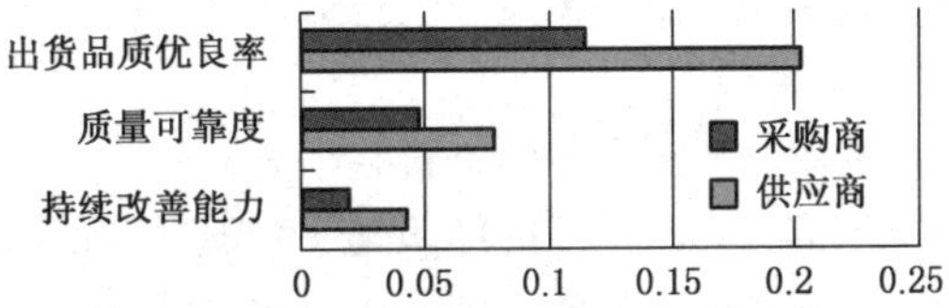

图2-18 采供双方对质量状况C层因子的权重比较

④ 公司素质(图2-19)。在公司素质的C层指标中,买手关注的因子依次为:内部管理制度、培养体系、员工素质和以往业绩;而供应商关注的要素依次为:以往业绩、内部管理制度、员工素质和培养体系。在这些因子方面,采供双方的认同权重几乎相反。忽视对自身素质的提升和培养是我国一些服装生产企业被品牌买手拒之门外的主要原因之一。

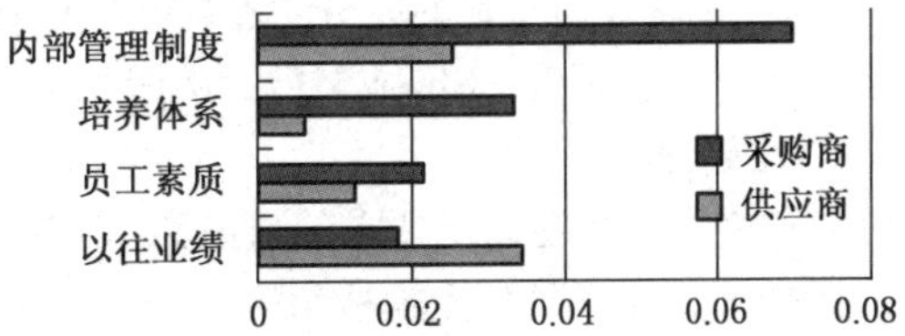

图2-19 采供双方对公司素质C层因子的权重比较

⑤ 交期准确(图2-20)。在交期准确的C层指标中,买手关注的因子依次为:交货准确性、交期承诺和业界声誉;而供应商关注的因子依次为:交货准确性、业界声誉和交期承诺。

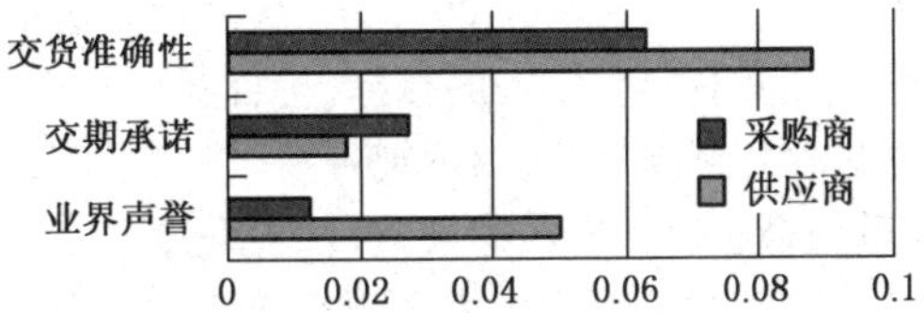

图2-20 采供双方对交期准确C层因子的权重比较

⑥ 资讯交流(图2-21)。在资讯交流的C层指标中,采购商关注的因子依次为:信息共享、电子数据交换和网络支持;而供应商关注的因子依次为:信息共享、网络支持和电子数据交换。对信息共享双方认同权重基本相同。

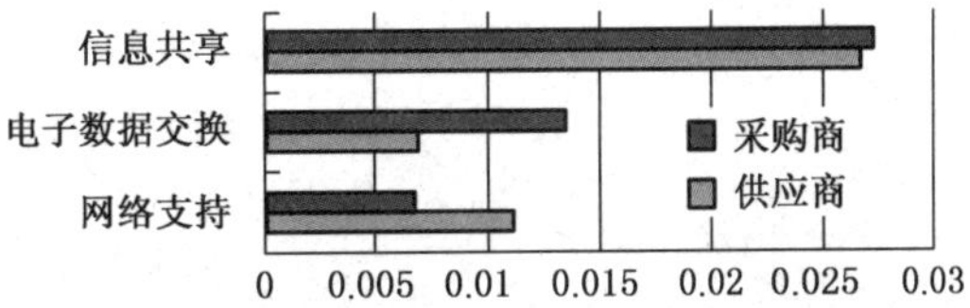

图2-21 采供双方对资讯交流C层因子的权重比较

⑦ 服务能力(图2-22)。在服务能力的C层指标中,买手与供应商认同权重因子排序一致。不同的是在针对意见改进方面,买手比供应商的关注程度更高。因此供应商更需要及时采纳客户意见加以改善。

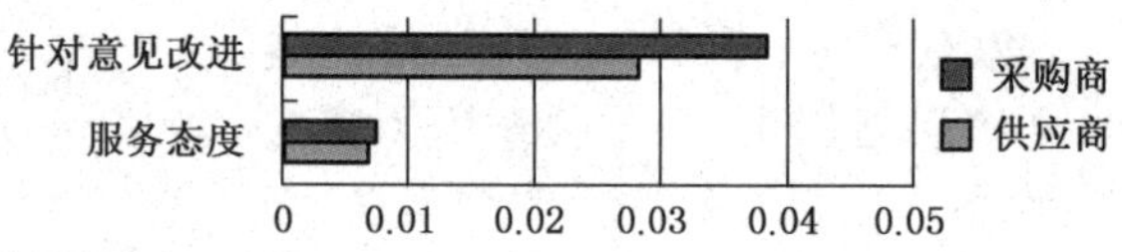

图2-22 采供双方对服务能力C层因子的权重比较

(三)服装供应商的选择决策方法

在建立了选择标准(评价现实或潜在供应商素质的各项指标)后,可确定供应商选择决策方法(依照各指标对现实或潜在供应商进行层层遴选的方法)。供应商评价选择方法的研究经历了定性方法、定量方法、定性与定量方法相结合的几个阶段。

下面列举选择服装供应商时较为常用的若干决策方法。

1. 主观判断法

根据征询和调查所得的资料并结合评价人员的研判作出对供应商评价的方法。主要基于原材料及零部件使用部门的经验和主观看法,属于定性评价法。因此,这种方法的缺陷表现为依赖于评价人员的记忆和主观看法,有时会导致判断出现偏差。

2. 线性加权法

线性加权法是目前供应商选择的实践中常使用的评价法。基本原理是给每个指标分配一个权重,根据供应商各项指标的得分与相应权重的成绩之和对供应商作出评价。由于该方法的权重确定依赖于专家知识,评价结果仍无法摆脱主观意识的影响。

3. 采购成本比较法

对质量和交货期都能满足要求的供应商,则需要通过计算采购成本进行比较分析。采购成本一般包括售价、采购费用、运输费用等各项支出的总和。通过计算分析选择采购成本低、供货稳定的供应商。

4. 层次分析法

层次分析法(AHP)是一种定性与定量分析相结合的多目标决策分析方法,被广泛应用于供应商评价和选择。该方法是20世纪70年代由著名运筹学家萨蒂(T. L. Saaty)提出的,它的基本原理是根据具有递阶结构的目标、子目标(准则)、约束条件、部门等设定评价方案,采用两两比较的方法确定判断矩阵,然后把判断矩阵的最大特征值与对应的特征向量的分量作为相应的系数,最后综合给出各方案的权重(优先程度)①。由于该方法能使评价者对照一个相对重要性函数表给出因素中两两比较的重要性等级,因而可靠性高、误差小。不足之处是遇到因素众多、规模较大的问题时,该方法容易出现问题,如判断矩阵难以满足一致性要求②。

除以上方法外,还有灰色系统法,模糊综合评价法以及TOPSIS法等。

供应商绩效衡量是个连续的过程,通过供应商的选择和评估系统得出的结果应及时反馈到供需双方的管理层,以便不断改进、付诸实施。

---

① 马士林,林勇,陈士祥.供应链管理[M].北京:经济管理出版社,2007.

② 蒙茨卡·特伦特·汉菲尔德.采购与供应链管理[M].王晓东,刘旭敏,熊哲,译.北京:电子工业出版社,2008.

■ 小资料

D公司对浙江省各产地主要供应商的分析与评估流程

D公司是一家在全球生产和销售体育用品的企业，总部设在法国，计划在中国浙江进行市场开拓。在了解纺织服装业总体概况及浙江省纺织产地的经济情况后，对浙江省各产地主要供应商进行分析与评估。图2-23为D公司管理机构对供应商进行分析与评估的流程。

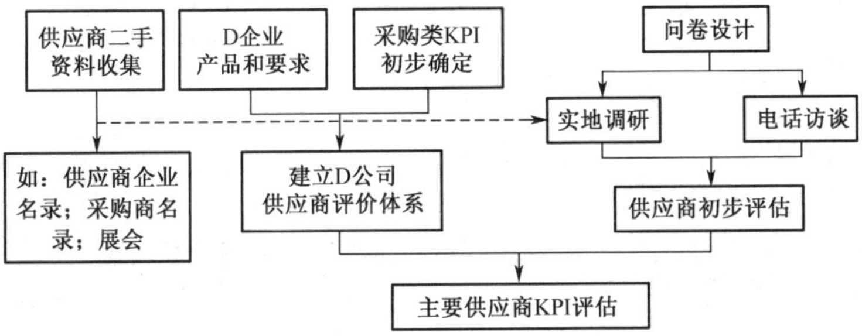

图2-23 D公司管理机构对供应商进行分析与评估流程

根据D公司的产品线分类分析各产地产能和现状，通过网站、采购商、政府机构、相关报告等收集企业资料，并建立KPI（关键业绩指标）供应商评估体系。

二、采购谈判

采购谈判（Acquisition Negotiations）是指企业为采购商品作为买方与卖方关于购销业务的商务谈判。服装的采购谈判内容包括：商品的品种、规格、技术标准、质量保证、订购数量、包装要求、售后服务、价格、交货日期与地点、运输方式、付款条件等。双方经过反复磋商，谋求达成双方都满意的购销关系协议或合同。在买手制服装企业实施采购时，买手是采购谈判的主角。

（一）谈判准备

无论是谈判还是格式化的合同，都有许多购买条款需要具体磋商，包括送货日期、购买数量、价格和付款安排、折扣、送货方式及所有权转移时间等。谈判准备工作做得充分将很大程度上影响谈判的进程与结果，因此，服装买手应十分重视谈判前的准备工作。

通过对谈判有关资料信息的搜集、整理、分析，能够使服装买手了解、把握采购谈判中可能出现的问题，做到胸有成竹。

1. 服装采购需求分析

采购需求分析包括服装的品牌、价格、渠道等分析，即在采购谈判之前明确企业需求什么、需求多少、需求时间，并列出企业物料需求分析清单。

2. 服装市场供需与竞争信息调查

如图2-23所示，服装市场供需与竞争信息调查包括对市场上有关服装的供给、需求、销售、产品竞争等信息资料的调查分析，以此为采购谈判的决策提供依据。

（1）供需信息

对于不同的市场供应状况（供过于求、供不应求或供求平衡），买方要制定不同的采购谈判方案和策略。

（2）销售信息

① 了解该类服装各种型号在各地市场的销售及价格波动情况。

② 该类服装的需求程度及潜在的销售量。

③ 顾客和其他店家对该类服装的评价和要求等。

（3）竞争信息

① 生产同种所需服装供应商的数目及规模。

② 与采购服装种类相关的信息。

③ 所需服装是否有合适的替代品及替代品的供应商。

④ 同类服装的各主要品牌市场占有率及未来变动趋势。

⑤ 竞争服装的品质、性能与设计开发能力。

⑥ 各主要竞争对手所提供的售后服务方式以及中间商对这种服务的满意程度等。

3. 谈判对手的信息搜集

（1）资信情况

① 调查对方是否具有签订合同的合法资格，可要求对方提供有关的证明文件，如注册证明、法人资格等，也可通过其他途径了解验证。

② 调查对方的资产、信用和履约能力，资料来源可以是公共会计组织对该企业的年度审计报告，也可以是银行、资信征询机构出具的证明文件等。

（2）对方的谈判作风和特点

了解谈判对手的谈判风格，对预测谈判的发展趋势、对方可能应对采购的策略以及制定本方的谈判策略等可提供重要的依据。

（二）谈判流程

采购谈判一般要经历询盘、发盘、还盘和接受四个程序。其中发盘和接受是达成交易、签订合同不可缺少的最主要法律步骤。

1. 询盘（Inquiry）

交易的一方准备购买或出售某种商品，向对方询问买卖该商品的有关交易条件的行为。内容涉及：价格、规格、品质、数量、包装、装运以及索取样品等，而多数只是询问价格，所以业务上常把询盘称作询价。

询盘可采用口头或书面形式，在法律上没有效力。但合同订立后，询盘的内容成为磋商文件中不可分割的部分，若发生争议，也可作为处理争议的根据。

询盘的目的主要是寻找买主或卖主，而不是同买主或卖主洽商交易条件，有时只是对市场的试探。如交易双方彼此都了解情况，不需要向对方探询成交条件或交易的可能性，则不必使用询盘，可直接向对方发盘。

2. 发盘（Offer）

交易的一方为了销售或购买一批商品，向对方提出有关的交易条件，并表示愿按这些条件达成一笔交易的行为。发盘又称报价，法律上还称之为“要约”。

发盘可以是应对方询盘的要求发出，也可以是在没有询盘的情况下，直接向对方发出。

发盘是每笔交易中必需的环节，具有以下三个必备条件：

① 发盘应向一个或一个以上的特定人发出。

② 发盘的内容必须具备三个基本要素：服装名称、服装数量、服装价格。

③ 发盘必须表明，发盘一经受盘人接受，立即生效。

3. 还盘(Counter Offer)

受盘人接到发盘后，不能完全同意发盘内容，为了进一步磋商交易，对发盘用口头或书面形式提出修改意见的行为。一经还盘，原发盘即失效，新发盘取代它成为交易谈判的基础。

若另一方对还盘内容不同意，还可进行反还盘(或称再还盘)。还盘可以在双方之间反复进行，还盘的内容通常仅陈述需变更或添加的条件，对双方同意的交易条件毋需重复。

4. 接受(Promise)

法律上称承诺，指受盘人在发盘规定的时间内，同意发盘人在发盘中提出的各项交易条件，并愿意按照这些条件订立合同。

接受应具备以下四项条件：

① 接受必须是受盘人做出，第三者做出无效。

② 接受必须完全同意发盘人所提出的交易条件。

③ 接受必须在有效期内做出。

④ 接受的传递方式必须符合发盘人的要求。

(三) 谈判重点

谈判购买的中心议题是价格谈判，其他内容如品质、包装、订购量、折扣、付款条件、交货期、交货配合事项、售后服务保证、促销活动、广告赞助、进货奖励等都是围绕价格展开的。由于价格高低直接关系到所能获得的经济利益大小，所以买手与供应商谈判的实质是成本、价格和价值的问题。价格谈判是买手与供应商之间一系列讨价还价的过程，一般包括询价、报价、比价、议价与定价五个部分。

小资料

买手谈判的价格术语及含义

送达价：指供应商的报价中包含将服装送达指定地点所发生的各项费用，这些费用均由供应商承担。

出厂价：指供应商的报价不包括运送责任，即由服装采购商雇用运输工具，前往供应商的仓库提货。

现金价：指以现金方式支付货款。现金价可使供应商免除交易风险，采购商亦能享受到现金折扣。

期票价：指采购商以延期付款的方式采购商品，服装供应商加计延迟付款的利息于售价中。

净价：指供应商实际收到的货款，不再支付任何交易过程中的费用。

毛价：指供应商的报价可因某些因素给予服装采购商一定折让。

现货价：指每次交易时，由供需双方重新议定价格，若有签订买卖合约，亦在完成交易后即告终止。

合约价:指买卖双方按照事先议定的价格进行交易,合约价格涵盖的期间依契约而定。

依据不同的交易条件,服装的价格分为不同种类,服装买手在采购谈判时应选择合适的价格种类。

1. 询价

买手询价通常有口头询价与书面询价两种方式。

(1) 口头询价

买手以电话、电子邮件或当面向供应商说明采购服装的品名、规格、单位、数量、交货期限、交货地点、付款及报价期限等资料。口头询价的方式相当便捷,但较适合经常交易的双方,且具有规格简单、标准化的订单。

(2) 书面询价

鉴于口头询价可能发生语言沟通上的差异,且口说无凭,若将来发生报价或交货规格上的问题,不但浪费时间,也容易引起纠纷,因此对于比较复杂的服装采购应采用书面询价。

2. 报价

供应商接到询价单后,会做出报价。服装买手应有主动出击寻求质优价廉供应来源的能力与意愿。因此,企业建立采购制度时,应预留弹性空间让买手发挥,这样才能制定出合理的采购标准。同时,买手也应加强服装专业水准、采购技巧及管理知识的学习和把握。如此,企业才能安心授权,让买手能真正发挥长处,使企业获利。

报价按方式可分为口头和书面报价,按内容可分为确定报价和附加条件报价。

(1) 确定报价

指在报价有效期限内,一经买方承诺,交易行为即告确立。因此发出确定报价的各项条件,即成为日后买卖合同的主要内容。

(2) 附加条件报价

指卖方的价格可随时变更,无须通知买方,或报出这种价格须经过卖方确认后才能生效;或当卖方以一批货物同时向两个以上顾客报价,如其中一人接受,对其他买主的原报价或任何其他附带条件的报价即失效。

■ 小资料

报 价 技 巧

化整为零 报价时可将价格换个说法,如将服装的单位"件"改为"百件",从心理上造成相对的价格昂贵感,给供应商造成压力;

过关斩将 通常服装供应商不会自动降价。这时买手应善用上级主管的议价能力,即对议价结果不太满意时,可要求上级主管与供应商议价,当卖方有受到敬重的感觉时,可能同意提高降价的幅度。

压迫降价　在卖方服装销路欠佳，利润微薄以致发生亏损的情况下，买方通常遵照公司的紧急措施，通知供应商自特定日期起降价若干；若原来供应商缺乏配合意愿，即更换供应来源。在采取此种特殊降价手段时，应注意维持与供应商的长期合作关系，切勿“杀鸡取卵”。

敲山震虎　在价格谈判中，巧妙地暗示对方存在的危机，从而使对方处于被动，有利于自己提出的价格获得认同；但必须“点到为止”，体现诚意。

投石问路　应用这一策略可获得通常不易获得的信息，买方可要求对方给予不同批量的服装报价，从卖方送来的报价单中估算生产成本、设备费用的分摊情况、生产能力、经验是否丰富及定价策略等。

3. 比价

主要是指将供应商的报价与采购的底价、供应商过去的报价、供应商产品的成本及其他供应商价格相进行比较，以全面地了解供应商的价格，判断报价是否合理。

（1）与企业底价相比较

所谓底价就是企业打算支付的最高采购价格。底价的制定使买手对价格的确定有据可依，但是底价的制定往往需要企业内部人士甚至聘请企业外部的专家来完成，这一点许多中小企业无法做到。底价制定得太高或太低对企业都不利，若制定得太低，一些本可入围的优秀供应商被拒之门外，这样企业就会丧失很多机会成本；若底价制定得太高，就失去了制定底价的意义。一个合理底价的制定不仅需要制定人有丰富的服装知识，还要尽可能多地搜集相关信息，譬如参考类似服装的购买价格、参考专业期刊公布的价格、上互联网查询、从中立的采购调查研究机构获取咨询等。

（2）与其他供应商价格相比较

来自不同供应商的报价可以让买手了解所购产品的大致市场价格。最终选定的供应商可能只有一两家，但其他供应商的报价对采购人员做出正确选择也具有参考价值。

（3）与服装成本相比较

将供应商的服装成本与报价相比，看报价是否合理；同时可以将服装成本细分为人工费、材料费、外加工费、制造经费、管理费用、利润，由此判断成本是否偏高。

（4）与供应商过去的报价相比较

了解供应商过去有多少产品项目价格上涨（何时上涨、上涨幅度、通报方式），比较供应商的价格上涨模式与该产业的模式（与同业相比的涨幅）。了解服装价格上涨的真正原因是成本上涨，还是品质的提高及服务的增多；价格上涨是否合理，若价格下降是否意味着品质下降或服务减少。

4. 议价

买手比价后，对服装价格已相当了解，这时就应和供应商面对面议价。议价宜定期实施，如设定每月的某几日，或每周的某一天为议价日。应制定一套议价日制度要求供应商和内部人员共同遵循。将经过市场调查的商品在议价日安排供应商前来议价。

在议价之前要作充分准备，将要谈的条件列举在表格内，作为谈判的底线。若在底线之外，则退回；若在底线之内，则将谈判的结果呈给买手主管裁决。

为了使议价能顺利进行，买手应寻求更多的供应商来源（包括海外），增加议价能力；在成本分析师的帮助下收集成本与价格资料并对其进行分析；限制供应商谈判能力，即提供给对方的信息越少越好，尽量让对方发表意见，仔细聆听并从中找出对策；了解供应商的价格底线，需耐心地透过种种渠道求得，谈判过程也是渠道之一。

（四）促成签约

当议价顺利进行，双方达成共识后，就应积极促成签约。买手在签订购货合同前，必须审查卖方当事人的合同资格、资信及履约能力，按经济合同法的要求，逐条订立购货合同的各项必备条款。促成签约时需咨询如下策略：

① 即时促成生意。可在纸上草拟协议，边写边询问对方有哪些款式、如何供货、愿意把货物送到什么地点及发货时间等。

② 主动提出细节问题。当谈判一方决定成交时，可主动向对方提出协议中的某些具体条款的签约问题，以表示谈判基本成交，即将结束。如共同商量验收服装的时间、地点、方式、装箱的规格货号及技术要求等。

③ 向对方明确表示谈判结束。可向对方索要银行账号、空白订单或名片，与对方握手，共祝谈判成功，这些行为有助于加强对方已经做出的承诺。

■ **小资料**

谈判成功的关键点

信息（信息的全面了解是一切谈判的基础）
对象（剔出不合适对象能节约大量的时间）
步骤（准备周全的方案能带来成功的信心）
时机（把握好进攻与防守的时机取得主动）
环境（环境的改变能起到意想不到的作用）
技巧（各种技巧的实施能带来巨大的成功）

三、跟单与过程控制

经过采购谈判，即确定采购价格等条件后，采供双方应签订合同。

合同格式可由采购商准备，也可由生产商提供。大型零售组织有自己的专用合同，而小型零售商多采用服装供应商提供的合同式样。无论何种合同样式，都应符合法律规范要求，必要时可咨询有关的法律专家。

签订完合同后，买手团队将以跟单的形式对供应商从生产到交货进行相应的过程控制。

跟单英文为 Walkthrough，是指从业务的起始一直到业务的结束（一般是财务做账结束）的一整套业务流程。跟单即追踪已经发生或正在发生的服装加工业务，包括各种单据、报表的审核、生产进度的了解以及在加工过程中出现问题的协商解决。其中，主要涉及的参与人员为买手团队的跟单员（Documentary Handler 或 Merchandiser）。

货品及时交付是跟单的重要内容。因此，货品运送的起止日期应在合同上注明，以保证顺利出货。供应商可能有很多理由解释货品延期,如原材料晚到等,但对于买手来说是无法接受的。为了准时交货,买手在生产过程中,发现货品延期现象时,应采取合理的预防措施,如拒收整改,将承担赔偿责任,而且这些必须遵守的条款须在合同上明确注明。此外,买手应对各个供应商的准交情况进行记录,将其作为供应商的考评指标之一,以保证今后能更为有效合理地选择供应商。当然,如果由买方提供面辅料时,也应准时送货到加工厂,否则引起的交货延误应由买手承担。

小资料

E 品牌公司货品交期问题①

E 品牌公司旗下拥有6个品牌,其中的W、S品牌逐步向快时尚品牌转型,因此,面料及成衣的准交显得尤为重要。但由于一系列的原因,这两个品牌的面料及成衣交期仍存在一定的问题。

① 由于面料交期延误,导致成衣交期不准的情况较为严重。

② W品牌现阶段面料准交率仅为70%,面料基本无分期交货现象(冬季有少量);冬季面料准交率更低,毛料的交期基本在70~80天之间,追加的难度很大。

③ S品牌面料晚交1~2天的情况很多。问题主要出在供应商快递及运输途中出现的客观问题。另外,供应商生产的面料颜色不符合品牌需要,退回工厂重新进行大货生产也是主要原因之一。

除了供应商的问题,W、S品牌采购团队在下单时也有不足之处:

① 面料生产时间紧迫,缓冲余地太少。面料采购到成衣下单的计划安排完全按照理想情况,很少考虑突发情况。

② 合同的下达拖延时间过长。在Buy Meeting(买货会)结束后,由于下单量还需要进行统计调整,仍需要半个月才能出面料正式合同。若等待系统出合同再下单,则拖延时间过长。品牌一般进行预下单,但在Buy Meeting之后会有面料改动的情况,预下单风险较大。

③ 进行成衣大货生产时,才发现面料质量问题,再次返回面料供应商处进行修饰。

针对这些问题,E品牌公司采取提前下达合同,给予供应商一定的缓冲时间,减少面料样反复修改次数,提前面料企划等一系列的举措保证面料及成衣的准时交货,进而保证快速时尚产品的准时上货。

图2-24为从生产供应商的角度完成整个订单过程的流程图。在从订单下达到顺利交货的过程中,需要生产厂商与公司买手及采购团队的密切配合。

以下,分别就面料和服装相应的跟单流程及过程控制进行解析,其中的具体工作多由跟单员落实,但买手也会参与部分工作,以保证对整个流程全面掌控。

① 资料来源:E品牌快速反应推广项目面料主管会议

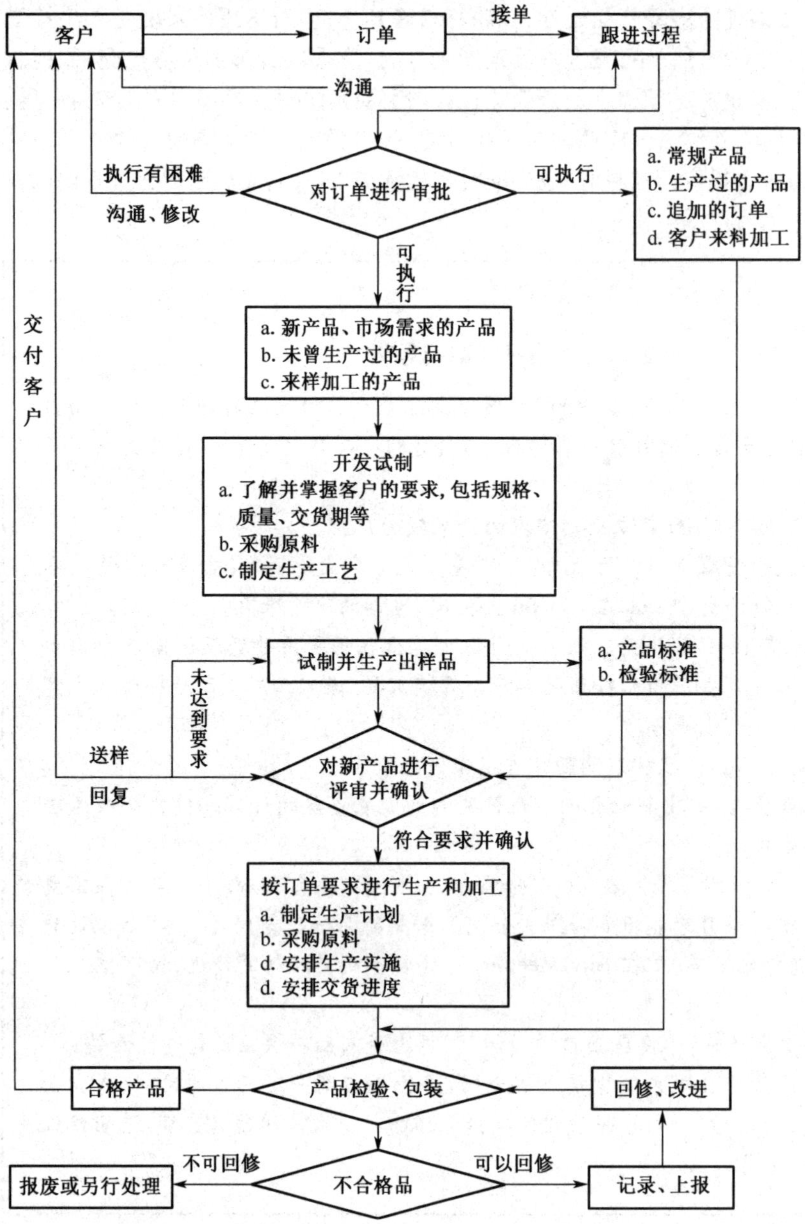

图 2-24　织造跟单工作的作业流程①

(一) 服装面料跟单流程

第一步:跟单前准备工作

① 色彩原样。

---

① 吴俊.织造跟单[M].北京:中国纺织出版社,2005.

② 手感原样。

③ 品质原样。

④ 客户确认的小样(工厂第一次制作的色样)。

⑤ 合同工艺内容的确认(如质量要求、检验标准、交货期,数量等)。

⑥ 其他相关资料。

第二步:工厂打色织小样

① 按客供样(原色样)要求,制作色织小样。色织小样必须有书面要求,即《色织样通知单》(《打色通知书》),内容包括颜料成分、色牢度要求、染料环保要求、色织小样的数量、布样大小、规格及完成时间等。

② 坯布样:坯布样应与大货一致,针对大货生产特点,应考虑样布是否需要进行特殊工艺处理,如砂洗或丝光整理等。

③ 根据打样通知书,使用正确光源检验,提高色样准确率。

④ 根据客户或市场部要求,《色织样通知单》须注明样布大小和色款版数。

⑤ 时间安排:染色烧杯样 3 天、印花样 10 天、色织样 10 天,特殊情况酌情处理。

⑥ 文字说明:小样须贴在样卡规定处,根据《色织样通知单》标明色号、色名、编号、送样日期等。

⑦ 色样卡管理:妥善编号保管,存取方便,防止褪色。

第三步:中样或大货头缸样(生产大货前第一次试样)

① 提供的中样或大货头缸样(如品质、手感、面料等)应与大货一致。

② 在条件许可情况下,应尽量按照大货工艺流程生产,所使用的染料、助剂以及工艺流程要有数字记录。

③ 按大货生产工序进行门幅定型、拨水试验等,提供的中样或头缸样要留样存档。

第四步:大货生产

① 明确要求:明晰订单合同的各项工艺规格,特别是质量标准和交货期。

② 制定生产计划:根据服装交货期要求,制定面料生产计划以及分阶段完成的数量要求,并编制《面料生产进度表》。

③ 质量跟踪的主要注意事项:

- 是否在规定灯源下对色。
- 小样、确认样或头缸样是否正确一致。
- 色差控制:边中差、头尾色差、匹差、阴阳面色差、缸差等。
- 经纬密、幅宽、色牢度、缩水率、手感、克重、气味等。

第五步:大货检验

① 检验标准和方式:按 GB、美国 AATCC 标准、合同规定的标准或公司内控标准等,十分制或四级评分检验方法(注意不同检验方法与成本、合格率的关系)。

② 在规定的光源下,以确认样为准,同时参考小样或原色样进行对色,一般面料色差不得低于 4 级,不达标时,必须进行返工或投新坯重做。

③ 外观质量:

- 检验重点污渍、纬斜、左中右色差、头尾色差、手感差、断经、断纬、经痕、油污、色花、粗纱、色污等；

- 总体检验：幅宽（须量三次，头中尾）、克重（头尾）、经纬密、长度、色差等。

第六步：包装

根据不同的面料使用性能，可采用平幅卷装、对折卷装或折叠装箱等方法，并用纸张、塑料薄膜等进行包装，唛头注明款号、颜色、数量、缸号、色号、日期、订单号及卷号等。

第七步：测试样布

按合同检测要求，剪取3～5米面料，送交相关单位进行物化测试和评价。

第八步：测试后发货

按合同要求送至相关单位或指定仓库。

第九步：交货期与品质的保证

（二）服装跟单流程

第一步：面辅料入库

面辅料入库时，督促加工企业尽快根据合同的发货单验收，由加工企业签收并回执。若出现短码、疵点超标等现象要亲自参与处理。

第二步：样衣的确认及修改

如加工企业前期未做样衣，应督促安排尽快打出产前样，根据合同要求，由买方将检验结果书面通知加工企业负责人或技术科。样衣有问题时，应修改，然后经公司或客户确认合格后，才能批量投产。

第三步：开裁准备

校对工厂裁剪样板和排料图，记录并确认裁耗，由加工企业负责人签字后通知开裁。根据双方确认后的裁耗，与加工企业共同核对面辅料的溢缺值，并将具体数据以书面形式通知公司或客户。如面辅料不足，须及时落实补料事宜并告知加工厂。如有溢余则要告知加工企业，并在大货生产结束后退回买方。

第四步：大货生产

① 生产初期须及时对车间或检验点按封样标准进行裁剪、缝纫、整烫等半成品检验结果进行了解，有问题要及时反馈，并监督、协助加工企业落实整改，达到合格质量要求。

② 每条流水线首件成品下机后，要对尺寸、做工、款式、工艺等进行全面细致地检验，并出具检验报告书（大货生产初期/中期/末期）及整改意见，经加工厂负责人签字确认后留工厂一份，自留一份并发送至公司。

③ 制定日程工作方案。根据大货交货期制定的生产计划表，每日详实记录生产现场投产进度、产成品情况、投产机台数以及裁剪、缝纫、整烫的日产量和质量波动情况，并按生产计划表落实进度，督促加工厂保质保量完成任务。生产进度表要随时上报公司；

④ 针对客户或公司在加工厂巡检提出的制作、质量更改要求，要协助加工厂进行改进，并及时向客户或公司汇报落实情况。

⑤ 成衣进入后整理车间，应随机抽验包装好的成品，检查整烫、包装等质量，做到有问题早发现、早处理。尽最大努力保证大货质量和交货期。

第五步：包装及检验

① 大货包装后，要将裁剪明细与装箱单进行核对，检查色、号是否相符，如有问题必须查明

原因并及时提出解决办法；

② 加工结束后，清理收回所有剩余面料、辅料。

③ 对生产过程中各环节（包括本公司相应部门和各业务单位）的协同配合、出现的问题、反应处理能力以及整个订单操作流程进行总结，以规定的书面形式报告买手或公司主管领导。在跟单过程中应公平、认真负责，不收受加工企业礼品或好处，做到尽力尽职。

（三）跟单注意事项

① 及早准备并了解订单资料（客户制单、生产工艺、最终确认样、面/辅料样卡、确认意见或更正资料、特殊情况可携带客样等），确认各种资料或制作工艺细节是否统一、详尽，对指示不明确的事项详细反映给相关技术部和业务部，以便及时处理。

② 按合同确保供应链伙伴之间的要求及资料明确一致，用文件数字表达，而不是口头承诺。

③ 事先尽可能多地了解生产现场的技能、产能、管理水平、经营状况、历史成交等事项。

④ 业务员（跟单员）的言行、态度代表公司形象，在与生产企业处理相应业务过程中，必须把握基本原则、注意言行举止礼貌。处理业务过程中不可越权表态，有问题应及时请示主管。

⑤ 预先充分估量工作中潜在问题发生的可能性，完善细化前期工作，减少不必要的问题产生。

⑤ 业务员（跟单员）与生产单位接单负责人（主管）应保持有效联系，信息共享，加强沟通，确保订单任务圆满完成。

其中，在服装跟单时要特别注意：

- 物料是否齐备。
- 尺寸是否“准确”。
- 款式是否有误。
- 做工是否细致。
- 成品颜色是否“正确”。
- 有无漏订物料。
- 物料是否能按预定时间送到加工厂。
- 交货时间上是否有问题。

四、验收

物料（包括服装、辅件或饰品）验收入库工作，涉及到仓库、质量检验与控制、财务等诸多部门，需各部门积极有效地配合。

（一）验收步骤

1. 确认供货厂商

物料从何而来，有无错误。如果一批物料分别向多家供应商采购，或同时数种不同的物料进厂时，验收工作更应注意，验收完后的物料标识工作非常重要。

2. 确定交运日期与验收完成时间

这是交易的重要日期，交运日期可以判定厂商交期是否延误，有时可作为延期索赔的依据，有些品牌物料公司将验收完工时间作为付款的起始日期。

3. 确认物料名称与物料品质

收取的货品是否与所订购的物料品类相符合并确定物料的品质。

4. 清点数量

查清实际交货量与订购量或送货单上记载的数量是否相符。对短交的物料，即刻促请供应商补足；对超交的物料，在不缺货的情况下退回给供应商。

5. 通知验收结果

将允收、拒收或待检的验收结果填写于物料验收单上通知有关单位。物料控制部门得以进一步决定物料进仓的数量，买手得以审核短交或超交的物料，财务部门可根据验收结果决定如何付款。

6. 退回不合格物料

供应商提交的物料有不合格品时，应立即通知供应商，将该批不合格物料退回，或促请供应商用合格品交换，再重新检验。

7. 入库

验收完毕后的物料，入库并通知物料控制部门，以备产品制造或销售之用。

8. 记录

物料供应商交货的品质记录等资料应妥善保存，因为这是考评供应商的重要资料①。

（二）验收内容

1. 面辅料大货验收

（1）内在质量

各项物理性能、重金属及有害化学物质含量、所用染料、缩率（水洗缩率、汽蒸缩率）、强度（撕裂强度、拉伸强度、接缝强度、黏合衬剥离强度）、色牢度（熨烫色牢度、干湿摩擦色牢度、有机溶剂摩擦色牢度）、面密度等。

（2）外观质量

有否局部性疵点、连续性疵点、散布性疵点等。

（3）其他检测项目

幅宽、匹长、纬斜、条格面料差别、色差、异味、手感等。

（4）对大货包装与码单的要求

卷筒直径及硬度、包装及卷布质量、吊牌及标识（大货面料号、色号、匹号、米数、幅宽）、大货数量，此外，供应商在出货前需提供大货样 4 米和匹头色差本（拒绝匹头条），同时附工厂验布检验记录报告；对于大货码单，在发大货前必须提前通知公司，传送大货码单，码单上同时标出面料成份、大货合同号。

2. 服装大货验收

应在出货日期提前 2 ~ 3 天与工厂约好时间验货，因为这样可以保证出现问题时有反应时间，地点通常选择在工厂验货，并且需要工厂相关负责人协同检查。首先巡视流水线，是否还有后整理未完成的成衣，此时需要工厂提供箱单，如果达到成箱率 80% 以上的要求，按箱唛随机抽

---

① 跟单员考试辅导：物料验收的步骤 http://www.examda.com/gdy/fudao/fudao/20100210/172454920.html

验(有的工厂会把有问题的成衣放在不起眼的地方,这点需要格外留心)。以下为具体的检验内容及步骤:

① 根据箱单箱号(箱唛)进行抽箱,尽量抽取到各色各码,并保证大中小号,随机抽取。

② 打开第一箱,清点成衣数量,看数量及装箱配比是否正确。

③ 分别抽取箱内上、中、下位置的成衣,按封样标准检验包装、吊牌、洗水标、商标、尺码标、外观、工艺、对称部位、缝迹牢固度等质量,衣服检验顺序:从上到下,从左到右,从前到后,从里到外。

④ 如果有纽扣等物件,需要进行拉力测试。

⑤ 如果是针(毛)织物需要称每件重量(此点在产前样已经确定,主要检查工厂有无减料现象)。

⑥ 色差应使用灯箱检测。

⑦ 进行尺码度量,每个尺码至少度量 3 件,并做好相应记录。

⑧ 最后根据实际检验结果填写验货报告,并且需要工厂相关负责人签字确认,按 AQL(合格质量水准)2.5 标准决定验货结果。

五、记录与档案维护

(一) 采购记录

采购过程前后,需要对各环节的重要内容及细节进行相应的记录,并按公司要求编制成一系列的文档或表格,以备存档及后续工作借鉴。

由于各家服装企业采购内容及方式不同,所采用的采购记录表格也不尽一致。附录五是常用的跟单表格系列样表,包括:大货面料验收表、货运通知单、订单资料管理表、生产制造单、物料计划控制表、辅料采购订单安排以及交货进度跟进表。而实际采购跟单过程中,所涉及的表单数量可随时增减。

对于历年来的采购记录,应当按年份、季节、货品类别等合理归档及保存,因为以往的采购经历能为服装企业今后的采购计划提供有益的指导,有利于对供应商及采购团队进行准确的评估,也可从中获取相应的经验教训。

(二) 采购绩效评估

越来越多的企业管理者认识到买手团队在整个企业中的巨大作用,尤其是一个配备有能力的买手和恰当组织的采购团队。定期合理地评价买手团队的绩效可以节省采买费用,增加企业获利水平。

采购绩效即采购工作质量的好坏,具体而言是指从数量和质量上考评采购的职能部门和工作人员能否达到规定或具体目标的程度。采购绩效实际探讨的是成本、品质、交货期三方面努力的结果①。

采购绩效评估可通过自我评估、内审、管理评审等方式进行。

(1) 采购绩效评估的作用

① 确保采购目标的实现。

② 提供改进绩效的依据。

---

① 赵继新. 采购管理[M]. 北京:高等教育出版社,2006.

③ 作为个人或部门奖惩的参考,提高个人或部门的积极性。

④ 促进部门之间的关系。

(2) 采购绩效评估的原则

① 要选择适当的衡量指标,绩效指标的目标值要科学合理。

② 评估工作的持续与长期化。

③ 评估工作要有全局意识。

(3) 参与采购绩效评估的人员

① 采购主管。

② 会计部门或财务部门。

③ 生产与工程部门。

④ 供应商。

⑤ 外界专家或管理顾问。

(4) 采购绩效评估的分类

① 定性和定量评估(一般来说,在评价采购效率的时候会更多地采用定量评估,而在评估采购效果的时候则往往采用定性评估)。

② 总体评估和具体评估(具体评估注重采购效率;总体评估注重采购效果)。

③ 外部评估和内部评估。

④ 个人评估和职能部门评估。

⑤ 定期评估和不定期评估。

(5) 采购绩效评估的标准

① 历史绩效标准。

② 预算标准(固定标准、挑战标准、可实现标准)。

③ 行业平均标准。

④ 目标绩效标准。

(6) 采购绩效评估的方法

① 直接排序法。在直接排序法中,主管按照绩效表现从好到坏的顺序依次给员工排序,这种绩效表现既可以是整体绩效,也可以是某项特定工作的绩效。

② 两两比较法。两两比较法指在某一绩效标准的基础上把某一个员工与其他员工相比较来判断谁"更好",记录每一个员工和任何其他员工比较时认为"更好"的次数,根据次数的多少给员工排序。

③ 等级分配法。等级分配法能够克服上述两种方法的弊端。这种方法由评估小组或主管先拟定有关的评估项目,按评估项目对员工绩效做出合理的排序。

(三) 买手评估

作为采购组织的一员,买手对采购成功与否具有举足轻重的作用。为了解买手是否履行了应担负的职责,买手的上级,即商品总管(总监)或商品部经理要经常对买手进行评估。而该评估通常有三个标准,即销售数量、存货水平和盈利水平①。

① 杰·戴孟德,杰拉德·皮特.服饰零售采购——买手实务[M].北京:中国纺织出版社,2007.

1. 销售

目前，大多数服装品牌企业采用“平效”，即“终端卖场每平方米的销售金额”作为评估销售业绩的一个重要标准。因此，平效可作为买手评估的重要参数。

■ 小资料

ZARA的惊人平效①

ZARA母公司Inditex集团年报披露，截至2014年1月31日，ZARA全球门店数量为6 340，分布于全球87个城市及区域，销售额169.20亿欧元，平效超过5 200欧元（约合4.4万元人民币），是国内服装企业平效的4倍左右②。

一位服装界人士对《第一财经日报》表示，国内男装行业的平效为6 000～8 000元，体育用品行业平效稍高，也只有8 000～10 000元。国内的ZARA门店销售火爆，人流量大，销售额自然水涨船高。

ZARA的商业模式是在最短的时间内将最新国际流行时尚传递给消费者，而该过程的落实少不了ZARA公司的国际买手团队。ZARA的高平效，也在一定程度上反映了ZARA买手团队的精准与高效。

2. 存货水平

对库存周转率、销售季节结束后成为存货的商品以及转到下一销售季节销售的商品数量等存货数据进行核查，能够使上级主管更了解买手的工作效率。

■ 小资料

关于库存周转率

库存周转率（Inventory Turnover）一般缩写为ITO，是指某时间段的出库总金额（总数量）与该时间段库存平均金额（或数量）比，反映了一定期间内库存周转的速率。一般来讲，库存周转速度越快，存货的占用水平越低，流动性越强，存货转换为现金、应收账款等的速度越快。

如某制造公司在2003年一季度的销售物料成本为200万元，季度初的库存价值为30万元，该季度底的库存价值为50万元，那么库存周转率为200/[(30+50)/2]=5次。相当于该企业用平均40万元的现金在一个季度里面周转了5次。

在服装业内，ZARA除销售额外又创造了另一个库存的神话。正如Inditex的首席执行官Castellano所说：“在时装界，库存就像是食品，会很快变质，我们所做的一切便是减少反应时间”。ZARA的服装库存总是能保持在相当低的水准上，如存货周转率高达11次/年、财务年度周转天数为23天（国际平均水平是55～65天）、在总销售中只有约15%

① ZARA全球门店平效超4万元为国内同业4倍 http://shop.focus.cn/news/2010-07-15/988182.html

② ZARA Annual Report,2013.

的产品需要打折出售(多数竞争对手为30%~40%),也就是说,人们总能看到新货。且更多的情景是,ZARA的新款一上架,便能在很短的时间内销售一空,原因是ZARA总是保持着每周更换款式2次,每种款式上架不超过3周的运营规律,从而也成为高库存周转率的保证①。

3. 盈利水平

判断买手边际效益指标主要有:商品的毛利润(购进成本与所标价格之间的差额)、维持利润(为促进直销商品而实行的打折后实际销售价格与购进价格之间的差额)以及商场利润等。

对于买手及整个采购组织的评估方法及指标方式很多,关键在于企业能否根据买手的实际情况制定一套合理的考评机制,而这一机制是否合理的依据在于能否最为有效地提高买手团队或买手的积极性,保证采购任务优质完成,从而最终提升整个企业的效益。

第三节 店 铺 管 理

一、视觉营销

(一) 视觉营销的定义

视觉营销(Visual Merchandising 简称 VMD)是卖场终端的设计展示,属于商品企划活动的一部分,包括品牌专卖店形象的建立、零售空间的设计、气氛的营造、产品陈列搭配设计、橱窗设计等。

品牌的市场定位、产品信息、服务理念、品牌的内在文化以及精神理念都可用视觉化、形象化的图形、实物或语言呈现,通过展示与陈列手段,能实现与消费者无声沟通。因此,视觉营销是服装企业运用视觉展示工具,实施商品企划战略的过程,也是服装品牌买手在推广工作中需要关注的重要环节。

(二) 视觉营销与陈列

陈列(Display)一词源自拉丁语 Displio 或 Displicare,是"叠"的意思,之后表示"展示""展现""说明"等意思。在发达国家的陈列、装饰领域,一般翻译为"展示";在设计领域,陈列意味着能够展现商品魅力。

陈列有时也被理解为和视觉营销具有同样的涵义。但是,陈列是以美学为出发点,作为华丽展现商品的一种卖场必要手段。而视觉营销是把品牌的市场定位、理念和内在文化精神等视觉形象与商品企划、进货、销售等业务整合起来运作的战略。

可以说,视觉营销是一项复杂系统的工程,涉及品牌的方方面面,陈列设计恰恰就是视觉

① ZARA:重新定义时装 http://manager.ef360.com/Articles/2007-6-15/36695.html

营销的灵魂，把视觉领域的陈列做好，就有可能成为出色的视觉营销。图2-25所示为视觉营销的关联图[1]。

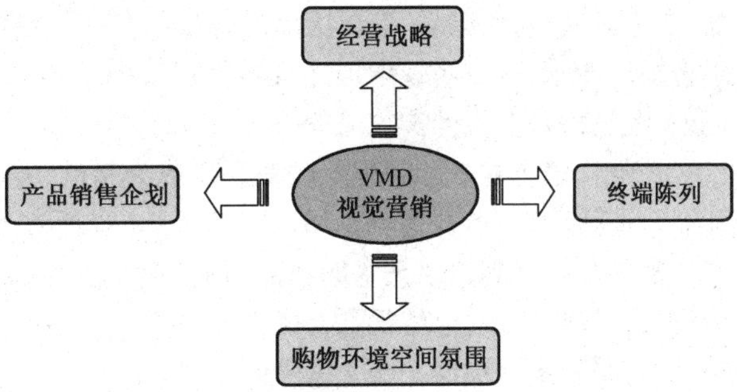

图2-25　视觉营销关联图

(三) 视觉营销战略的构成因素

1. 室内展示

室内服装展示主要通过对品牌标识、产品、橱窗、陈列载体等一系列卖场元素进行有组织的规划活动。

室内展示的元素：

(1) 品牌标识

品牌标识是店铺的核心视觉要素，一般要求造型单纯、能传达品牌的理念、经营的内容以及产品特性等。经过注册的服装品牌即商标应简洁、引人注目、易于识别。如：耐克的标识给人速度感和力量，符合体育运动的特征。

(2) 橱窗展示

橱窗是立体的服装广告，它用无声的导购语言，刺激消费者潜在的购买欲望。展示以服装为主，巧用布景、道具，以背景画面装饰为衬托，配以合适的灯光、色彩和文字说明。用鲜明的橱窗展示吸引消费者，并在各种节日、促销活动来临之前做好专题展示。橱窗展示应突出商品特色，向消费者传递美感。

(3) 陈列载体

服装零售店中常用的陈列载体有：陈列柜、展示台、展示桌、服饰吊架、店面陈列台和人体模特等。主要功能是向消费者展现服装的各种信息，包括款式、色彩、材质、品种、细节造型特征等。同时运用展示技巧，向消费者介绍不同服装搭配组合效果，从视觉上进行引导，刺激消费。目前陈列载体的发展，已经从小而散向大而全的方向发展，构造力求精简，造型越来越生动美观，借助这些静态的销售工具，给消费者带来视觉的冲击和享受。

(4) 照明设计

照明可以分为基本照明、形象照明、气氛照明。借助灯光的照射，商品变得更有魅力，而对于消费者而言，灯光能起到吸引消费者注意力和提高服饰品亲和力的作用。

(5) 色彩设计

色彩传达信息的速度，胜过图形和文字。店铺的色彩大至整个卖场的总体背景色彩，小至服饰搭配的组合，包括服装色彩、展示道具色彩、环境色彩、照明色彩、配饰色彩等。同一卖场的不同色彩组合，能给消费者不同的感受。根据服装、销售方式、消费群的差异，卖场的色彩组合各有千秋。例如：民族风格的服装要求店铺色彩浓重具有民族特色。此外，不同季节对店铺色彩设计的要求也不一样，同时还要考虑到流行色的因素。

2. 商品组合展示

过去，服装多半以“功能性”为标准进行分区陈列，如上装区、鞋帽区等，但随着现代产品设计强调整体搭配的视觉营销战略，商品的组合由“功能性”转向以色系、主题组合服装商品。例

---

① 金顺九.视觉·服装终端卖场陈列规划[M].北京：中国纺织出版社，2007.

如:白色区域、粉色区域、黑色区域等,这样可以加强视觉效果。在同色区域的展示中,服装进行组合搭配展示,可以实现增加连带销售货品的目的①。

(四)视觉营销企划的实施流程

视觉营销企划以品牌理念与商品构成为基础,并确定各季节波段促销活动的主题。为顺利开展营销活动,还需要选定卖场的辅助器具(包括各种灯光、龙门架、试衣间、人台、花车等)。

视觉营销企划需要按主题商品、畅销商品、经典商品进行分类。如果品牌的市场方针以时尚商品为战略重点,应将视觉促销企划的重点放在创建时尚形象氛围方面;若以传统商品为战略重点,则着重展示消费场合的着装配套。

视觉营销企划的实施步骤:目标的设定→季节理念的确定→季节主题的确立→商品理念与推出的商品→展示空间的设计→卖场布置→展示器具的选择→展示构成的平衡→色彩控制与管理→视觉展示的检查。

■ 案例

打造环保理念的通勤装——ICICLE

打造舒适环保的通勤装是ICICLE品牌的宗旨,也是ICICLE区别于其他女装的最大特色。品牌公司针对年轻职业女性上班所需着装进行产品设计,强调环保工艺,追求舒适感和材质的统一。店铺陈列的棉花、雨露麻等天然材料处处阐述着环保的概念及意义。ICICLE的环保时装不是一种口号,而是落实到每个细节处,整个店铺的陈列到处展现着回归自然的优雅风格,为消费者传递着当前及未来时尚健康的穿衣观念(图2-26)。

图2-26 ICICLE店铺陈列

---

① 傅丽.浅谈服装零售中的视觉营销战略[J].商场现代化,2007(3).

■ 案例

眼动仪实验分析法在视觉营销中的应用

眼动仪是心理学基础研究的重要精密仪器，用于记录人在处理视觉信息时的眼动轨迹特征，广泛用于注意、视知觉、阅读等领域的研究。图2-27为应用眼动仪分析法的示意图。

图2-27 应用眼动仪分析法示意图

以广告为例，眼动仪分析法即通过眼动仪实验将顾客注视广告时的目光焦点、眼动轨迹及停留时间记录下来，并对记录的数据进行分析的方法。这样便可以清楚地了解顾客注视广告时的先后顺序，对画面某一部分的注视时间、注视次数、眼跳距离、瞳孔直径（面积）变化等。

可见，视觉营销实施过程中倘若能应用这一方法进行相关的实验与调查，提供客观有效的数据依据，将有助于视觉营销策划人了解目标顾客是否按设计意图去注视、视觉营销各要素吸引人的程度、目标顾客兴趣点所在的共性和特性等，可以更为科学地根据消费者的心理活动实施视觉营销战略。

视觉营销的三个层次①

层次一

——销售点的设立。销售点可能设立在市中心或环线边，带有或没有停车场、离目标客户群体住处远或近，面积大或小，接近或远离换乘站。依据这些参数，销售点的吸引力指数非常敏感，变化明显。

层次二

——视觉营销技巧的作用是确定商店布置、服务提供和运作，目的在于提高消费者购买量并使之成为忠实客户。这里的重点是销售点的设计。

层次三

——场地和店内品牌和产品的展示，显然一个市中心的专卖店和超市的陈列是两回事。通常，为了保证产品的良好展示，企业会设立专门职务：陈列师。

（五）视觉营销的作用

从20世纪90年代开始，消费者的购买流动性越来越强，不愿意被某一种销售模式或某个档次的产品所俘虏，他们更愿意被“吸引”，因而视觉营销在各种行业的使用开始变得频繁，成为一项非常重要的营销工具。作为一种服务于商业的活动，视觉营销主要目的是最大限度地促进产

① 解密：视觉营销到底是什么？http://www.topbiz360.com/html/school/yingxiaojinnan/20080418/27509.html.

品(或服务)与消费者之间的联系,最终实现销售(购买)。

在服装销售领域,实施视觉营销(VMD)战略无论对经营者还是消费者来说都很重要。

从经营者的角度出发,服装视觉营销的作用体现在:①在商品供给过多、过剩时,防止商品被淹没在市场中;②具有视觉冲击效果的卖场布置和商品组合搭配,对服装没有太大兴趣的消费者也是一种无声的劝说;③对有自己独特见解的消费者,卖场展示了一种文化,勾画出一种新生活,使他们在接受这一文化品味的同时,对展示的主体——服装也将留下深刻印象;④由于人员费用的上升,营业员的数量和接受培训的时间在减少。一个设计优秀的视觉展示可以在一定程度上起到弥补作用,让消费者获得一个轻松自由的购物环境,同时充分理解商品的意义①。

从消费者的角度出发,视觉营销的作用有:让消费者较快找到自己需要的商品;帮助消费者明确自己需要的是什么商品;为消费者设计新商品的生活提案;根据消费心理,通过展示,使消费者心情愉悦,乐于购物。简而言之,视觉营销的作用是让消费者看见、知晓、理解和享受②。

由此可见,消费者在一个统一和谐而又具有特色的商店中购物时,会感到轻松愉快、购买欲强。一个品牌、一个商店要在行业内处于领先地位,需要实施相应的VMD战略企划,让消费者感觉到商店不是一个堆砌商品的仓库,更像一个博物馆、展览馆,向大众展示的是一种文化、一种风格、一种个性,其中的服装不过是为了表现蕴涵的意义而借用的一种道具。

(六)视觉营销与买手

1. 买手在视觉营销中的作用

买手在视觉营销中的主要作用并不是简单更换商品,而是提出最有特色、最有吸引力的商品陈列建议,通过实施恰当的VMD战略,以获更好的销售业绩。没有买手的帮助,视觉营销团队会很难通过自己的判断决定陈列的重点。也即,买手依据销售数据的分析以及与企业品牌战略的结合,能帮助团队进行相应的VMD协调工作。

2. 买手制企业的视觉营销作用

(1)经营理念的推陈出新

我国服装零售企业在店铺形式、商品布局、经营手段和技巧等方面的经营管理模式,总体上仍处于对国外零售业态和管理方式的模仿、引进阶段。随着新的经营理念不断引入,终端的视觉营销战略是促进品牌发展的重要战略之一。以品牌形象为核心的终端营销战略有利于各种视觉要素的充分发挥,这样才能满足消费者的心理需求,使买手更容易获得成功、品牌获得更多的销售额。

(2)VMD吸引更多消费者

服装零售企业的展示跟随着季节变换,依据季节主题,服装上新货,展示陈列进行相应的配套布置。有时随着节假日的到来,品牌企业也会在终端采取简明的视觉变换手段,但店铺总体形象维持不变。

也有一些快时尚品牌每周都对店铺进行视觉的更新设计,如H&M从橱窗到店内展示,周周

---

① 李俊.服装商品企划学[M].北京:中国纺织出版社,2005.

② 根据《服装商品企划学》(李俊)、《国内服装行业如何把握好视觉营销策略》(朱俐等)相关内容总结、整理.

都有变化，使顾客每个星期都有去 H&M 店的欲望。此外，服装品牌会随着气候季节变换和节日的气氛推出不同的陈列主题，增强服装品牌展示的整体氛围，如在春天把店铺弄得春意盎然，夏天会制造一种凉爽的氛围，秋天营造一种诗意浓浓的气氛，而在冬天则尽量构筑一种温暖的感觉。

(3) 视觉营销的卖场与品牌风格定位

服装企业应重视销售终端的风格定位，使品牌风格与卖场风格相互协调。在视觉营销战略中，风格包含两层含义，一是指服装品牌的风格，二是指整个卖场的风格。展示的造型风格必须与品牌的风格相吻合。品牌定位准确与否直接关系到品牌的形象。品牌风格定位决定着店铺视觉营销的艺术风格。作为服装买手应明确本企业的品牌特色以及与同类竞争品牌的差异，同时需要配合视觉营销人员协调品牌风格和卖场风格的统一和设计陈列工作，即运用店铺环境的格调、空间布局、色彩、灯光、材质感以及道具装饰品来营造主题气氛，突出品牌形象。这种视觉形象上的差异可以增强消费者对品牌及产品形象的识别能力，明确选择和购买目的。例如 LEVI'S 在牛仔品牌中鲜明地体现了美国文化，代表着头脑开放，追求个性解放的城市嬉皮士形象。又如美特斯邦威品牌的定位是 18 到 25 岁的年轻人大众化服装，故在卖场风格上的陈列路线也是大众化的，此时过于精致的卖场设计反而会造成大众消费者的购物压力。因此，视觉营销设计的销售终端展示必须与品牌产品风格定位相吻合，并适应品牌自身的消费群。服装买手在这一过程中，可以协助或指导 VMD 的风格定位。

总之，VMD 战略是促进服装产品销售的一条重要途径，但不是改善品牌业绩的唯一法宝。买手对 VMD 期待过高，可能会使市场战略受到制约，失去原有的自由度和灵活性。因此，在实施视觉营销时，上级主管、买手与相关商品企划及销售人员等应紧密配合并实施适当的培训才能将 VMD 工作做得更好①。

小资料

店铺体验中的五感营销策略及作用②

人类凭借感觉接触的外界信息有 83% 来自视觉，11% 来自听觉，另外的 6% 来自触觉、嗅觉和味觉。在左右消费者对产品质量及品牌价值的判断上，多维感官诉求比二维感官的效果显著得多。五感营销是通过刺激消费者感觉器官（视觉、听觉、触觉、味觉、嗅觉，即五感），使其对产品、品牌文化和购物过程进行全方位的体验，从而引导消费者识别企业产品、激发购物欲望的营销方式。作为体验营销的一个分支，近年来受到服装品牌企业的重视。

五感营销主要用于服装卖场的空间设计，通过对店铺色彩、光线、产品陈列、背景音乐、气味以及产品的可触碰性进行合理的组织和设计，提升消费者购物体验。消费者原本是从五感建构对世界的感知，过去企业在打造品牌形象时，局限于视觉与听觉，主要依靠媒体传播广告的方式塑造品牌。但实际上消费者对服装品牌的印象不仅仅依赖于媒体宣

① 杰·戴孟德，杰拉德·皮特. 服饰零售采购——买手实务[M]. 北京：中国纺织出版社，2007.

② 孙菊剑. 服装零售终端运营与管理[M]. 上海：东华大学出版社. 2009.

传;真实的接触,是五感全面的接触,绝不会仅限于视觉或听觉。服装品牌若能让消费者有完整的感官与情感体验,会更有竞争力。仅在广告中以视觉呈现一个产品或服务是不够的,若加上声音,比如音乐或强而有力的标语或口号,效果更好。视觉与听觉的综合刺激,能造成一种 1+1≥2 的印象,若能引起其他感官共鸣,更能提高服装品牌的形象和声誉。

二、货品管理

服装产品生命周期越来越短,流行一波接一波,赶上最恰当的节拍能获得超额利润,如果对其他品牌的流行货品进行模仿,若开发进度跟不上或生产和配送时间较长,则可能模仿的产品上市时对手已在进行打折促销,模仿产品也将成为库存。真理往前逾越一步往往变成谬误,流行过多则会变成库存、打折和亏损。

对服装买手而言,在货品管理上既需要有设计师一样的眼光能对时尚进行准确的捕捉与整合,也需要像销售师(营业员的主管)一样能准确把握顾客心理,了解顾客需求;买手作为连接设计与销售的纽带,需要右脑有设计师的审美情趣和眼光,左脑有经营者的系统逻辑和执行力。

图 2-28　货品管理四阶段循环

图 2-28 所示为货品管理四个阶段的关系图,包括上货管理、货品店铺销售管理、日常货品调配与补货管理以及合理的库存管理,四者循环交替,穿插进行。

上货管理包括货品总量、结构、款式的调配,上货时机的把握以及上货量与实际销售的分析管理;货品销售管理需要服装买手充分关注,由销售数据分析畅销、滞销及原因所在;通过销售监控,企业可及时采取货品调配以及补货措施,进行日常货品归并与补货管理;对最终形成的库存,做好合理的促销或退货处理,以免造成库存积压。

良好的货品管理可提高企业正价销售率,增加销售额、利润和降低库存。同时,对品牌形象提升也有重要作用。为此,做好货品管理是提高企业竞争力的关键途径和终端运营中重要的环节之一。下面主要从上货管理、补货管理及库存管理三方面进行阐述。

(一) 上货管理

上货应在企划阶段进行初步规划,结合店铺面积、当季销售时间及品牌故事策划等进行计划安排。买手需要协同公司物流、店铺管理等部门计算上货频次、款数等,做好上货计划。这样不但可以使公司员工更好地掌握产品知识,还能提高顾客看到店铺新款的频率。同时,服装是时效性产品,上货货品的选择需要考虑流行趋势、气候情况以及上货后的重点陈列、重点推介,避免产生库存积压。

1. 合理安排货期,前后衔接,疏密有度

对品牌服装企业来说,上货时间安排得当,上市时能前后衔接,疏密有度,由此能增加顾客正价购买率,提高销售额;否则,错失上货时间,新品很可能在一上市就面临打折销售的遭遇。

表2-19 为一般服装的销售季节划分,四个季节上货时间相互契合,销售期皆有重叠。销售季节根据不同品牌有多种划分方法,尤其“快时尚”服装,上货及销售季节往往按月企划和划分。

表 2-19 销售季节划分

季 节	春季	夏季	秋季	冬季
上货时间	1~3 月	4~6 月	7~9 月	10~12 月
销售期	1~6 月	4~8 月	7~11 月	10~2 月

除了依据销售季节划分之外,上货管理还必须遵循以下原则:

① 计算日均销售量:店铺管理人员及买手必须了解每次进货量的大小、当前存货,再扣去当期存货与损耗,计算产品日销量,以便作为订货依据。

② 掌握节庆、季节性商品及旺季时间规律,作为订货依据:节庆、季节转变是店铺货品的销售良机,如春节、五一长假、十一长假等。结合顾客消费习惯,按需进行上货管理。

③ 明晰不同品类每季销售规律:不同品类在不同季节销售情况不尽相同,通过店铺管理人员及买手对每季品类销售的统计分析,将信息反馈至品牌企划及设计部,为商品规划提供依据。

④ 制定上货宽度与深度:货品宽度是指每季上货的 SKU(Stock Keeping Unit,物理意义上的库存最小单元,服装领域通常表示色款)数量;货品深度是每个 SKU 的平均上货数量(含规格)。若订货额一定,则深度与宽度成反比。一般,每个店铺陈列及店铺仓库储存标准为 SKU×(2.5~4)。表2-20 为某品牌服装店铺陈列基本示例,随品类及款式的不同,标准可灵活调整。

表 2-20 店铺陈列基本示例

店铺类型	标准陈列量	男士陈列尺码	女士陈列尺码
小 型	SKU×2	L/XL	M/L
中型及以上	SKU×3	L/XL/XXL	S/M/L

2. 货品分析详实、及时

货品分析是企业货品销售及经营状态的晴雨表,通过详实分析可以使企业及时改进或采取调整经营策略。建立一套完整的货品分析体系,随时分析仓库、店铺货品的走势,能对滞销货品及时进行调整,促进仓库、店铺之间的货品快速、顺畅流通。同时,企业依据完整的店铺销售、回款指标分析体系,能实时掌控店铺指标完成情况,并及时调整经营策略,最终提高企业的销售额及毛利。

3. 适时的信息传递和反馈

合理科学的上货管理可以带动库存消化,又可促进当季销售。上货过程中的信息数据、上货后的销售信息等都需及时传递和反馈,便于预估下一波段所需货品数量、结构、款式等,结合企业下一波段的产品开发和规划,协助做好上货计划方案。

(二)补货管理

上货管理没有唯一标准答案,店铺铺货与实际销售并非完全吻合,即出现缺货或剩货。若发生缺货,应及时补货。缺货会对企业造成销售机会损失,一般分为两类,隐性缺货和显性缺货。隐性缺货是指顾客对店铺内整体产品不满意,因此难以选购合适的产品;显性缺货是指没有合适尺码、颜色的产品。对企业来说,若能做好补货管理,则利润的增长将有保障。

案例

及时补货的经济效益

若企业能保证适时补货,利润能提升多少?用管理会计的方法计算例见表2-21。

表2-21 销售收入与有效产出的关系 单位:元

	现 状		增加10%的销售额
	金额	占比/(%)	
销售收入 SR(Sales Revenue)	30亿	100	3亿
变动成本 VC(Varied Cost)	15亿	50[①]	1.5亿
有效产出 T(Throughput)	15亿	50	1.5亿
运营费用 OE(Operating Expense)	(12亿)	(40)	≈0[②]
净利润 NP(Net Profit)(假设10%)	3亿		1.5亿

注:变动成本(VC):成本总额随着业务量的变动而成正比变动的成本;
有效产出(T):单位时间内生产并销售出去的数量,即通过销售获取现金的速度;
运营费用(OE):将库存转化为有效产出过程的一切花费,含直接费用与间接费用;
净利润(NP):盈利的金额。

假设服装公司A规模较大,一年销售收入可达30亿元,通过及时补货管理,销售收入增加10%或门店的平效[③]增加10%,即增加年销售收入3亿元;同时变动成本随销售额的变动增加10%,即1.5亿元。计算可得净利润增加1.5亿元,达到50%的增长率。

从案例计算中可以看出,若能做好补货管理,逐渐减少缺货概率,则对企业获利的提升有重要意义。当今市场正处于顾客趋于成熟,需求趋于多样化、个性化,变化频率加快的时期。补货不再是简单的畅销款补充,这时需要结合产品生命周期进行研判,确定何时补货,补货量多少,否则此时的畅销款将会变成彼时的滞销库存。

产品生命周期(Product Life Cycle, PLC)指产品在市场上从推出、成熟到衰退的过程。对季节服装而言,当季产品进入市场之后,通过各种推广方式,销量逐渐增加;随着消费者需求的变

① 假设门店扣点30%,材料费等成本20%。
② 额外费用很少,忽略不计。
③ 业内通常说的平效是指每平方米营业面积上产出的年销售额,反映的是单位面积的销售情况。计算方式是用全店的年度销售额除以全店的总营业面积,单位是万元/[平方米·年]。而坪效是商业领域常用的一个术语,是日本、韩国、中国台湾和香港等国家和地区经常用来计算商场、商圈或者商业经营效益的指标,指的是每坪的面积可产出多少销售额,1坪=3.3平方米。

化和市场竞争的加剧，销量趋缓；到了季尾当季产品逐渐离开市场；下一季节新品上市，周而复始。通常，产品到了成熟期后，销量逐渐下降，货品需求降低，此时消费者消耗的是已有库存，企业也可通过促销手段加速库存消耗。若此时（图 2-29 中的补货黑色区域）进行补货，不仅难以增加销售额，甚至会成为滞销库存，造成企业现金流的巨大压力。

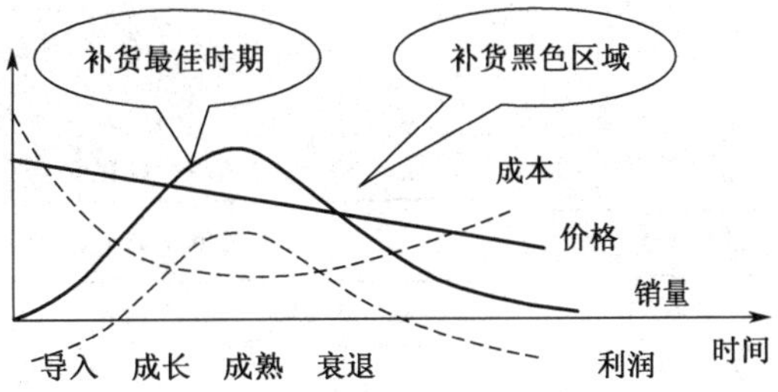

图 2-29 服装产品生命周期曲线

分析流行服装产品生命周期曲线，主要从销售量、获利能力的变化等方面着手，也即研究该产品的市场需求量和利润随时间变化的趋势。事实上，这一变化过程还受价格、供求状况、市场竞争、经济发展等各种因素的影响。产品生命周期曲线的分析判断，根据经验和各种品类服装市场运营的案例，主要有以下两种方法：

（1）类比法

类比法参照类似产品的发展情况对流行服装产品生命周期的各个阶段进行对比分析与判断。类比法精确度较低，只能定性地对产品生命周期进行宏观把控。

（2）按销售增长率划分服装产品生命周期的不同阶段

这种方法是用服装销售后期与前期的销量情况的对比率之值作为标准来划分服装产品生命周期的各个阶段。公式为：$f=(y-G)/G$，式中：G 表示前期销售量，y 表示后期销售量，f 表示增长率。根据大量流行服装的销售经验数据可以得出：

f 之值大于 10%，产品处于成长期；

f 之值处于 1% ~10%，属于成熟期；

f 之值小于 1% 或小于 0（继续下降趋势），表示该产品已经进入了衰退期。

综合以上所述，补货需要选择合适的数量与适当的时间，同时应遵循以下补货原则：

① 重要店铺如 A、B 类店和离仓库较近的店铺每周补货频率较高，若条件允许可每天补货，C、D 类店和距离较远的店铺可每周视销售情况调整补货次数，同时对店长进行培训，增强对货品量的预估能力和责任感，以此节省配送成本。

② 天气骤变、临时促销或团购等特殊情况，可临时追加补货。

③ 随时跟踪观察店铺销售情况，按实际需求进行店铺间互补调货，整合资源，减少断色断码的机会损失。

（三）库存管理

货品配送至店铺陈列后，即开始销售。由于消费者行为受到天气、竞争对手策略、商场促销等各种因素的影响，销售会出现较大的随机性，有时部分货品在店铺畅销，而另一部分滞销。为获取更高利润，企业需要更精确地预测库存。若企业为了降低成本，防止预测不准造成的现金流压力而备较少库存，则往往会错失畅销款销售时机；相反，若企业为避免补货时间过长而造成的销售机会损失，往往备较多库存以保证销售，有时不免造成库存积压。这是企业库存决策模式的悖论（图 2-30），而服装买手在这一冲突中扮演的是润滑剂的角色，通过观察市场、监测库存、分析历史数据，提供有效的库存解决方案。

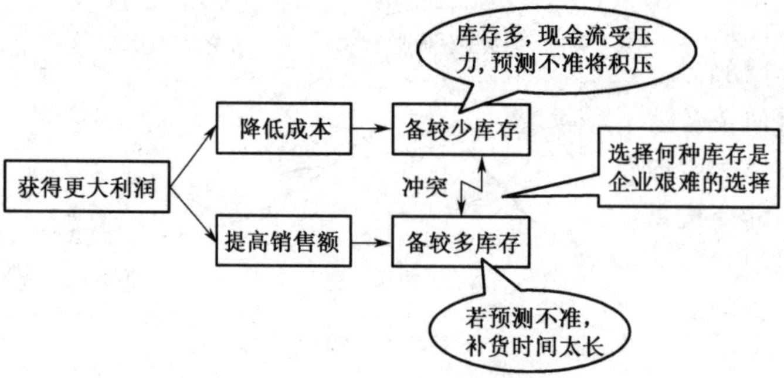

图 2-30　库存决策模式的悖论

库存过剩会造成一系列不良后果，如债务压力和增加仓储成本等各种因素从多方面侵蚀企业的利润空间，最终导致经营毛利的下降。此外，库存过剩还会导致品牌打折力度增大，给品牌形象带来诸多负面影响。因此，企业必须明确库存考核标准，及时监控库存和分析销售数据，对畅销货品进行合理补货，对滞销货品进行折价促销或店铺间调货等处理。

1. 库存考核指标

库存考核指标中，较为常用的是发存率与库存周转率等。

$$\text{发存率}=\frac{\text{库存}}{\text{发货量}}；\text{库存周转率}=\frac{\text{发货量}-\text{库存}}{\text{平均库存}}；\text{平均库存}=\frac{\text{发货量}+\text{库存}}{2}$$

库存周转是衡量企业投资收益的重要指标。通常，发存率和库存周转率越高，表示企业可用流动资金越多，经济效益越好。ZARA 年库存周转率达到 11 次，而有些服装企业年库存周转率仅一至二次。从库存周转率公式可以得出，周转次数与平均库存呈反比，即在同样营业额下，周转次数越大，平均库存投入量越小，库存投资回报率越高。快速的周转可以保持货品的常新，减少剩货挤压，还能降低管理开支和仓储费用，加快资金流转，有利于企业盘活进货资金，追加畅销产品。

如图 2-31 所示为两种不同进货方式的库存示意图。

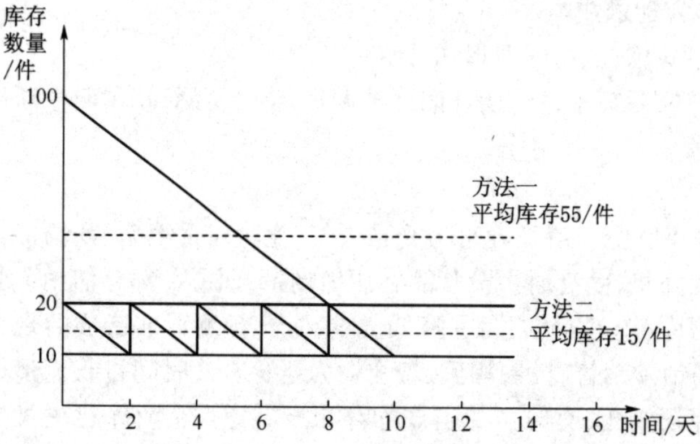

图 2-31　两种不同进货方式的库存比较示意图

方法一:一次性进货100件,10天后还剩10件,库存周转率=90/55,发存率=10/100=10%;

方法二:每次进货20件,低于10件后再次进货。10天共进货100件,出货90件,剩10件。库存周转率=90/15,发存率=10/20=50%。

两种方法相比,似乎方法二的发存率很高,而方法二的实际总发货量与方法一相同,最终库存也相等。但方法二中库存周转率的提高有利企业盘活资金,适时销售。因此,库存考核指标不仅与数量相关,还与时间相关,货品时间的延长意味着资金停留、销售机会损失。

2. 售罄率指标

明确库存考核标准后,需要进一步了解库存到达何种程度时该进行补货,何时应采取促销措施,其中一种方法是售罄率的计算。售罄率是表明产品从到货到售出的正价比例,即:售罄率=指定期间正价销售量/到货量,计算期通常为一周、一个月或一个季。售罄率反应了产品的销售速度——产品是否受消费者欢迎,服装买手要充分关注新货上市的售罄率,发现问题及时研究,并采取合适的改进措施。

如表2-22所示,货品1、2的季售罄率为85%和70%,而货品3为26%。售罄率与销售利润有直接的关系,若售罄率<65%,则库存大量积压,需进行大量打折而导致经营亏损;售罄率>85%,则说明进货量太少,出现脱销,销售利润未能最大化。在一般标准下,货品1临近脱销,需要及时补货,货品3销售情况不佳,需要进行促销处理。故售罄率是库存管理的标准之一,可作为库存监控系统中的重要指标。

表2-22 货品售罄率分析表 单位:件

	到货量	销售数量			
		第一个月	第二个月	第三个月	整季
货品1	100	40	30	15	85
售罄率		40%	30%	15%	85%
货品2	100	30	30	10	70
售罄率		30%	30%	10%	70%
货品3	100	10	8	8	26
售罄率		10%	8%	8%	26%

3. 库存控制与货品调配

企业在明确库存考核指标,并了解何时该进行补货与促销后,需要在适当时间对店铺库存进行控制与货品调配。企业可通过库存可供销售天数的计算,对补货和退货量进行调控。

$$库存可供销售天数=当前库存/近期日平均销量$$

近期日平均销量一般取最近7天或14天的日平均销量,选取时段太短会导致缺货或剩货随机发生概率增大,太长也容易受趋势性或季节性因素的影响。通过现场观测可以发现,服装购买周期往往以周为循环,每周周末会出现销售高峰,而周一、周二为销售低谷,周中销售较为平稳。当然,以周为单位计算库存可供销售天数时,还需考虑近期是否有重大节庆或竞争对手的重大促销活动,并关注由于气候变化因素引起的销售波动。同时在换季时,还需关注上季货品的逐渐撤柜与新品上市之间的协调关系。

如图2-32所示为补退货控制图,当库存可供销售天数处于上限值以上区域时,应进行退货、调货、打折处理。退换货量=当前库存-库存可供销售天数上限×日平均销量。当库存可供销售天数处于下限值以下区域时,即应立即补货或追单生产。补货量=库存可供销售天数下限×日平均销量-当前库存。

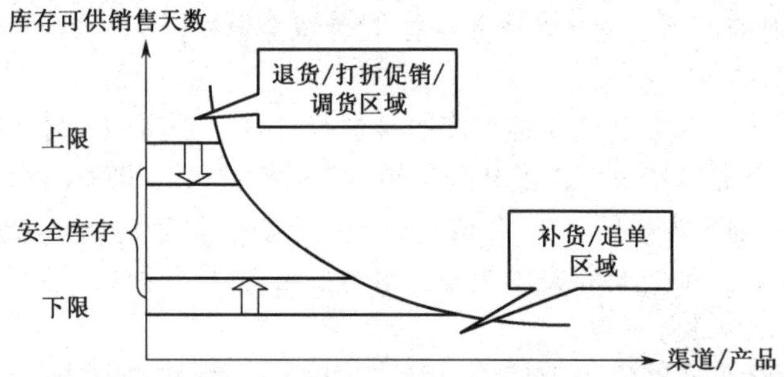

图2-32 补退货控制图

由于销售的随机性,服装企业常出现库存过高或产品脱销交替的情况。对库存可供销售天数的控制也可通过最大值、最小值及平均值等角度考虑。一般来说,库存可供销售天数的平均值越小,店铺销售情况越稳定。但这个平均值不可能要求为0,因为即使初始库存相同,由于销售时段、客户源、促销方式、天气状况等皆不尽相同,众多因素都会导致销量、库存量的差异。管理者应加强库存监控与调配,增强物流管理水平,尽可能减小均值,提升销量。

库存管理的最终目标是达到库存总量与库存结构的合理,即平衡货品的机会损失和剩货风险,最大限度地满足市场消费需求。库存总量合理是指目前的库存总量与销售规模相对应,按照当前的销售水平,库存能够满足一定时期的销售;库存结构合理是指库存结构与当前的销售结构相对应,在款式、颜色、规格等方面能够基本满足销售需要。

第四节 信息化、IT及规范化支撑

一、信息化及IT① 支撑

服装零售商认为,无论是实体店铺或虚拟网购店铺,合适的产品、价格、渠道、广告促销是企业的生命线,合理的采购计划是服装买手获得成功的关键所在。因此,对于担负着选择商品以满足消费者需求重担的服装买手来说,获得充足、有效的信息能了解消费者对商品的喜好以及能够接受的价位,对降低采购成本、提高采购效率十分重要。为达到这一目标,基于先进的管理理念、信息技术和专业设备的信息化、IT支撑是制定采购计划的必要保障。

---

① IT——Information Technology,即信息技术.

(一) 信息数字化管理

20 世纪末,发达国家的服装企业革新了传统营销模式。一些传统以买断经营方式为主的服装制造、批发、零售企业,特别是一些大型服装企业开始采用制造零售一体化(SPA)的方式,如美国的 GAP,英国的玛莎(M&S),意大利的贝纳通,日本的 WORLD、优衣库、无印良品等。对照国外经验,可以发现,整合营销体系,控制零售终端环节已成为服装品牌发展的时代要求①。

信息化管理本质是以企业发展战略为方向,将现代化管理思想、方法、技术、手段充分加以数字化,利用计算机网络技术、以开发管理应用软件为核心(表 2-23),建立企业数字化管理信息系统,从而全面提高服装买手的管理效益和效率。另外,数字化管理的技术手段有利于对企业各级人员充分授权,通过扁平化、网络化企业组织,充分实现企业信息的服务与共享。

表 2-23 计算机网络管理软件

管理软件	管理目标	管理效果
ERP(企业资源计划)	实现企业的全面量化管理	全面管理销售、采购、库存、生产、设备、人力资源、财务。使其成为一个有机的整体,达到实时监控企业运营的目的
POS 系统(Point of Sales)	实现销售终端信息管理	准确及时地反馈销售信息
MRP(物料需求计划)	依据订单计算制定物料需求计划,减少库存	适时地确定订货时间、品种、数量
MIS 系统(管理信息系统)	记录业务数据,便于查询/汇总	缩短各种业务报表的统计时间,动态记账(业务台账、库存账)

除此之外,计算机网络能及时提供财务预测与效益分析,包括投资概算、经济效益测算、利润计算、盈亏平衡点分析、销售业绩敏感性分析等财务评价,用现金流量表、投资利润率表、现金净值表等方式对数据进行挖掘和提炼,为服装买手人员提供准确的决策依据。

从效益分析,通过计算机整合建立坚实的营销网络,能够有效地实现企业内部物流和信息流畅通,节约时间成本,实现快速分销配货、调度、资金结算、信息反馈和决策。从而提高动销率并减少产品库存,增加销售收入,提高劳动生产率,降低库存成本。因而数字化战略决策是实现企业可持续发展的必要手段。

1. 销售数据

销售数据是买手进行采购决策时的重要参考依据之一,由于历史销售数据具有延后性,由此也决定了越接近目标销售季节的历史销售数据越具有参考性。因此,IT 支撑部门需要经常性地对以往大量的销售数据进行及时更新和提出新的分析见解。

2. 销售人员和顾客的反馈意见

在分析销售数据的基础上,需要了解销售人员和目标消费者的信息,如购买频率、退货信息以及现实与潜在顾客需求等。销售人员和目标消费者的反馈意见可以更直观地反映服装销售情况,并有利于减少隐性缺货。

---

① 杨以雄. 21 世纪的服装产业. 上海:东华大学出版社. 2006.

图2-33所示为计算机网络系统实现快速反应功能的原理。营销管理总部负责信息处理和制定策略，从销售终端POS系统反馈的市场信息及时传递到信息处理中心，使营销总部按照市场变化制定相应对策，减少中间环节，消除时间滞后性。在整个过程中，资金流、信息流和物流有效配合使整个营销渠道畅通无阻。

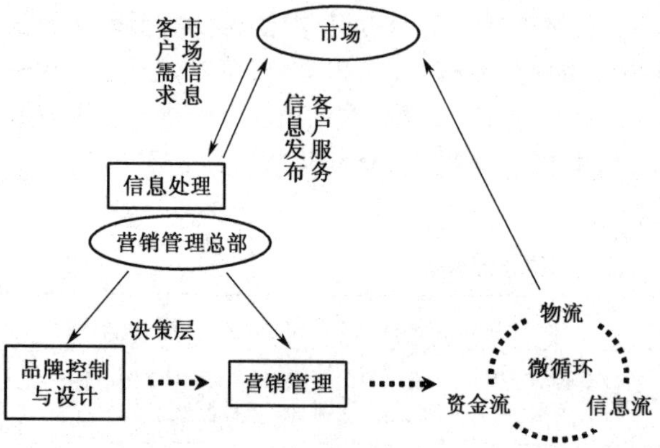

图2-33 计算机网络系统快速反应原理

但由于条件制约，在传统服装零售组织中，买手与经营一线的销售人员的交流方式受到一定的限制。因此，服装买手应根据商品企划或采购计划的需要，与企业IT部、销售部相结合，制定调查表格，定期利用移动通讯、电子邮件等方式，与店长沟通联系，做店长问卷并通过店长对品牌消费者进行问卷调查，了解销售情况和品牌客户的反馈意见。

3. 客户档案

大多数服装零售商通过产品来定位他们的消费群，被称为目标顾客或潜在顾客①。因此，很有必要对目标消费群建立客户档案数据库，并对档案进行详细分类和适时维护更新。以供买手和设计师更有针对性地按目标顾客群进行设计开发工作。

顾客档案主要内容：

① 人口细分：基本信息，如性别和年龄。

② 消费形态细分：职业状况、家庭情况、收入情况、喜好及受教育程度。

③ 地理细分：顾客住址与联系方法。

4. 库存信息

在每一个销售季节，买手都会面临一个共同的任务，即确定需要商品的存货量。库存产品信息不仅要包括现有产品总量和金额（包括在店、在库、在途、在造的总数量），更要明确商品种类、款式、单价、尺码、颜色等具体信息，以便买手制定采购计划时查找。表2-24是某品牌品类产品基本库存信息。

---

① 海伦·戈沃瑞克.时尚买手[M].甘治昕，弓卫平，译.北京：中国纺织出版社，2009：161.

表 2-24　T 恤产品基本库存信息

型号	产品描述	颜色	单价/元	尺寸(公分)							总件数/件	总金额/元
				80	85	90	95	100	105	110		
115BIG	汗布 T 恤	灰色	30	4	8	8	8	10	3	4	45	1 350
115BIG	汗布 T 恤	白色	30	6	10	10	10	10	3	6	55	1 650
115BIG	汗布 T 恤	海军蓝	30	5	7	8	8	7	3	3	41	1 230
115BIG	汗布 T 恤	红色	30	3	6	8	8	8	6	5	44	1 320

资料来源:杰·戴孟德,杰拉德·皮特.服饰零售采购——买手实务[M].北京:中国纺织出版社,2007.3:188.

5. 商品需求预测

对于企业来说,重要利润来源的产品在任何时候都要保证货源充足,以满足消费者的购物需求,如畅销品及某些基本款服装。由此,为保证此类产品的存货水平能够经常性地维持在预期水平,零售商会使用计算机管理软件进行需求预测,如自动补货系统。这一系统会根据款式服装的销售情况,分析并确定此款服装为实现公司最佳利润所需要的理想存货水平以及补货量。

通过对比每日实际库存水平与理想库存水平,一旦实际存货量低于理想存货水平,系统会自动得出需要订货的数量,生成订单供买手审核,并通过网络邮件、传真等信息共享的方式,将这一订单传递给服装供应商。

正确地使用自动订货系统,能为服装买手节省时间,提高效率;但为确保合适的存货水平,买手也必须在系统得出的数据基础上,参考季节、节假日、商场促销等多方面因素,根据实际销售需要适当增减追加订货的商品数量。

当然,除了上述列举出的基本信息渠道之外,买手会通过多种渠道的信息来有效地完成公司赋予他们的工作任务。对于制定恰当的采购计划,买手必须仔细评估来自公司内外部的大量信息,包括消费者调查、行业协会信息、流行趋势信息以及商品需求预测系统的数据分析等。这一工作对企业的信息化集成度及 IT 支撑部门的协同要求高,因为信息化贯穿于供应、生产、销售等各个环节,具体表现在物流商品信息、物流信息收集的数据库以及编码的标准化、物流信息处理的电子化和计算机化等方面,并有从最基础的供销存管理向整个供应链延伸的趋势,以便服装买手在制定采购计划时,能有详尽、即时的数据信息支持。

小资料

Y 品牌的信息系统①

Y 品牌多年来位于我国服装业"销售收入"和"利润总额"双百强之首。企业决策层管理意识先进,对全球服装业的发展动向始终保持着职业的敏感,一直致力于建立符合企业发展的信息系统。

① 沈剑剑.服装企业库存管理的实证研究[D].东华大学硕士学位论文,2003.

公司对各类营销网点进行计算机联网管理。在各销售网点、各库存网点和各分公司实现销售数据、库存数据和财务数据的准确收集与及时报送。在公司总部实现各类业务数据的及时汇总、深入分析和安全存储。

通过总公司、分公司和销售网点三个层次实现对商流、物流和资金流的全面信息管理。同时,在成品库存管理、物流管理和销售管理中推广使用条形码。率先在仓库和自营店实现 POS 系统的信息化管理,保持销售管理信息流畅通,并利用 IT 工具有效控制库存,进行商品的调配,将应收款控制在合理的范围。

具体实施步骤:首先,以浙江营销特区作为试点,在中心店导入 POS 系统,每天出数据报表;然后逐步推向北京、上海等特大城市的自营店;接着,在各区域市场部设 POS 机,统一管理各零售点的销售信息,并定期向省级销售公司和服饰公司发送,为制定生产销售计划提供及时数据。

计算机信息管理系统的建设帮助 Y 品牌总部及时收集分析各零售网点的销售情况,能准确地掌握售点库存信息,为公司全局性地统筹库存、生产和销售,科学地部署各项经营策略提供了有力的保障。

(二)信息管理的主要手段

服装业作为传统制造业,信息化是将信息技术、自动化技术、现代管理技术和制造技术相结合,最终实现产品设计制造和企业管理信息化、生产过程控制自动化、制造装备数字化、咨询服务网络化,从而全面提升企业的核心竞争力。内容主要体现在三个创新,即产品设计方法和工具的创新、企业管理模式的创新、企业间协作关系的创新。目前,条形码、POS、EDI、Internet、QR 中心、SCM、CRM、RFID 等技术和理念正作为主要手段对现代服装企业进行多角度、全方位的信息管理①。

1. 条形码技术

条形码技术可以将计算机和数据库用通讯手段联系起来,把数据库中积累的大量信息通过计算机进行准确而快速的处理,并在第一时间传送给使用者。由于条形码的编制都要遵照一定的条形码标准,所表示的信息正确可靠又便于记录,因此通过它可以很好地实现信息的可追溯性和信息流的传递。将条形码技术应用于服装生产、销售中,促进"生产→批发→销售→生产"这一闭环系统良性循环,不仅便于销售,更可避免由于人为的差错造成的经济损失和管理上的混乱,并可大大提高工作效率和管理水平,是实现快速反应的媒介。

2. POS 系统

POS 系统(Point of Sales,销售点实时管理系统),通过自动读取设备(如收银机、条形码读取器)在销售商品时直接读取商品上的条码标志,即商品销售信息(如商品名、单价、销售数量、销售时间、销售店铺等)。POS 系统应用后,计算机可识读、查找、计价、汇总并及时打印出购物清单,同时相关信息可通过计算机系统和通讯网络传送至有关部门进行分析加工以提高经营效率。

---

① 杨以雄. 21 世纪的服装产业[M]. 上海:东华大学出版社,2006.

3. EDI

EDI(Electronic Data Interchange, 电子数据交换),作为一种基于计算机应用、通信网络和电子数据处理的电子商务的方式和技术,能够实现将传统的纸面文件电子化,以标准化的电子数据报文形式通过网络在各企业计算机之间传递。它的使用,能使传统的服装企业缩短产品循环周期、改善库存、提高产量、增进客户服务。

EDI 的工作流程可分为三部分,如图 2-34① 所示。

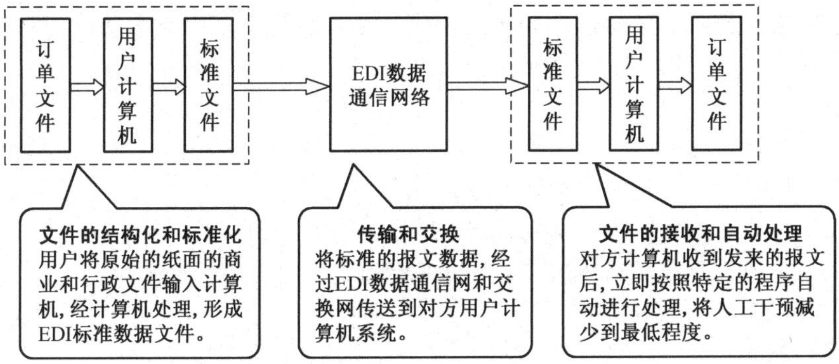

图 2-34 EDI 工作流程

4. CRM

CRM(Customer Relationship Management,客户关系管理)是企业利用相应的技术以及互联网技术来协调企业与顾客在销售、营销和服务上的交互活动,从而提升经营绩效的管理方式,并为顾客提供创新的个性化客户互动和服务的过程。其最终目的在于吸引新客户,维护现有客户并提升顾客忠诚度。随着互联网和移动终端的发展与成熟,越来越多的服装企业通过建立客户资料库、维护管理客户关系来提升企业的品牌认知度,了解市场需求。

随着 3G 网络以及推行中的 4G 网络的部署,CRM 进入移动时代,企业开始推广和使用集 3G/4G 移动技术、智能移动终端、VPN(Virtual Private Network,虚拟专用网络),身份认证、地理信息系统、Webservice、商业智能等技术于一体的移动客户关系管理产品。

5. RFID

RFID(Radio Frequency Identification,射频识别)技术是一种通信技术,可通过无线电讯号识别特定目标并读写相关数据,无需识别系统与目标物之间建立机械或光学接触。目前 RFID 技术应用十分广泛,包括图书馆、门禁系统、消费品跟踪溯源等。

RFID 在服装业应用于生产、物流配送和零售的各个环节,RFID 电子标签跟随产品生命周期传递,用于储存与服装产品相关的信息,如名称、等级、尺码、颜色、材料成分、洗涤方式、工作者编号等,从而提高服装货品生产工艺流程、跟踪管理、自动化仓储管理、店铺销售、防盗、商品查找、VIP 顾客管理等效率,快速反应客户需求,降低运营成本。

---

① 肖美英. 电子数据交换-EDI[M]. 北京:人民邮电出版社. 1996.(经过整理)

二、基于SOP的规范化管理

对于服装企业而言，需要具备先进规范并有实践基础的管理模式，其中明晰部门和人员职能与岗位责职、科学的工作程序与流程是提高企业效率的关键手段之一①

买手所在采购团队的工作效率与质量，是服装企业顺畅运营的前提和保障。买手的工作流程规范化，在服装品牌企业的运营中关系重大。

标准作业程序（Standard Operation Procedure，SOP）是将每项工作的标准操作步骤和要求以统一的格式进行描述，用以指导和规范日常的工作。SOP不仅仅是一套技术性范本，更重要的是它涵盖了管理思想、管理理念和管理手段，即SOP是管理规范的一部分，也包含着质量控制和管理理念。

（一）SOP涵盖的内容

① 数据统计、信息录入标准化。

② 统一的表格形式及应用软件（绘图，数据处理）。

③ 服装流程规范化，制定合理的服装产品企划、采购计划和生产计划。

④ 服装设计元素、部件及面辅料信息标准库建立与维护。

⑤ 工作环节时间节点控制与合理设置。

（二）SOP制定的意义和作用

一个健全的工作流程是产品开发、采购计划得以顺畅进行的前提。如果工作流程矛盾重重，运作环节磕磕绊绊，势必影响产品开发和经营的顺利进行，影响整个品牌推广的进程。SOP管理系统能避免工作中的随意性，规范各项工作的流程，也确保了买手的工作效率。像神经系统一样，SOP体系也是双向可逆的，既可以向下发布指令，使得采购团队中的成员可以自觉地按照这个系统运作。同时，又能够非常迅速地把过程中的情况反馈回来。由此形成服装企业管理的传递和反馈机制，一旦某个买手出现异常情况，这一系统能够非常迅速地将问题反馈到相关岗位和部门。同时SOP体系在正常情况下对非正常因素是排斥的，从而能保证团队活动的正常运营。

因此，对于服装买手参与从策划开始的各项工作环节而言，若能制定具有可操作性、目的性和约束性强的SOP并贯彻实施，是实现规范化管理的重要保障。同时，通过制定SOP，可以梳理买手业务流程，也能为企业实施ERP（Enterprise Resourse Planning，企业资源规划）和BPR（Business Process Reengineering，业务流程重组或企业流程再造）做好前期准备。

（三）制定SOP注意事项

① 避免不切实际地提高标准，造成管理功能的浪费和效率损失。

② 需要支付管理成本，如组织人员进行软件设计、制作；买手的培训，考核评价；日常对SOP条款规定运行的反馈、调整、完善等。

---

① 秦雅娟. 服装设计部门岗位职能与工作流程规范模式探讨[J]. 辽宁经济管理干部学院学报. 2009(4).

第三章

服装买手实务案例分析

自20世纪90年代以来，中国传统产业——纺织服装业，得到迅速发展，尤其是品牌服装制造和零售业。服装企业能否取得良好的销售业绩，取决于企业设计开发的服装能否符合消费者的衣着需求，而其中的一个重要因素是买手的参与。买手担负着消费者和企业的双重功能，若用消费者的眼光看企业：买手参与产品设计、生产与销售等工作；用企业的眼光看消费者：买手了解产品的核心卖点和销售趋势。服装企业买手像一双无形的手，不仅在企业内部进行协调工作，包括零售、市场推广、物流等计划的落实，同时在企业外部协调各加工厂或者商贸企业完成货品供应。

第一节　多品牌服装零售企业

在服装零售领域，多品牌服装零售店不同于百货公司、大卖场或品牌专卖店，也不同于服装品牌代理商。它通常隶属于多品牌服装零售企业，以“组货”的形式实现服装货品的终端零售，但不拥有所售服装的商标所有权，也不组织产品的设计开发与生产，主体业务以服装采购、商品管理以及销售为主，特点是经销诸多服装品牌供应商的货品。

在多品牌服装零售企业中，买手职能由买手团队分工协作共同完成。依据企业经营形式和规模的不同，买手的职责也有所差异，但以下是共同特征：

① 把握市场：对服装消费市场需求动态、流行趋势以及服装销售信息收集的总体把握；

② 采购计划：根据市场信息和以往销售数据，参考所销售服装的市场定位、风格、上货波段等制定适合自身特点及需要的货品采购计划，主要包括货品的款式、数量和配比等；

③ 货品采购：对采购渠道、采购时机、采购货品、物流配送等的具体操控；

④ 终端推广：参与或直接担任店铺管理、商品陈列、市场宣传及推广、店铺终端销售等工作。

多品牌服装零售企业主要分为三类：第一类是代理众多国际知名品牌，同时经营自有品牌的国际性商业连锁集团公司，如香港 I. T 集团；第二类是以特色产品著称的独立店铺（仅经营一家店铺，无分店），如法国巴黎的“Colette”时尚店；第三类是以“商场＋零售”模式运营的连锁公司，如 10 Corso Como 概念店。

■ 案例

巴黎柯莱特时尚店（Colette）

柯莱特时尚店由 Colette 与 Sarah 母女在 1997 年创立于巴黎。最初，时尚店出售的是零星的小商品，而今天，无数品牌为了能挤进柯莱特时尚店而特地推出了只有在柯莱特时尚店才能买到的限量版。

柯莱特时尚店作为时尚新概念的开创者，货品齐全。来自时尚圈内外独一无二的货品，上至高级时装设计师品牌，下至趣味的休闲装品牌都会在店铺内销售。

2008 年 9 月装修一新的柯莱特时尚店较以前更为宽敞、舒适。店铺分 3 层，总面积达 700 平方米。底层以“街头”感觉定位：书籍、杂志、高科技产品、手表以及各种配饰陈列其中，同时还能看到一面满是运动鞋的墙，一间挂满各种品牌 T 恤的小屋以及 A Bathing Ape、Alife、Original Fake 等潮流品牌的迷你店中店。

二楼为服装专区（图 3-1），其中女装占主导，有部分男装。女装主要来自 Rodarte、Alexis Mabille、Peter Pilotto 等品牌，男装主要来自 Tom Ford、Michael Bastian、Lanvin 等品牌，陈列货品每周更换。另外珠宝、化妆品和配饰在这里也随处可见。

此外，柯莱特时尚店位于地下室取名“Water Bar”的酒吧则采用了与以前相比较为昏暗的灯光，深木色的地板、蓝色钢椅和 20 世纪 60 年代风格的壁纸。

图 3-1　“Colette”时尚店二楼服装陈列

宣传推广上，柯莱特时尚店主要通过与媒体知名人士、艺术家、设计师等的合作进行宣传，摄影师 Henry Diltz、艺术家 Ricky Powell 等都曾做客店铺，同时柯莱特时尚店还定期举办各类展览。

巴黎柯莱特时尚店可以说是第一家玩概念的小店。1997 年成立至今，无数人劝店主 Sarah 开分店，可是她却说：“柯莱特时尚店永远只有一家，因为这里的一切都在我的手边。”正因为店主的矜持，才让柯莱特时尚店显得如此独一无二。

案例

连卡佛（Lane Crawford）

奢侈品百货公司连卡佛成立于 1850 年，在大中华区域内提供来自诸多国际设计师的女装、内衣、男装、鞋履与配饰、珠宝、化妆品、家居和时尚生活用品以及高级珠宝品牌。

连卡佛的零售概念与设计、创意活动以及视觉陈列在业内首屈一指。连卡佛创新的店内环境将时尚、设计、艺术及音乐完美融合于一身，加之不断升级和优化客户体验的个性化服务，树立了业内权威。

2013 年 9 月，连卡佛在上海开设了中国最大的旗舰店。上海旗舰店由连卡佛与国际知名建筑事务所 Yabu Pushelberg 合作设计。Yabu Pushelberg 与连卡佛合作设计过四家门店。上海旗舰店采用了现代画廊的设计方法，使得全店成为一个充满活力、开创性和不断变化的整体环境。该旗舰店共四层，占地 14 000 平方米，汇聚设计师时装、美容以及生活用品等 500 余奢侈品牌。

上海旗舰店还带来创新性饮食理念，令消费者在难忘的体验中乐享连卡佛高度个性化和无与伦比的服务。作为连卡佛线上线下无缝商业策略的一部分，上海旗舰店和连卡佛网上商店融为一体,为顾客提供店内和在家购物的无缝体验。顾客可以在连卡佛网上订购商品,之后在上海旗舰店内的“网上购物礼宾部”取货或退货。这样的服务在中国市场上难得一见。另外旗舰店内还有约278平方米的名为The Hub的特色空间,专门展示创意作品。The Hub通过店内展示新兴设计师和艺术家的作品,促进创意人才的成长和发展。

■ **案例**

10 Corso Como 概念店

10 Corso Como的发展,是一种渐进式的蔓延:书店、画廊、商店、咖啡厅,甚至酒店,慢慢汇聚成一个完全以时尚品位为宗旨的视觉体验。10 Corso Como的创办人卡拉·索珊尼(Carla Sozzani)与其姐姐弗兰卡·索珊尼(Franca Sozzani)叱咤意大利时尚界多年,是出名的时尚两生花。姐姐弗兰卡·索珊尼是时装圣经《Vogue》杂志意大利版的主编(1998年至今),而作为妹妹的卡拉·索珊尼也不甘落后,在未开设10 Corso Como的时候,她曾于1987年担任《Elle》杂志意大利版的创办主编。

19年前,卡拉·索珊尼以20万美元在偏离米兰市中心的一幢典型米兰大宅内办了一间小画廊,后来又在画廊旁边开了一间书店。继画廊和书店开业后,1991年9月,她把楼下的旧车库改造成时装店,专营限量名牌单品、复古配饰、前卫家具。1998年咖啡店开业,从庭园延伸至室内。虽然人潮如涌,浑身上下却又带有一点慵懒的悠闲。

作为概念店,10 Corso Como提供的不仅是意式生活品位,同时也是展示全球视野的平台。这里,集合了普通人与设计大腕儿,无需法则,无需特定路线,率性而逛。店内的陈设手法,不拘泥于形式,一如店主的个人风格,“随意不失精致”,绝对比一般高级时尚名店来得平易近人。艺廊Gallery Carla Sozzani以展示艺术、摄影、设计为主,1990年开业至今,共办过180次以上的展览,让购物狂也能顺道在此吸收一点艺术气息。

10 Corso Como首家中国门店于2013年9月13日在上海静安寺一栋独立的四层小楼开张。上海店的面积达2 500平方米,由索珊尼的丈夫兼工作伙伴美国艺术家Kris Ruhs参与设计。

10 Corso Como将各种空间融合在一起为顾客带来非凡体验,囊括了艺术、时尚、音乐、设计及美食元素,并被设计成为多功能区域,顾客和来访者能在此萍水相逢并交流不同文化、理念和经历,成为世界上首家独创的概念商店。

下面以I.T集团为例,对其经营特色、产品开发及买手、推广策略等几方面做详细的分析。

一、I. T 集团概况

I. T 集团源于1988年在香港开设的 Green Peace 店铺(面积200平方米),率先引进当时在香港不甚著名的若干欧洲服装品牌。1997年 Green Peace 易名 I. T(Income Team 赚钱团队),2005年 I. T 在香港联交所上市。

根据历年年报显示(图3-2),I. T 集团销售总额2006年至今均保持不同程度的增幅。其中,由于受2008年全球性经济危机的影响,2009年销售总额同比增幅较小,为9.60%①。

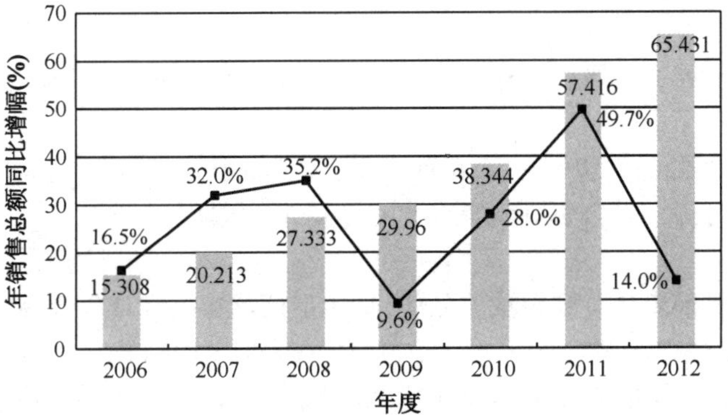

图3-2 I. T. 集团各年度总营业额及同比增长率(单位:亿港元)

二、经营特色

I. T 集团在经营上取得的成就,与公司多品牌大型服装店铺的经营战略是分不开的。同时,在实务操作上,服装买手位于整个企业的核心地位,所选择的国际服装品牌直接反映了店铺内销售货品的市场定位、风格,代表着企业的整体形象。

① 品牌组合——拥有超过300余个国际设计师品牌;超过10个自创或特许品牌。

② 多元化顾客群——出售一系列不同零售价格并以不同顾客群为对象的时尚服饰。

③ 多品牌大型服装店概念——在大型零售店铺中售卖多个品牌。

I. T 集团旗下的众多品牌,以款式前卫、多元化和引导潮流著称,适合不同年龄和风格的消费者需求,服装品类从国际高级女装到席卷亚洲的日本年轻潮流品牌一应俱全,采用多品牌大型服装零售店的经营模式。

I. T 集团旗下的进口业务主要分为英文大写 I. T(俗称"大 I. T")和小写 i. t(俗称"小 i. t")两大类别。

在香港 I. T 店铺的品牌大部分来自世界各地的顶级品牌,如 A. P. C. 、Gareth Pugh、Helmut Lang、Hussein Chalayan、Viktor & Rolf、Tsumori Chisato 及 ZUCCA 等。

在内地 I. T 店铺,同时销售 Alexander McQueen、Balenciaga、Chloe、Stella McCartney、Y's 及 YSL 等品牌。

i. t 以销售日本年轻时装品牌为主,为想要展现个性的年轻人提供自我创意空间。

---

① 根据 I. T 集团官方网站及年报资料整理。文中所述年份范围示例:2009年表示2009年3月1日至2010年2月28日.

I. T 集团也代理国际知名品牌开设专卖店。在香港中环有 Ann Demeulemeester、A Bathing Ape、Billionaire Boys' Club、COMME DES GARCONS、Maison Martin Margiela，日本潮流品牌 Visvim 和 Neighborhood 等服装品牌专卖店。2010 年 7 月，I. T 集团在中环雪厂街为英国设计天才 GARETH PUGH 开设首间专卖店；8 月，在位于中环的云咸街开设日本品牌 SOPH. 香港专卖店。

此外，I. T 集团还推出自有品牌 izzue、b + ab、5cm、Chocoolate 等，为消费者提供时尚且质优价廉的服饰。

三、产品开发及买手

对于 I. T 来说，产品开发或货品部买手位居企业核心，相关的市场部、销售部、培训部和经销商部协同他们进行工作。

由于 I. T 需要同时采买 300 多个国际品牌和 10 多个自有及授权品牌的服装货品，为此运作团队按照不同业务功能划分，主要分为：大小 I. T 买手团队和自有品牌开发团队。

（1）买手团队

根据品牌划分和营销计划，一个买手负责一定数量的品牌，每年定期参加品牌订货会并下单采购。而对买手的要求除了经验外，是否理解年轻人文化是另一项重要的录用标准。

比较特殊的是在国际品牌选择上，主要依靠公司 CEO 的眼光。据报道，CEO 夫人经常前往欧洲挑选品牌，凡经过她试穿认可的品牌，大多符合港人的口味。

（2）自有品牌开发团队

每个自有品牌都有一个工作团队，根据品牌规模不同团队人数不等，一般以 5 ~ 6 个人为主，其中不乏担任样衣买手职责的人员。

四、推广策略

1. 媒体宣传

（1）广告投入

I. T 在市场上知名度高，但广告投入并不大。根据年报显示，2008 和 2009 年的广告及宣传费用分别占销售总额的 1.1% 和 1.9%，之前各年的比例系数均低于 1.5%。

相对一般品牌 3% 的广告投入比例，I. T 取得了显著的推广效果。主要有两方面原因：首先得益于买手团队所采购品牌本身的知名度，I. T 引进的如 CDG、MMM 等在潮流青年中本身就具有较高的知名度，无需宣传就能引起媒体和消费者的广泛关注，这无疑是多品牌服装零售商迅速占领市场的一条捷径；其次，与 I. T 集团上至老板，下至市场部员工的 PR（公关）能力有关。I. T 员工对自家品牌的喜爱和认识十分重视，从内到外的自我表达和口碑效应是最佳的推广方式。

（2）宣传渠道

大 I. T 主要通过高端时尚杂志进行推广，如借服装给杂志拍摄平面广告，而独家代理品牌 Kenzo 等会选择部分杂志少量投放广告。自有品牌则会挑选一些杂志打包软文加硬广告。

I. T 面向媒体的推广活动主要有新店开幕庆祝酒会、代理品牌年度展览、公司杂志（Post）的制作和发放等。在自有品牌宣传上，主要采用邀请明星（张曼玉等）担任代言人等方式。

针对 VIP 顾客则以发送促销信息为主，主要通过邮件、短信和邮寄印刷品等促销方式。

2. 市场推广

2007 年初，I. T 在中国香港的市场部有数十人，而中国内地仅有 2 人（因当时中国内地公司是与旭日的合资企业）。此后，中国内地市场部人数迅速增加，至 2008 年初，上海市场部人数增加为 6 人，北京市场部人数增加为 3 人。目前，中国内地市场部的规模仍在扩大。中国内地市场部主要工作包括媒体 PR 与广告、活动举办和店内促销等。由于 I. T 旗下品牌众多，因此会根据不同品牌进行推广活动。

五、渠道状况

表 3-1 是 I. T 店铺的数量及分布信息。

表 3-1 I. T 店铺数量及分布

	地区	店铺	店铺数量				销售总面积/m²			
			直营管理		特许经营		直营管理		特许经营	
			截至 2013/2/28	截至 2012/2/29	截至 2013/2/28	截至 2012/2/29	截至 2013/2/28	截至 2012/2/29	截至 2013/2/28	截至 2012/2/29
中国	香港	I. T	295	266	—	—	621 147	581 141	—	—
		FCUK IT *	6	7	—	—	7 253	9 838	—	—
		ZIT H. K. *	3	3	—	—	3 597	3 597	—	—
	内地	I. T	237	217	126	78	704 819	604 834	144 604	87 661
		FCIT China *	18	14	—	—	26 512	22 175	—	—
		坎波尔中国 *	4	—	—	—	2 408	—	—	—
	台湾		21	19	—	—	39 696	30 532	—	—
	澳门	I. T	10	9	—	—	32 526	28 964	—	—
		FCIT Macau *	1	1	—	—	3 330	3 330	—	—
外国	日本		23	25	—	—	—	56 945	—	—
	美国		1	1	—	—	—	3 313	—	—
	泰国		—	—	17	13	—	—	15 890	12 750
	欧洲 * *		—	—	2	5	—	—	929	2 166
	菲律宾		—	—	1	2	—	—	573	1 280
	新加坡		—	—	1	1	—	—	2 040	2 016
	南韩		—	—	1	1	—	—	2 156	2 130
	加拿大		—	—	1	1	—	—	3 615	3 615

*：本公司拥有 50% 股份的合营企业。

**：包括英国及法国。

I. T 源于零售，因此在中国香港的所有店铺都为直营店；而在中国内地则采取直营加代理结合的方式，在一线城市开设直营店铺，在其他地区依靠代理销售。随着 I. T 在国内逐渐成熟，集团开设直营店铺的数量也日益增多。目前，在上海、北京等城市设有直营店铺。

■ 案例

一位多品牌服装买手的访谈①

1. 买手工作经历

Alice Han 担任某服装集团零售部经理兼买手，经销 Adidas、NIKE、Reebok、CONVERSE、Puma 等世界顶级时尚运动服饰品牌。从事商品采购相关工作 6 年，拥有 4 年以上时尚消费品零售管理和买手经验。

2. 买手的职能部门

关于买手的岗位设置，Alice 介绍：

① 公司的买手部门是一个独立的部门，买手工作的职能围绕"商品管理"这一核心工作展开，这种部门结构可以发挥买手的专业性与独立性。公司商品部层级分别设定为品牌商品经理、买手、商品助理。其中买手的职位会根据具体负责的采买品牌和采买规模进行细分。比如公司在全国各个地区每个重要的市场都会设立相应的业务分公司，并由当地的职能部门协同管理，买手配置 10 人左右，而总部人员相对会多一些。这样组成的全国采买系统，才能完成接近 40 亿元的年销售额。

② 公司的买手隶属于商品部，上有部门经理，下则直接面对采购项目，对总经理负责，没有下属部门，即买手不再承担管理上的职能。商品部门是公司总经理管辖的职能部门之一，与销售部、拓展部、营运部、人力资源部等均为平行的协作部门。商品部买手对外的合作对象主要是品牌服装供应商，品牌服装供应商与服装采购经销商双方是上下游协作关系。

③ 商品部买手的采买活动遵循公司系统管理体系的要求，主导工作项目包括：期货采购、日常运作、库存控制、价格控制等。部门内部都有明确的流程将这些环节的每一项工作细化。商品部对商品规划与商品管理起主导作用。因此，如商品类别配比、各品类系列结构、商品价位、性别比、上市日期的日程计划安排等内容主要由买手进行规划。通常，公司只对总量目标提出要求，具体如何细分到每个商品品类及如何构成单品则由买手决定。除此之外，买手还要实施并制定买货计划、跟踪销售、数据分析等具体工作。

• 商品部与销售部的配合最密切，双方的利益息息相关。评估买手绩效、解决销售中的种种问题都需要与销售部门相互协调与配合。

3. 买手与商品陈列

买手与陈列工作有一定的关联性。就像陈列人员要画一幅画，但如果不能与买手相互沟通的话，陈列主题难以体现，或者色彩元素不能清晰表达。陈列展示效果对销售业绩影响非常大，而销售业绩是对所采购货品成败的最终反映。

买手所关注的货品销售走势，体现的是陈列与零售的关系，即陈列部门应根据不同区域不同店铺的销售数据和曲线图，对商品陈列不断做调整和变化，发挥不同店铺的货品销

① 薄晓伟. 品牌经营运作（市场篇），解析零售商买手操盘机制[J]. 2007(03).（经过整理）

售优势。比如A店的a系列很畅销，但是在B店却卖得不好，于是要找原因调整陈列。如果B店的b系列产品通过某种陈列调整后畅销了，这个信息要让其他店铺知道，并进行相应的陈列调整，目的是让不同店铺的成功陈列广泛复制和推广，同时互相弥补不足。陈列要与零售部门、商品规划部门、物流配送部门保持信息沟通，同时向买手提供详尽的销售信息，作为下次买货计划的依据和参考。

4. 采购计划——买手的关键一跳

本公司采购计划提前半年制定。首先公司会有一个合理的、具有可执行性的宏观规划作为指导；其次要有科学的数据统计、分析结果作为规划基础；最后再加上对未来行业发展的信息收集以及对流行趋势的洞察。

在国内，香港和上海是服装买手最常去的城市，因为两个城市是诸多时尚品牌的集聚地。其他零售业发展比较好的城市也会成为买手的目的地，定期考察或采买服装。公司每年会有四个季节的订货会安排，按照春夏秋冬四季进行，具体时间为1、4、7、10这四个月份。

买货之前，买手需要掌握销售目标、制定买货计划、分析货品配比。买手在实施买货之前必须掌握公司对未来市场销售量的预估数据，以此制定买货计划。然后，依照逻辑推算和公司的销售指标以历史同期数据为基础，进行测算，制定买货计划。

5. 面对库存——买手的应变之道

库存问题是买手日常工作中非常重要的管理内容，需要随时密切跟进。公司采用相关的KPI（Key performance Indicator）即关键绩效指标进行管理。针对库存设定一系列的关键绩效指标，用来指导买手工作和考评工作结果，能使整个工作目标清晰，可操作性强。

（1）库存问题的解决

首先针对整体商品周转率及存货跌价状况制定库存控制目标；第二步是解决通路问题，通路结构是否完善及优劣，决定着商品周转是否顺畅；第三步才是价格问题，降价虽是解决库存问题的有效手段，但还要尽可能在一定价格范围内实现库存的最优化。

（2）畅销款脱销情况的应对

当畅销款脱销情况发生时，补货需要优先解决。由于服装是快速消费品，受季节、生产周期影响大，90%的畅销款缺货时很难补到现货。现场会出现这样的销售规律：当最好销的商品脱销时，次好卖的商品就会畅销。因此，畅销款缺货时，其他产品可以继续支撑销售，这一规律应明确告知店员，即店铺的现有商品就是销售资源。

（3）买货风险的避免

避免买货风险、增加安全系数，首先要做好必备功课。在数据和信息分析的基础上，整理出清晰的思路。然而面对风险，在目前的市场状况下，无论多么资深的买手都不可能完全避免剩货或预测百分之百成功。成功的标准不在于无风险，而在于如何通过积极运作，将风险降到最低，使损失最小，得到一个较高的利润率。因此，避免买货风险是一项非常重要工作，最重要的是买货后的商品管理、密切的运作跟进机制和及时有效的调整措施。包括销售部门的密切工作跟进，如销售数据分析、适时的促销行为以及灵敏的商品陈列配合。

多品牌服装零售企业买手承担的主要工作职责包括：把握市场、制定货品计划、货品采购、终端推广、店铺管理、库存控制、收集并处理销售数据等。在企业内部，买手较少参与流行预测、产品开发设计与组织生产等工作。

目前，国内多品牌服装零售企业买手的部门设置及职能概况如下：

① 独立设置商品管理部门。强化商品企划功能，以此作为买手模式的依托。买手团队隶属于商品管理部之下，根据商品企划的要求，实施相关零售品牌服装的采购；或者在买手职能上强化商品企划职能，将商品企划与采购计划结合起来，增加买手下单的安全系数并减少剩货风险。

② 终端销售与陈列环节引入买手。买手通过数字化信息管理系统与销售部门保持密切联系，实时掌握并分析销售数据。通过销售信息的及时反馈，实现买手采购计划的实施与调整；买手指导并参与终端店铺陈列，传达货品理念，以保证店铺陈列与货品理念一致。

③ 公司应给予买手相对独立的工作岗位、充分的空间以及有力的配合来保证买手职能的充分发挥和实现。多品牌大型服装零售企业的买手贯穿着商品管理、销售、物流、商品陈列、店铺销售以及宣传推广等工作环节，在企业的运营中起着“纽带”的作用。通过买手职能的充分展现，提高相关部门的运营效率和水平，有效整合并充分利用企业资源，优化企业用人机制，是企业买手职业发展的理想模式。

第二节　小型服装零售店

小型服装零售店经营规模较小，店铺老板或店长往往担任买手的所有职责（以下称“个体买手”），通过“组货”实现终端零售，并且直接承担店铺销售与管理工作。

在我国，小型服装零售店分布区域广，大至中心城市，小至偏远乡镇，都可以发现它们的踪影。小型服装零售店买手也称为个体买手，他们从服装供应商（或中间批发商）那里采买单件或少量服装货品用于直接销售，采买服装的风格、数量、款式、种类配比等主要依靠自身的销售经验及市场需求确定。

目前，依据店铺服务消费对象的不同，小型服装零售店可细分为两类：一类主要面对服装穿着要求较高、追求时尚个性、服装花费较高的消费者群体，主要分布于消费水平高的中心城市；另一类则主要面对购买廉价服装、着装要求一般的大众消费群体。

个体买手需要了解目标消费者的品味和真正需求，准确把握市场信息，并且具备较好的专业眼光、丰富的销售经验和一定程度的店铺陈列及管理知识。

一、小型服装零售店买手的运营

小型服装店买手采购服装货品的地点可以是服装批零市场，也可以利用社会资源开辟其他途径，如高档小型服装店甚至去海外采买服装。采购服装货品及采购渠道不同，店铺的运营方式也不同。

■ **案例**

个体买手的小型服装店运营轨迹①

(1) 买手工作经历

张女士系杭州武林路个体服饰经营者,曾在一家国际品牌中国区做过买手,具有丰富的实务工作经验。离开公司后,张女士立志做一位有理想的小型服装店铺经营者和买手。

(2) 买手经营模式——另辟蹊径

在张女士开店前,杭州的名牌服装随处可见,服装生意的利润空间越来越小,很多原来从事该行业的个体户转行做了其他生意。而她却坚信,服饰产品市场潜力大,只是大多服装品牌发展尚不成熟,产品的款式开发没有做好。张女士认为,小型店铺买手的经营模式可以在众多的品牌中挑选合适款式供消费者选择。

(3) 明确市场定位

如同推出一个新品牌一样,开设小型服装零售店同样要进行详细的市场调查,了解市场需求,从而明确店铺经营服装的市场定位。

张女士在对杭州的服饰市场进行了细致调研后,发现高个子女孩服装,尤其欧款风格服饰的市场存在缺口。

在此之前,一次偶然的机会,张女士在母亲的服装店铺(其母亲较长时期从事服装个体零售)偶尔听到几位高个子女孩买不到合适衣服的抱怨。这激发了她突如其来的创业灵感:杭州女士服装号型偏小的特点由来已久,为何不开一家门店专做高个子女孩服装的生意呢?

凭借多年经营服装的直觉,张女士认为,泛泛经营大号女装绝不会给顾客留下鲜明的印象,而服装样式太过普通也不会让高个子女孩喜欢,只有经营优质品牌女装,才能充分突出高个子女孩的傲人身材。

于是她与母亲以及朋友在杭州展开了详细的市场调研,结果发现90%以上的高个子女孩对欧款风格服饰情有独钟,而市场上55%以上的该类品牌服装价位都在800~3 000元,超出了绝大多数高个子女孩的购买能力。于是,张女士认为:针对高个子女孩这一细分市场,销售具有同类风格但价格相对便宜的欧款服装,必定会受欢迎。至此,个体服装店铺销售的服装市场定位逐渐明朗。

(4) 开拓进货渠道

正确的进货渠道对个体买手非常重要。渠道选择的正确与否将直接影响购进货品的质量、价格以及与店铺定位的吻合程度。

在店铺开张前期,张女士也曾考虑像广州很多店铺一样,到珠三角地区的大型服装厂采购一些具有欧款风格的廉价服装产品。在经过细心的调查之后,她发现同一供货厂家的同类货品面向多个采购商同时供货,同类店铺中所销售服装款式的雷同现象严重,而且

① 王士如. 王士如手记——买手型企业运营案例解析[M]. 机械工业出版社,2008.(经过整理)

服装款式设计达不到自己店铺欧款风格的要求,服装尺码也有问题。

借助以前国际品牌买手工作的人脉关系,一次同母亲欧洲旅游的机会,张女士到法国和意大利联系了几家中档服装品牌公司(高档品牌价格昂贵,不符合店铺定位)。这些公司产品的市场零售价格为15~16美元,比较符合自己的店铺定位。经过一番讨价还价,张女士以接近市场价三至四折的价位获得了把服装进口到中国的业务,这比当地市场批发价格还要低出一折。

经过法国买手的斡旋,张女士与国内某贸易公司取得了联系,以"附加小客户"的名义加入,跟随大客户的时间安排自己的进货时间,使得自己的服装运费又降低了30%。

(5) 店铺选址

张女士对杭州市8个区新白领、金领经常出入的商场进行了详细的观察和相关记录,并进行数据比较分析,如铺位的性价比等。最后,她选择了一个街面门店,并在三个商场租下自己的专柜,选择了一个好的日期,三个专柜和一个店面同时开业。3个多月后,她的店铺就达到了收支平衡。开业至今,她每年去几次欧洲大量淘货。

(6) 时尚信息传导下的销售调整

在店铺经营的过程中,张女士与以前合作过的买手保持紧密联系,及时沟通流行时尚信息。她还通过签订长期供货协议的方式,以个体买手形式与外部资源合作进行产品采购。一般情况下,她采购的货品每款仅有20件就能满足自己网点的首次供货。每周她都会进行一些新品的上架调整,以吸引更多的消费者。

(7) 店铺升级

经营个体店铺一段时间之后,由于扩大经营规模的需要,张女士买下了相邻的一间店铺,使自己的店铺营业面积增加到60平方米。在店铺装修方面,她采纳一名买手的建议,将传统的店铺以俱乐部的形式呈现给消费者。同时,她的店铺也展开VIP活动,只要是VIP顾客,每天都可享受店铺提供的免费着装、美容培训,并可定期参加聚会。在经营规模扩大后,张女士开始招聘店长,并对其进行销售培训。一段时间以后,张女士的店铺成为杭州城内有名的时尚一族俱乐部,成功实现了店铺升级。

(8) 品牌网络拓展

2005年,张女士开始尝试欧款本地加工的模式,注册了自己的品牌,并选择一些重点发达城市开设自己的直营店。从此,张女士自有品牌运作的梦想成为了现实。

(9) 启示

张女士作为一名个体买手,在店铺经营乃至品牌运作上能取得成功,主要得益于选择区别于国内大多数服装个体业主的经营方式。借助自己买手的经验,进行充分的市场调查,明确自己店铺的市场定位,依托原有资源开拓进货渠道,合理选择开店地址,并在经营过程中不忘把握流行信息,进行店铺升级和品牌网络拓展,形成了独一无二的个体买手小型服装零售店铺运营模式。

小型服装零售店可谓"麻雀虽小,五脏俱全"。在服装零售市场竞争日益激烈的今天,个体买手要在众多的竞争对手中求得生存和发展,传统的经营模式亟待改变,而个体买手张女士的案例则给正在经营或打算经营小型服装零售店的创业者带来一定的启示。但她在经营店铺之前的国际品牌买手经历和丰富经验并不是每个人都能拥有的。现今市场经济条件下，我国大部分小型服装零售店买手的经营方式仍比较传统，进货渠道主要是各地服装批零市场，而经营地点多为集贸市场、高校周边以及服装销售较为集中的街道。但其中，也不乏经营成功者。

案例

个体买手访谈录

(1) A店铺概况

A店铺经营面积约50平方米，经营时间8年，位于某乡镇集贸市场内，主要经营老、中、青各年龄阶层服饰，目标顾客年龄范围较广，为18～60岁，店铺年营业额20万元左右，年均纯利润4～5万元。

A店铺老板(李女士)服装销售经验丰富、对市场较为敏感、具备一定店铺陈列和管理知识。顾客评价她服务态度好，专业眼光独特，总是能为顾客找到适合自己的服装，总体评价较高。据观察，前去购买服装的多为老顾客或“回头客”，这在一定程度上说明该店铺的顾客忠诚度较高。

(2) A店铺陈列及细节展示

A店铺的陈列及细节展示如图3-3所示，陈列商品可谓琳琅满目，但却井井有条。整体店铺给人舒适、整洁的印象，并设有试衣间。店铺中间顶部和细节处的花环装饰以及较强的灯光装饰对店铺的陈列起到锦上添花的作用。据观察，所陈列服装中女士服装占约70%，其余为男装，无童装。陈列服装中上装约120余款，下装(裤子、裙子)约30余款，其中上装每款1～3件，下装每款5～10条。

图3-3 服装店铺整体及局部陈列

除悬挂的服装外，在靠近店铺门口的货架上还平铺有内衣、袜子、针织花色线等其他商品。店内还陈列有少量棉衣，为上年库存反季销售服装。整体陈列在同层次的店铺中属于较成功的。

(3) 个体买手经营运作细则

① 上货时段总体为:春、夏、秋、冬装上货时间分别为4月、6月、8月、11月,具体时间参考当地当年气候条件加以调整。补货周期视销售情况而定,销售情况好时平均每周补一次货,一般情况下15天补一次货,销售淡季时30天补一次货。

② 进货地点为某服装批发市场,针对零售商客户,批发商提供低于市场价的成衣,每款批发件数无限制(可单款单件批发),但服装一经批发概不退换(只有少数批发商有调款的服务),这就意味着个体买手在采购成衣时要敏锐地把握市场需求及时尚趋势,从而保证采购的服装适销对路,否则将面临库存压力。

③ 在采购服装时,A店铺老板最看重的是服装款式,其次为质量,对服装品牌基本不做考虑,究其原因所售商品面对的消费者层次较低,消费者往往更在意服装款式和质量,质优价廉是他们购买服装时挑选服装的首要考虑因素,不看重服装品牌和产地;采购服装的配比及款式的选择则主要依赖以往销售经验、流行趋势及市场需求等。据A店铺老板介绍,自己在每次采购服装前都会有关于采购服装种类、数量、配比、总金额等的粗略预算。

④ 由于销售时小型服装零售店铺并不像专卖店或百货商场那样采取明码标价,而顾客又常会砍价,故销售报价往往需要买手根据实际情况确定,而最终销售价格往往通过双方谈判达成一致,但成交价格往往在批发价格×(1+20%)上下浮动,一般情况下,服装成交价格=批发价格×(1+20%),即毛利润约为批发价格的20%。对于不能按计划售出的商品,往往在季末时采取降价出售(保本甚至亏本出售),最终不能实现预期销售的商品作为“货底”(库存)反季或来年销售。

(4) 启示

小型服装零售店经营状况的好坏与个体买手各方面的综合素养及经营策略,特别是零售采购技术及实际销售经验息息相关。在实际经营运作中,个体买手通常要独立把握上货波段,采购成衣数量、成衣款式及种类配比、成衣售价等多个方面。而要做到以上诸多方面的准确把握,要求买手具有采购、终端零售等方面的完备素质。同时,还要具备一定的终端店铺陈列、管理知识,为顾客营造良好的购物环境。此外,由于直接担任着所采购成衣的最终销售职责,个体买手还需具备精湛的销售技巧,并根据市场实际销售情况、流行趋势及客户需求对店铺的经营运作策略做出实时、准确的调整。

作为一名出色的个体买手,主要工作包括以下几个方面:

① 进行详细的市场调查,对店铺所要销售服装进行准确定位。

② 充分利用各种资源开拓进货渠道,力争以最低价格购进符合目标消费者品位的服装。

③ 及时掌握服装流行信息,准确把握市场发展趋势,并与供货商及其他买手建立长期、稳固的合作关系。

④ 形成自己独特的买手店铺运营方式,不断提高店员的服务水平及店铺管理水平,培养忠实客户。

⑤ 形成个体店铺销售服装的独特风格，提升自己在同行业中的竞争力。

二、个体买手与大学生自主创业

近年来，随着高校扩招和社会就业压力的不断增大，高校毕业生就业难的问题日益突出。大学生就业难问题，受到国家和社会的普遍关注。而大学生自主创业是缓解社会就业压力的有效途径，得到政府的大力提倡。

1. 大学生自主创业 SWOT 分析

目前，大学生自主创业已成为社会关心的热门话题，越来越多的高校毕业生把目光放在自主创业上。但对于刚刚步入社会的大学生来说，自主创业并不是轻而易举的事。大学生自主创业 SWOT 分析如下：

（1）优势

① 拥有较为完备的专业理论知识，有一定的专业功底，文化水平较高。

② 大学生自主创业意识正在不断提升。

③ 社会和政策环境为大学生自主创业提供了良好的创业基础。

（2）劣势

① 知识的局限性，对创业所需的法律、管理、资金融通等知识了解甚少。

② 大学生创业者往往具有较好的专业理论知识，而实践经验相对缺乏。

③ 由于受年龄及阅历等方面的限制，大学生自主创业能力相对不足。

④ 自主创业相比一般就业风险大，要投入较多的时间成本和启动资金。

（3）机会

① 建设创新型城市的宏观环境为大学生自主创业提供了时代条件和社会土壤。

② 享有国家和政府的财政及政策支持。

③ 金融危机不仅为大学生自主创业带来了困惑，也带来了机遇。就业难有助于大学生更清楚地认清市场形势，通过冷静地分析，做出更好的多渠道就业抉择。

（4）威胁

① 金融危机的冲击，一定程度上降低了市场的消费需求，这无疑会增加大学生自主创业的阻力和风险。

② 创业教育体系及制度不够完善，一定程度上影响了大学生自主创业的热情和能力。

③ 政策支持出台较多，但执行力度较弱，营造出良好的创业环境尚待时日。

2. 服装专业大学生个体服装店铺买手的创业可行性分析

相对于其他专业学生来说，服装专业学生自主创业个体服装店铺难度系数相对较小。这主要得益于服装从业的特殊性、拥有的专业知识和素养、我国服装专业教育体系的不断完善以及近年来国家对大学生自主创业的大力提倡和扶持。

国家的政策扶持和产业结构的调整升级为大学生自主创业带来了前所未有的机遇，也为立志成为个体买手的大学生自主创业提供了有利条件。大学生受过服装专业高等教育，有一定的创新精神和敢于挑战新鲜事物的勇气，专业理论知识丰富，时尚嗅觉相对灵敏，具备一定的从业优势。

但是，对刚刚走出大学校园的学子们来说，个体买手实践经验及店铺经营管理能力欠缺，市场分析能力不足及资金紧缺等问题都将扑面而来。要想成为一名成功的个体买手,大学生自主创业者需要从各方面不断提升自己的能力,并为此付出不懈的努力,而这将会是一个漫长而充满艰辛的历程。所以,想通过自主创业成为个体买手的大学生,应审视当前局势和行业现状,不能盲目行事,以免造成不必要的损失和经济压力。

第三节 快时尚品牌零售企业

传统的服装企业一年有两个大季的设计系列,从产品企划、设计到产品上市通常需要 5 ~ 6 个月的时间,甚至更长。而这些传统服装企业每年推出的款式有限,除了设计时间和数量上的差别外,由于前导时间过长,即便在销售中发现有畅销的款式,也没有办法迅速追单补货。对于滞销的款式也只能选择打折销售,大大降低了企业利润率。而"快时尚"经营模式能缩短前导时间,增强市场竞争力。快时尚品牌是新世纪市场的宠儿,为满足市场需求革新了产品开发和运营模式,能跟随时尚趋势快速推出满足消费市场需求的系列服装产品。尤为突出的是目前为业界津津乐道的 ZARA、GAP、H&M 等,这些品牌拥有强大的研发团队(包括买手和设计师),强调团队协作和品牌理念。为了达到"快"的目的,仅仅缩短前导时间是不够的,快时尚品牌同时结合买手模式,使大量信息程序化、规范化、标准化,以确保信息畅通,产品研发到位,上货速度更快。

E 品牌公司于 1960 年在法国创建,历经 50 年的发展,先后在英国、比利时、意大利等地开办连锁服装店。1994 年进驻中国,具有本土化经营特色。十余年的经营历程,尽管有波折,但在新的 CEO 英明决策和亲力亲为工作精神的带动下,公司业绩蒸蒸日上,发展势头良好。目前,公司在国内有六个品牌,2 500 家连锁网点,以休闲时尚女装品牌为主,男装、牛仔服品牌刚刚起步。2009 年销售额 30 亿元,2010 年预计达到 40 亿元。

与 ZARA 等快时尚品牌相比,E 品牌推行快时尚经营模式起步不久,但快速反应方案正在加速推广,从产品策划、设计开发、生产一直到货品上柜,由原来的 165 天,缩短到 115 天,在"快时尚"进程中取得了预期成果。

下面以 E 品牌买手模式为例,从产品开发、采购计划、实施采购及市场营销等四个方面阐述快时尚品牌的运作流程和方法。

一、产品开发

E 品牌产品开发流程包括信息收集与分析、企划提案与确认、款式设计、样衣开发与确认等阶段。图 3-4 简要描述了 E 公司产品开发流程。

1. 市场信息的收集与分析

在故事(季节主题)企划指示令下达后,设计部、产品部、生产部以及各支撑部门开始进行前期信息收集。这些信息对于每季产品系列主题及相关内容的拟定有一定的决策影响作用。信息源自流行趋势、消费者、竞争品牌、产品销售、品牌理念和风格的变化等。品牌部策划团队通

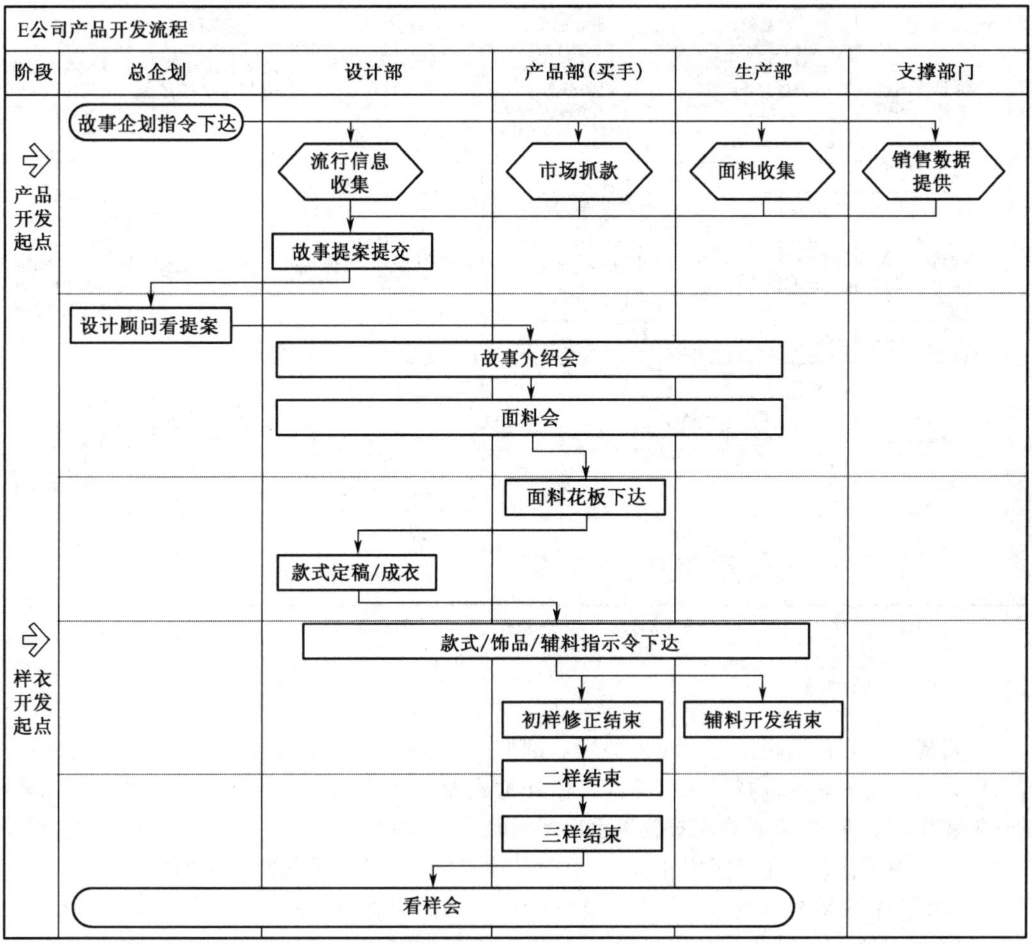

图 3-4 E 品牌产品开发流程图

过有效信息筛选提出产品企划的初案，企划案具有新款的面辅料、色彩及廓型等清晰的描述（避免后期对产品的反复修改）。在市场信息收集与分析阶段，买手的职责主要为整合有效信息，既要有对信息的甄别能力，又需要较为敏锐的预测能力。

2. 企划提案及确认

全年产品企划周期按大季节可分为春夏和秋冬两季，根据季节特征和时间进程对全年货品进行整体规划。买手在对信息进行整合分析后，同品牌团队一起进行企划案的提交。故事企划案遵循季节企划的内容，按月推出波段产品开发周期计划，同时根据此时市场及消费者需求进行微调。企划案明确地展示故事所用面料颜色（包括主色与辅色）、材质及故事所表达的氛围，每个故事都有相应的主题名称、故事背景及灵感来源，对色彩及面料花型有较为详细的描述。

3. 面辅料企划

图 3-5 为 E 品牌面料企划提案案例。

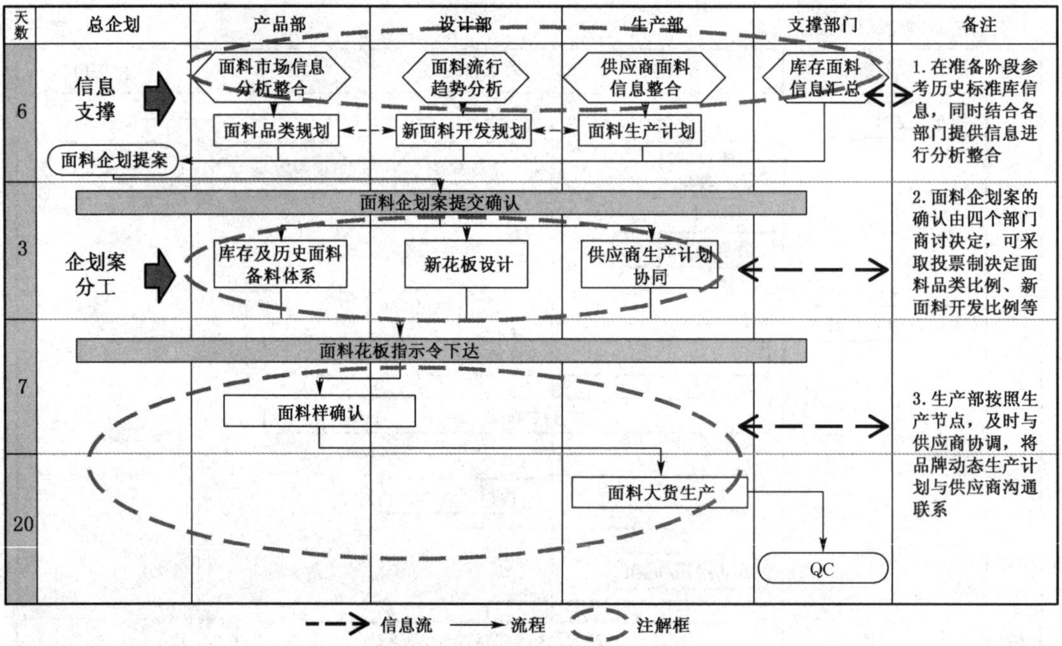

图3-5 面料企划流程提案

面料提前企划是实现快速反应的关键。例如，一些从“慢时尚”走向“快时尚”品牌的产品开发以款式开发为先导，面料、辅料等开发依托款式设计，即以款式定面料，随后才进行面辅料的开发和生产。这时，主要依靠服装买手市场抓款、设计师改款与自主设计款式组合，进行每季产品企划。由于款式变化丰富多样，每个故事的设计元素各异，所需要的面辅料也随之变得繁复，款式确定后，面辅料开发生产需要耗费一定的时间。同时由于服装款式设计的可变动性和灵活性较大，因此产品开发若以款式为先导，即使细节调整和改变也会成为拉长整个季节或波段货品开发及生产流程周期的瓶颈因素。而E品牌通过色彩、面辅料、款式同步企划的改进，为缩短产品开发和生产周期奠定了基础。

4. 品类规划

企划初期，在对主题氛围、面辅料及色彩进行整体规划的基础上，通过产品品类配比，进行分析和信息汇总，可以减少后期反复修改、变更产品结构带来的时间浪费，尽量避免对供应商生产排期造成不确定影响。服装一般分春夏、秋冬两个大季，然后细分为春、夏、秋、冬四季，再进一步细分成春一、春二、夏一、夏二等多个波段，每个季节产品品类的组合不尽相同，需要根据市场及历史数据进行策划和调整。

以往的历史数据对当季的品类规划有重要的借鉴作用。如图3-6所示，2009年冬季(波段2)中，外套、针织衫和毛衣的数量较多，这三大品类的服装件数占总数的83.46%；如图3-7对销售数据进行挖掘，同样发现外套、毛衣、针织衫是销售金额的前三位，占总销售额的91.74%。因此，2010年同期的企划重点应放在外套、针织衫、毛衣三个品类上，提前进行这些服装品类的信息收集、面辅料企划，能为货品及时上柜或补货、追单预先准备好相应的面辅料。

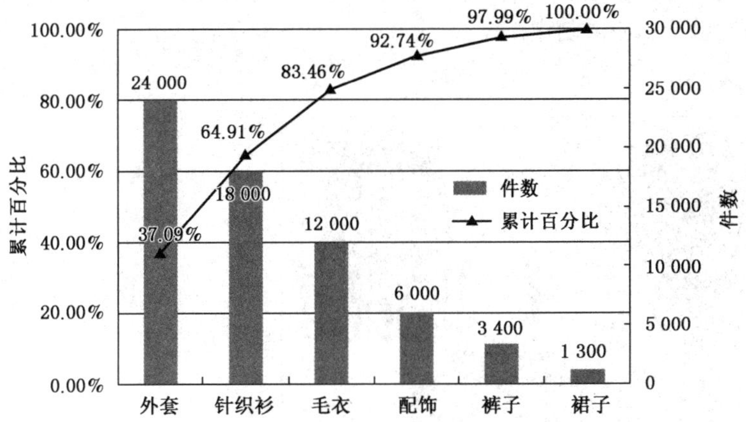

图 3-6 E 品牌 2009 冬(波段 2)品类件数比例

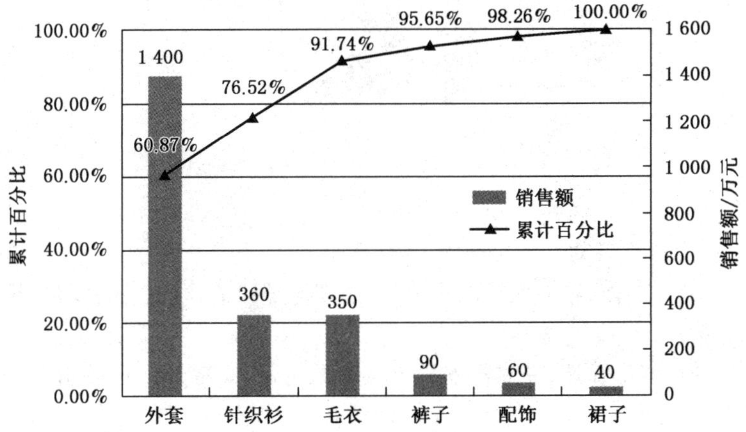

图 3-7 E 品牌 2009 冬(波段 2)品牌金额比例

另外,在明确了 E 品牌每个季节热卖产品大类后,企划和买手团队若能对大类做进一步细分,结合销售数量及金额,细化各品类款式数量、比例,则更有利于采购工作的顺利实施。如 2009 年冬季 E 品牌羽绒服的销售总额占外套销售金额的半数以上,而款式却占不到一半,因此羽绒服可作为 E 品牌冬季企划重点,适当增加款式。由于羽绒服生产周期较长,可适量预先备料,以保证及时生产和补单。

5. 款式设计

与许多品牌以设计师理念为设计依据的方式相比,E 品牌设计师除了将自己的设计灵感加入到每季故事中外,更多的是依靠服装买手市场抓款或根据顾客需求,提取畅销款进行改款,然后融入每季故事中。这些畅销款可以是市场竞争品牌的当季畅销款式,也可对本品牌往年的畅销款进行局部改款。同时,从各类产品的协作厂商或供应商提供的样衣中挑选适合品牌风格的款式也是设计来源之一。E 品牌每年为买手、设计师等提供采买样衣的机会,包括考察国内外市场,参与国内外服装展会及时装发布会等。图 3-8 为 E 品牌款式效果图例,包括外套、针织衫、裙子以及包、鞋等饰品。设计师根据故事主题、色彩、面料等企划方案，进行快速设计，提供效果图、款式图，并由团队或支撑部门协助制作样板。

图 3-8　E 品牌款式效果图

6. 样衣开发

在版样制作完毕后，样衣开发过程启动。

① 开发的样衣由公司支撑部门制作，第一版样衣完成后，由支撑部门估算成衣面辅料用量、制作工艺单等，完成后交与品牌部。

② 由品牌设计师、买手等进行内部筛选，并对样衣提出修改意见，由支撑部门进行第二、三版样衣制作。

③ 样衣确认后，品牌对初步整合好的货品召开看样会，相关管理人员、服装买手、设计师、市场一线人员等参加会议并对面辅料、款式、颜色、价格、数量等方面提出评价和修改建议。

二、制定采购计划

对需求及资源市场的分析能帮助买手明晰采购的需求量、需求品种、供应商资源分布等，是准备制定采购计划和计划顺利实施的坚实基础。

采购计划是指服装买手团队在明确市场供求情况和企业生产经营活动过程中物料消耗规律的基础上，对计划内物料采购管理活动所做的预见性安排和部署。采购计划包括两方面的内容，一是采购计划的制定，二是采购订单的制定。E 品牌采购计划包括样衣采购及部分面辅料采购。

为了实现采购管理的目标——适时、适量、平价，采购管理需要有一系列的业务内容和业务模式。E 品牌采购管理的基本内容和模式见图 3-9。

采购管理组织是采购管理最基本的组成部分。E 品牌为做好繁复的采购管理工作，通常由买手指导和协助生产部采购员进行采买事务的具体操办。

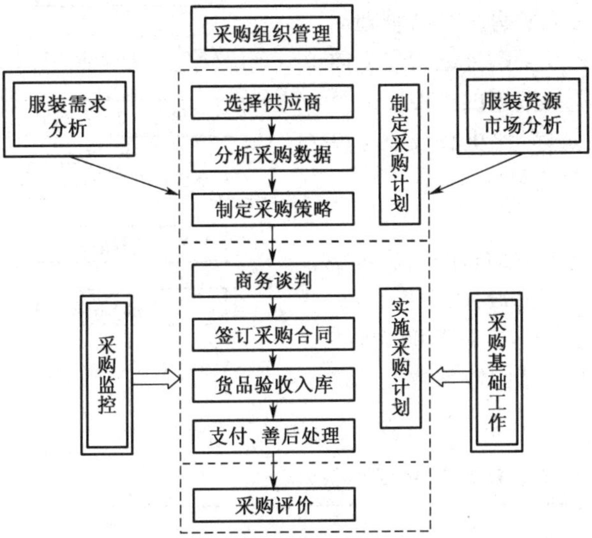

图 3-9　E 品牌采购管理内容和模式

提前制定采购计划，预约采购物料时间和数量，能防止生产过程中等待加工物料的时间损失，同时避免物料储存过多，造成库存积压。

E 品牌采购计划的制定，从三方面着手：

① 采购计划需随时根据流行趋势（图 3-10）、市场动态进行调整，将最新时尚反映到货品配比上，给消费者以新鲜感。

② 参考前期面辅料采购数量及相应的成衣销售数据，拟出本季需延续（或稍作变化）采购的品种、数量、规格等。

③ 制定计划时参照库存量，尽量将库存面辅料加以合理利用，优化库存资源。

图 3-10　面辅料国际流行趋势

对历史数据的分析，是面辅料企划及合理备料的基础，也是企业信息支撑体系的重要部分。面料企划及采购在产品企划周期中占有举足轻重的地位，精确的面料企划及采购计划对产品前导期、销售等都能产生积极的效果。分析历史数据的主要目的是为了提高采购预测工作的效率、精度和质量，以便更有效地为决策工作服务。E 品牌依据历史数据的预测过程见图 3-11。

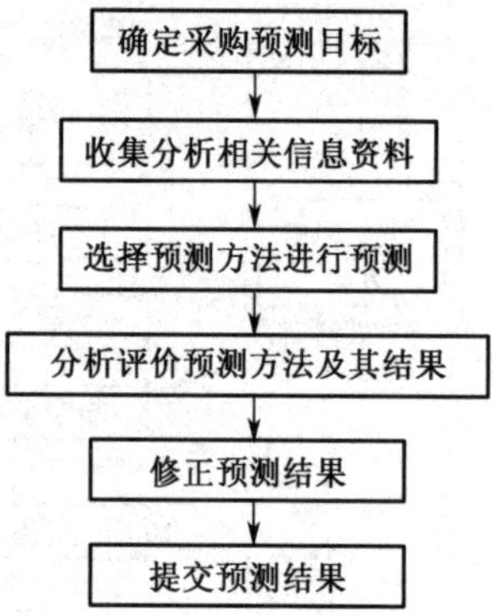

图 3-11　E 品牌采购预测流程

1. 明确采购预测目标

在进行分析预测之前，买手首先要确立预测的目的以及需要达到的目标。预测的目的性应同历史数据的分析目的性相一致。例如，E 品牌需得到 2010 年冬波段 2 面料用量预测，需要调出 2009 年或过去几年同期的面料采购及相关成衣产品的销售数据。在此，以 2009 年冬季同期面料信息（表 3-2）为例进行预测分析。

表 3-2　2009 年冬（波段 2）E 品牌部分面料信息汇总

面料大类	总金额/元	总耗量/米	面料分类	金额/元	耗量/米
毛呢	13 970 000	300 000	毛呢格料	7 000 000	150 000
			素色毛呢	6 500 000	140 000
			提花毛呢	470 000	10 000
棉	1 680 000	100 000	全棉素色	900 000	50 000
			全棉格条	400 000	30 000
			棉混纺	380 000	20 000
涤纶	4 835 000	368 000	素色涤纶	4 000 000	280 000
			涤纶印花	385 000	45 000
			涤纶格料	450 000	43 000

2. 收集分析相关信息资料并进行预测

准确完整的资料和信息是预测的重要依据，在明确了预测目标后，应通过各种直接、间接的方法尽可能多地收集影响预测对象及其因素的各种数据资料。对所收集的资料要求准确、及时、完整、适用。分析中所用到的工具及方法各异，如较为简单的数据分析、复杂准确的数据监控系统等。E 品牌对面料种类及用量的预测方式主要采用简单的数据分析。在对 2009 年同期面料进行分类统计后，从采购金额及采购量两个角度对各种面料进行排列。如图 3-12 所示，根据面料采购金额排名，2009 年冬（波段 2）毛呢格料、素色毛呢及素色涤纶位列前三，三者采购金额总计达到总量的 85.43%。故在 2010 年同期面料采购时，需要重点关注这三种面料。

在对面料大类进行分析预测后，可根据实际需求对面料细分种类进行排列。如 E 品牌 2009 冬（波段 2）毛呢格料，根据颜色进行统计排列，得到灰色、紫色、红色为该波段采购重点，三者的采购量达到毛呢格料总量的 76.54%（图 3-13）。同理，可从采购金额角度排列。在 2010 毛呢格料的采购中，灰色作为基础色格料采购，而格料色彩、格子形状随流行趋势发生变化，预测时可结合流行趋势发布或市场调研结果进行调整。

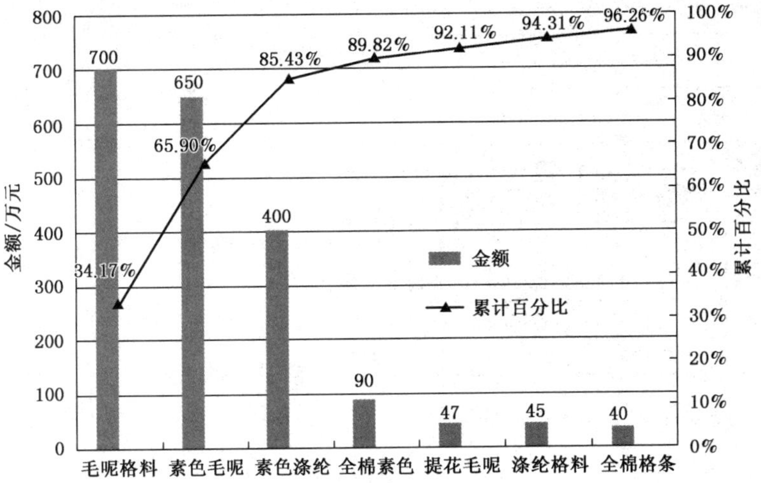

图 3-12 E 品牌 2009 冬(波段 2)面料采购金额分析

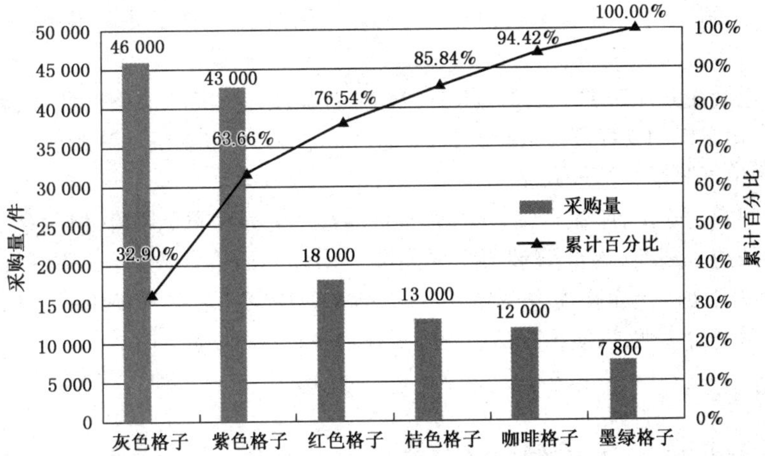

图 3-13 E 品牌 2009 冬(波段 2)毛呢格料采购数量分析

以上从采购量及采购金额角度进行分析并重点预测。采购是个相对主观的过程,而对销售量、销售额及毛利的分析往往更具客观性,说服力更强。品牌部每季都会根据大类挖掘重点面料所对应的成衣销售数据,如图 3-14 所示,一号面料对应成衣的销售额、毛利率百分比远高于销售量,表明这一产品的利润较高,对该面料及产品需重点关注。

3. 修正预测结果

预测结果的修正是个长期的过程,每季、每年都需进行预测验证与修正。服装买手在误差计算的基础上,可通过定性定量分析及依据预测者的常识和经验修正预测结果,使之更加适用于实际情况并形成最终的预测结果。

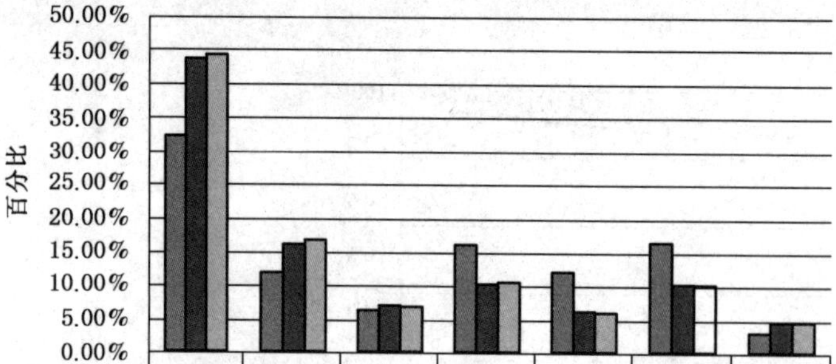

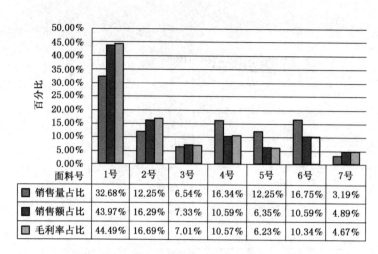

面料号	1号	2号	3号	4号	5号	6号	7号
销售量占比	32.68%	12.25%	6.54%	16.34%	12.25%	16.75%	3.19%
销售额占比	43.97%	16.29%	7.33%	10.59%	6.35%	10.59%	4.89%
毛利率占比	44.49%	16.69%	7.01%	10.57%	6.23%	10.34%	4.67%

图3-14　E品牌2009冬(波段2)毛呢格料产品销售情况分析

4. 提交预测结果

预测结果的提交是预测活动的最后一环，是对采购预测全过程以及取得的预测结果进行的概括和总结。E品牌每半年召开一次总结会议，分别对每年服装大季的预测及销售活动进行总结，主要包括每季销售情况总结、预测精度评估及预测经验和教训的总结，为下一步买手团队工作提供改进方法和意见。

以上这些内容通常被记录在E品牌IT(信息技术)后台的"数据库"中，每一季销售曲线、总量、订单追加情况都会由公司专门的支撑部门处理分析，经过多年积累，可以有效地分析出服装采买规律，并能准确地预测出下阶段的销售概况。

服装商品的销售具有很强的季节性、流行性，库存水平过高会产生库存剩货风险，但库存水平过低又会产生失去顾客的盈利机会，因此服装买手应充分利用以往的销售数据预测库存水平。由于库存结构的不合理也会产生库存损失风险，但库存结构的决策往往是不确定的，因此在预测库存水平时应保持适度的弹性，以便根据销售进度对库存水平进行调整。

三、实施采购

如前所述，在采购计划制定的同时，E品牌买手会协同生产部开始寻找供应商，并进行有关项目的谈判。如达成协议，由双方共同签订采购合同。E品牌实施采购的考核标准主要为成本、交货期及品质，在采购决策与订单处理过程中，也以这三个指标为依据进行供应商选择与订单的下达。如图3-15所示，E品牌采购流程中，首先考虑的是价格/成本比较，计算分析从供应商处的购买价 P_c 与品牌报价之间的关系，初步选择供应商或进行协商；确认价格后，核对供应商交期是否符合品牌需求；若供应商价格与交期皆符要求，还需要对供应商货品品质进行考核，最终签订合同并实施采购。

采购合同是服装品牌买手与供应商签订的合约，合同可以由双方任何一方提供，不过由自己提供的合同可能更熟悉其中的条款(E品牌在谈判中主要采用本公司的标准合同)。服装买手应该是一个优秀的谈判对手，因为在签合同之前，合同中的许多条款是需要双方协商的。如折扣、运输负担、交货期、提前交货的折扣、现金折扣、推迟交货的折扣等。

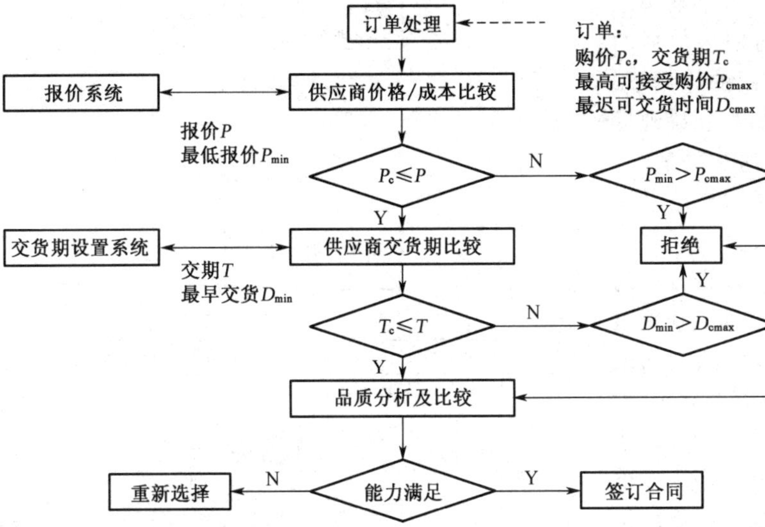

图 3-15 采购决策与订单分解控制

供应商按时交货后，E 品牌生产部会及时同公司物流部、质检部及仓库等管理部门协作，对货品进行验收，以保证新品上柜时间。如供应商全部履行了采购合同，品牌部会及时通知财务部，向供应商支付货款。随着快速反应所引导的“快时尚”在 E 品牌的不断发展，品牌在实施采购时逐步将交期与品质作为首要考核标准，逐步由成本观转向产出观理念，即若能将交期与品质加以严格控制，在销售额或毛利率较原来提高的情况下，适当调整成本控制尺度，达到与供应商“共赢”的目的。

四、市场营销

当本季产品陆续上货之后，公司由市场部专门进行营销管理。此时，买手的职责还尚未结束，他们仍需同店铺陈列及管理人员一起，整合整盘货品，对各种服装的款式、色彩、数量合理搭配，体现整盘货品的主题思想。在销售过程中，公司也需要协调各个卖场的货品，例如某种服装产品在 A 店铺滞销，但在 B 店铺却大受欢迎，这样就需要进行店铺间调货，减少产品库存积压。店铺间货品调货主要由公司 IT 部及物流部门监测与管控。

在商业竞争如此激烈的今天，促销方案的设计水平不但直接影响短期销售和服务水平，也影响长期的企业或品牌形象。若促销方案设计合理，能吸引更多的消费者光顾，提升销售额，消化库存，改善店铺新鲜度和形象；反之则可能达不到预期效果，并造成诸多不良后果，如品牌形象受损、利润下降等。促销计划的制定会涉及多个部门，包括公司品牌部、物流部、店铺陈列、IT 部、销售部等，内容包括促销方案策划、货品配送、促销系统设置、海报制作。图3-16 为 E 品牌促销运作流程设计，由于促销活动涉及多部门且影响重大，必须事先进行详细研究、讨论和规划才能实现精细化管理。除了参与商场活动，品牌需根据实际情况进行动态调整，在每次促销活动之前，准备充足“弹药”，制定采购、生产、配送计划。

公司在每个终端都部署了 POS 系统，将每日的销售数据及时反馈至公司总部进行数据处理。系统数据可以帮助品牌分析销售数量、畅销及滞销款式，但这些数据相对理性与正规化，无法反映畅销或滞销款特征、顾客购买原因等主观因素。E品牌对销售数据的分析较为详尽，在买手机制的作用下，充当“天线”角色的买手及时、正确地反馈一线信息供相关人员参考和决策。

快时尚买手机制强调的是信息沟通，其中包括：店铺管理人员与顾客的沟通、店铺管理人员同买手及设计师的沟通、买手与生产部门、设计师、仓库以及物流的沟通等。所有这一系列的团队合作造就了“快时尚”品牌的多款、少量、快上市的特点。由此可见，所谓“快时尚”买手模式不仅仅是单一个人或单一部门能够成就的，它是建立在系统供应链基础上的产品优化组合和管理合作模式。

以上重点阐述了E品牌面辅料信息收集、采购计划、采购实施的方法内容。同样的，E品牌服装加工也采用类似流程进行采购活动和管理。

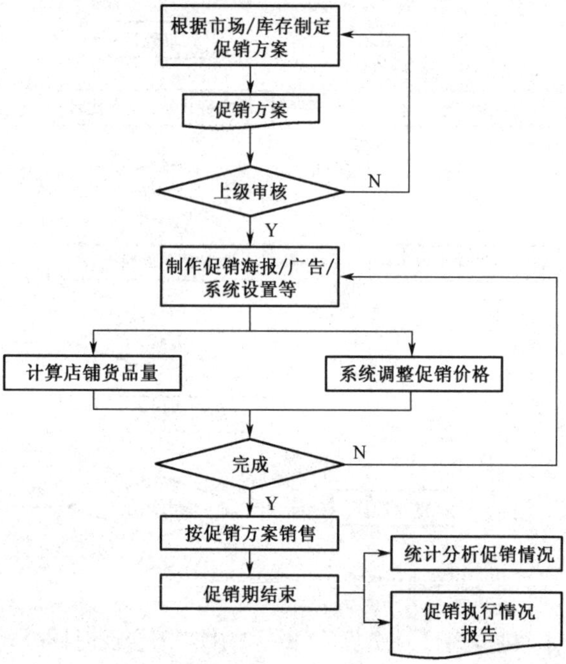

图3-16 E品牌促销方案制定

■ 案例

太平鸟品牌买手模式

太平鸟是一家以“快时尚虚拟经营”理念为基础，以大众时尚服饰的创意、设计、营销及品牌运营为主业，并涉足国际贸易、商业投资等多领域的综合性企业集团。

PEACE BIRD 太平鸟

公司创业始于1989年，太平鸟品牌创建于1995年。集团总资产12亿元，员工2 800名，其中生产工人1 700人，管理、业务、营销、行政服务人员1 100人。2009年，服装板块销售额20亿元，规模位居全国服装企业前10位。

太平鸟的服装板块旗下多元品牌共同发展，整体风格走时尚先锋路线。品牌结构见图3-17。太平鸟集团旗下各品牌服装公司在全国各地发展的自营及代理加盟门店已突破千家，其中直营店占总销售额的45%，单体面积超过1 000平方米的旗舰店有几十家。贝斯堡品牌还进入了家乐福、乐购、大润发等国际大型连锁超市卖场，同时以“魔法风尚”为主要载体的网上B2C电子商务发展也初见成效，为集团品牌服装未来全方位发展打下了良好的基础。

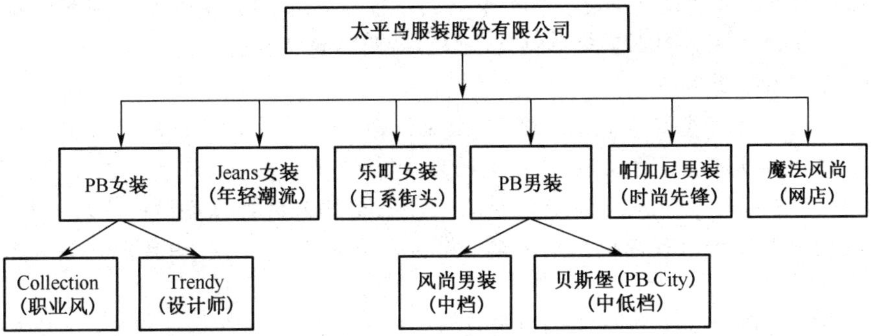

图3-17 太平鸟旗下品牌结构

(1) 快速反应与买手制度

太平鸟品牌现行的快速反应QR单占品牌总销售额的10%,平均40天就可以完成一批快单。商品企划部负责制定产品结构、安排各销售节点以及产品开发工作。买手购买了产品之后,及时与市场企划人员以及技术部门人员讨论。一旦确定款式,马上移交产品生产部,联系供应商生产。设计生产流程见图3-18。市场企划、设计和技术部门的紧密合作大大缩短了服装设计以及反复修改的时间,也让买手更加明确企划部制定的产品结构和时间节点控制。经过组织结构调整,将设计师工作室、打版房和样衣制作室合并为设计开发中心。加强与技术人员的沟通,也让买手逐步累积服装制作方面的知识,有利于下一季服装的采购和开发。

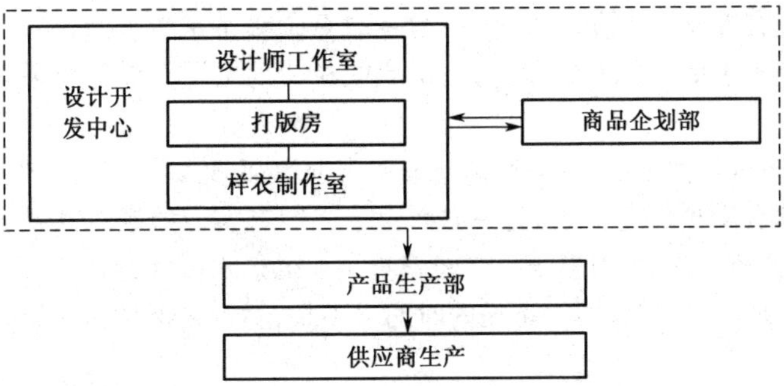

图3-18 太平鸟服装设计生产流程

(2) 高层亲自领导买手团队

太平鸟服装设计开发采用“买手+设计师”的模式,基本款、经典款、往年热销款由经验丰富的设计师负责,时尚流行款则采用买手制,整体偏向买手模式。品牌公司总经理亲手抓三块:买手团队、销售以及供应链管理。公司培养了一支具有敏锐时尚触觉、紧随国际流行趋势的买手队伍。总经理认为自己就是最大的买手,经常带领买手团队奔走于全球主要时尚城市,考察各种业态的服装销售市场,包括百货店、批零市场、街边店等,寻找购买可供本公司参考的服装设计素材。在买手模式的推动下,太平鸟每年推向市场的服装达5 000款,在国内服装界创立了独特的“快时尚”品牌服装发展模式。

③ 面料前置及供应商协同

公司管理层明确提出要实施快速反应,必须保证面辅料前置以及供应商协同这两个关键要素。每一季开始,买手与企划部先确定本季的面辅料,数量控制在20% ~30%,这些面料提前下单,而不是等到整体企划设计流程结束后再准备面料。比如棉、呢料等常规的面料会根据以往的使用数量做一部分前置备料工作,有些只是准备还未印花的坯布。

同时,快速反应品牌应与服装供应商保持更为密切的关系,并且要善于利用供应商资源,使品牌商与供应商相互协同。目前太平鸟与某些ODM企业已有合作,通过利用这些企业的设计资源,缩短品牌的产品设计时间。由于太平鸟一贯良好的合作信誉以及付款的及时性,与供应商建立了良好的合作关系,使得下游供应商愿意为品牌提前备料以及为快速反应接单。

第四节　制造零售一体化(SPA)品牌服装企业

据统计,我国目前的服装企业有近80%是加工型企业,这些企业大多秉承传统的先做缝纫再售卖的经营理念,尚未建立服装买手的组织和机制,与买手职能相关的主要是面辅料采购或生产渠道开拓。

虽然国内一些服装品牌企业通过类似于商品部、产品部或销售部等部门执行买手的部分职能,但设置专职买手部门的企业鲜有所见。究其原因:一方面由于我国有实力的领军品牌主要是从加工型经营模式逐步走向品牌经营之路,习惯于生产经营型企业的运作模式;另一方面,我国服装品牌企业虽然经营发展30余年,但进入买方市场的时间并不长,对于以市场为前导反推生产的买手模式运作不熟悉。

目前,国内一些品牌服装企业开始关注并启动和采用买手模式,虽然起步不久,但发展快速。我国南方的服装品牌企业对买手模式的接纳度高于其他地区,典型品牌如七匹狼、威丝曼等。以下,以我国典型的制造零售一体化企业品牌Y品牌、七匹狼及威丝曼为例,解析目前我国的品牌服装企业买手的主要模式和相关职能。

一、Y品牌(制造零售一体化企业)

Y品牌属制造零售一体化企业,即品牌服装企业直接掌控从产品开发、生产直至流通的所有环节。

在这类企业中,品牌买手除了要具备供货型品牌的职能外,另一个重要工作是配合销售部门监控销售数据并做出快速反应，以实现销售的最大化和库存的最小化。

买手在这种经营模式下不仅要具备产品开发的功能，而且需要兼顾销售的后期配合。这种类型的买手可以在大区分公司工作（前提是大区分公司有自主采货权），为品牌依据地区特点采买款式。

1. Y品牌的经营概况

公司创建于1979年，以男式服装为基础产业，经过30余年的发展，公司在全国开设了100余家分公司，2 000余家商业网点，拥有衬衫、西服、西裤、夹克、领带、T恤等六个中国名牌产品。2001年，公司建成占地350亩的服装城，可年产衬衫1 000万件、西服200万套、休闲服、西裤等其他服饰共3 000万件。2003年又建成占地500亩的纺织城，成为国内高端纺织面料的生产基地。2009年，公司纺织服装实现收入69亿元，利润4.45亿元，其中，国内服装销售25.8亿元，增长18.6%。国内服装网络净增加零售点114个，卖场平效增长至1.46万元/平方米。

2. 渠道特色

Y品牌的营销网络遍布全国30多个地区，2 000余家商业网点构成为：约400家自营专卖店，800家左右加盟店及800余家商场专柜。其销售比例为：自营店40%、商场40%、加盟店10%、团购和量身定制业务约10%。Y品牌的多元化营销网络体系成为支撑品牌发展和参与国际竞争的有力武器，其组织架构见图3-19。该渠道构架可保证销售数据及货品信息有效及时地反馈到分公司及总部，有利于公司正确下达配货及销售指示。

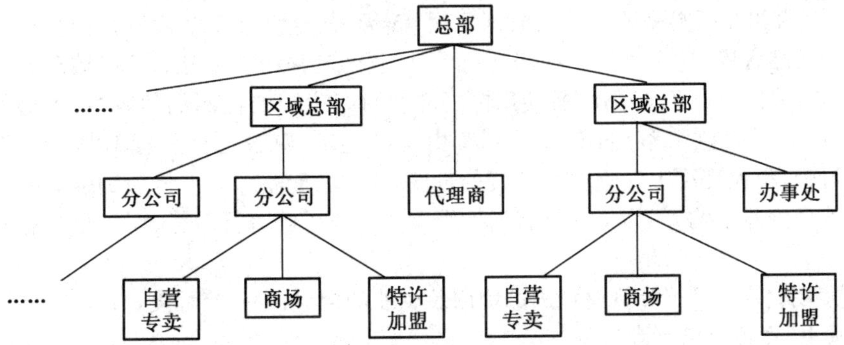

图3-19 Y品牌多级营销网络组织架构图

3. 买手模式

Y品牌的买手工作主要集中在产品的设计研发上。

公司生产服装分内销和外销两部分，外销主要是接单加工，较少产品开发和设计；内销有五个自主品牌，以原创开发为主。2009年开始分别设立五个设计研发工作室，隶属于Y集团服饰公司，各工作室具有独立的设计研发功能，并聘请业界著名设计师。因此，开发的款式分为设计研发工作室的内部款和外聘设计师的设计款两部分。其中，内部设计的款式是为了一定程度上使外聘设计师设计的款式更好地融入公司自主品牌。

Y集团西服公司的设计研发工作室除了承担设计任务外，设计师经常去海内外进行市场调研，主要考察竞争对手和国际大牌产品动态，总结并把握市场流行趋势，同时采买可供借鉴的样衣。由于西服总体款式比较经典,流行趋势主要体现在如驳头的高低、手巾袋的造型、线迹等细节上,款式设计属渐变型。

Y品牌西服开发设计工作室的另一项工作是将确定的款式样转化为生产样衣,并进行生产线安排与设计款式效果的相互协调。

Y品牌虽然有采买样衣的职能,但这部分工作主要由五个研发设计工作室的设计师承担,即承担买手的职责。Y品牌相关负责人表示目前品牌运作不是依靠真正意义上的买手模式,但从2006年起,公司开始从海内外招聘专门人才,积极建设买手队伍,逐步从制造型企业转型为买手型企业。

目前,公司的设计中心位于宁波,由30多名设计师+买手组成,平均每年开发1 200款新款,人均开发投产40款/年。未来公司计划在上海、米兰分别建立设计中心,这三个设计中心分工明确:米兰设计中心主要收集国际时尚信息,追踪一线服饰品牌的最新动态;上海则根据国际流行趋势,通过国际国内的对接,设计出有创意的作品;宁波的设计中心则通过与工厂、买手的对接,将上海设计中心的作品转换为真正的产品供应市场。而设计中心的总人数将扩充至200人。

4. 启示

Y品牌的买手模式正处于起步阶段,买手和设计师共同隶属于公司的设计中心,有时设计师的部分职能会与买手的职能重合,如采买样衣。买手的职能主要发挥在产品开发上,对其他工作,如制定采购计划、跟单等贡献较少。

由于Y品牌对面料要求较高,在纺织城建成之前,Y品牌每年的面料采购约有5亿元,其中10%要靠进口。西服花在面料采购环节的时间需要45天,甚至将近2个月,面料到位后,经过生产开裁,再到成品入库,这个过程一般需要一个月,整个流程约3个月。纺织城建成后虽然可研发生产多款高端面料,但Y品牌所使用的面料中自行生产的比例仍然较少,大部分都在外面采购。比如衬衫的色织布,约30%~40%由自己生产,西服毛料只有10%。可以说,采购环节顺畅与否,很大程度上影响整个流程的进度。因此,Y品牌正在努力加强买手的面料采购职能,尤其是国际采购,因为买手比普通的采购人员更了解流行趋势,同时也具备专业的采购知识。

Y品牌的案例表明时尚买手开始现身江浙品牌服装企业的同时,也一定程度上反映了江浙服装品牌企业在“买手”意识上仍有待提高。

二、七匹狼

1. 品牌背景

七匹狼集团是以生产、经营高级休闲男装为主的服饰上市公司,品牌定位为成熟男性消费群。经过20余年的发展,形成了以服装零售、品牌经营、制造生产为核心的现代企业经营体系。“七匹狼品牌夹克衫”更是中国休闲男装市场的著名商品①。2004年,七匹狼在深圳中小企业板

① 资料来源:七匹狼官方网站(www.septwolves.com)

块上市，成为福建省第一家上市的中小企业。结合有效的经营模式、ERP① 运用及买手制度，七匹狼近年来获得了良好的经济效益。

2. 渠道特色

在销售渠道及终端建设上，七匹狼率行业之先导入 CIS 系统，采取直营销售与特许加盟相结合的渠道管理模式。七匹狼与广州、上海、福建等地的第三方物流公司配合新建物流配送中心，增容面积达 1 万平方米，加快了公司货品配送及周转。

截至 2010 年上半年，七匹狼拥有直营店 299 家，加盟店 3 250 家②。七匹狼从 2007 年起，在全国开设多家大型旗舰店和生活馆（图 3-20），生活馆单店面积多在 800 平方米以上。集传统男装、男性服饰、家庭服装、家居用品等为一体，以终端渠道建设衬托品牌内涵。

图 3-20　七匹狼生活馆内部及外观

在实体店铺如火如荼的开设之余，七匹狼还借助淘宝网这一 B2C 平台，建立了大型网购旗舰店。2012 年，七匹狼男装网络销售收入 1.8 亿元。

3. 订货形式

2008 年，七匹狼仍然沿用以大型订货会（含补单会）为主导的订货模式，并对一些在订货会之后追加设计的新品采用产品巡展的方式推广。订货会、补单会及产品巡展的总订货量约占全年销售额的 90%。

从七匹狼目前的服装品牌体系来看，已形成圣沃斯、红狼、绿狼、蓝狼、女装以及童装几个系列。目前主要以红狼及绿狼为主，约占整体销售收入的 93.50%，这部分商品在专柜及专卖店销售；作为高端西服定位的圣沃斯系列集中于百货商场专柜以及生活馆；女装和童装仍以配套生活馆产品丰满度为主；蓝狼则计划独立招商，成为公司新的增长点。

4. 买手模式

近年来，七匹狼引进了买手模式。公司品牌商品总监表示研发团队的买手是按照整体企划统一分工去组货的专业人才，他们不仅需要懂得市场的需求，还需要懂得设计研发，是综合素质要求高的专业人士。

---

① 企业资源计划（enterprise resource planning），常指企业管理软件。建立在信息技术和系统化管理思想基础上，为企业决策层及员工提供决策运行手段的管理工具。ERP 系统集信息技术与先进管理理念于一身，能满足企业合理调配资源和有效创造社会财富的要求，成为企业在信息时代生存、发展的基石。

② 专访七匹狼董事长：公司战略定位品牌建设 http://money.163.com/10/0819/10/6EELNSR800252603.html

(1) 商品企划

在商品企划方面,七匹狼采取设计师与买手结合的形式。与设计师相比,买手对市场趋势和需求的了解更全面。买手需要适时为公司提供正确信息(包括产品和原料)供设计师参考开发产品,产品开发期间还要制定采购计划和参与产品定价及成本核算等,使公司产品上市更符合消费者需求。

(2) 服装设计及研发

七匹狼的服装以自主设计为主,同时与海内外设计师工作室等设计服务团队合作,进行设计采购(买手工作的一部分)。服务于公司的设计团队由来自法国、韩国、日本、中国香港以及中国内地等国家和地区的设计师组成,2008 年设计的产品达到 4 000SKU①。2010 年 3 月 27 日,七匹狼在中国国际时装周上首次发布了国际设计师系列圣沃斯(图 3-21),成为迈向国际市场的起点。

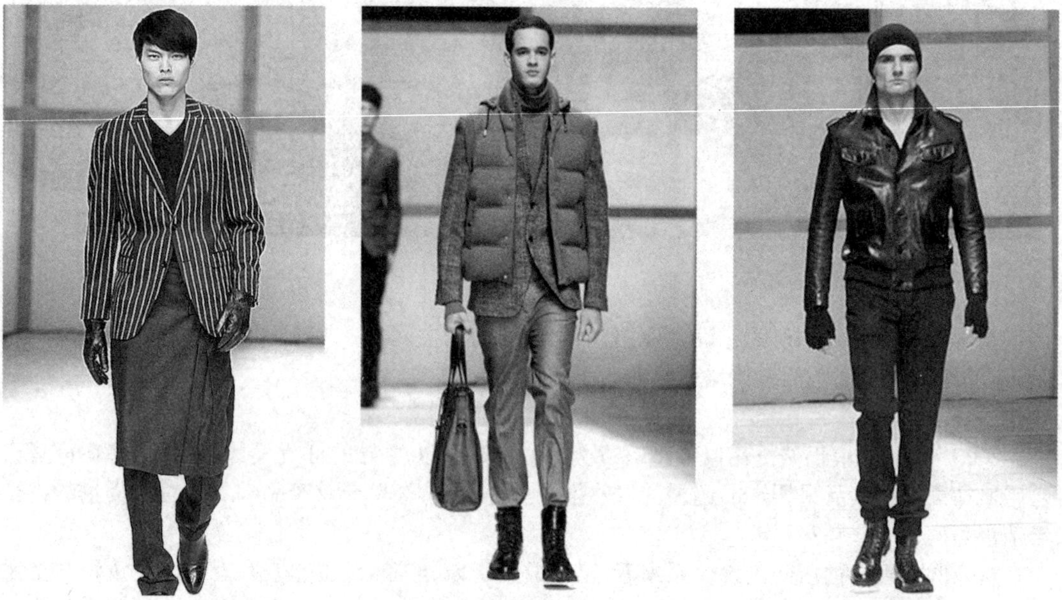

图 3-21 七匹狼国际设计师系列发布

2008 年,七匹狼的研发支出 1 037 万元,占公司营业收入的 1.23%,同比增长 164%②。七匹狼研发支出主要包括设计费、样衣费、设计指导费及研发设备采购等各项费用。有时,公司也通过购买合作厂家的研发成果(例如功能性面辅料)提高产品的技术含量。

(3) 采购与货品管理

七匹狼的服装制造采用外部采购及自主生产相结合的模式,2008 年,七匹狼外部采购占比

① 业界称色款数量。由原意为库存单元(stock keeping unit),即库存控制的最小单元派生出来的专业术语。纺织服装企业货品设计和管理中,可用 SKU 表达不同的价格、规格、颜色、花纹、款式等产品特征。

② 分析我国服装品牌业历年来发展趋势 http://www.china-ef.com/article/2009-04-27/185018.shtml

达到82%。

ERP系统引进“品类规划”“物流管理”等五大模块，使得七匹狼可以依据系统强大的数据分析功能，准确了解不同地区的市场品味、尺码规格，更有效地进行产品开发和设计，从而引导经销商订货，帮助买手及采购团队制定合理的采购计划。

（4）相关工作

除了与设计师共同开发产品外，买手还有许多其他工作职责：

① 在产品生产上，买手要考察评估七匹狼的供应商，控制成本预算，制定合适的零售价格体系。

② 站在“是否好卖”的角度，审核商品设计稿，研究版型的合体性，对商品的品质把关。

③ 从七匹狼品牌的角度考虑如何组合货品，而不是让客户被动地选货，对定货会货品审核严格。

与其他服装品牌买手一样，七匹狼的买手要按照销售计划及库存情况安排进货、收货和控制货品上柜，了解补货、调货、退货及库存情况，制定过季货品的处理方案，销售信息跟踪以及制定推广计划，每个季度要及时总结销售情况并研究落实改进措施。

5. 买手的聘用与管理

七匹狼买手主管的职责是指导合理订货及采购，根据商品企划案、货品销售走势及库存情况，制定采购计划并实行采买或安排产品投产等。

买手主管受聘的基本条件：

① 本科以上学历，具有服装相关专业的资质。

② 五年以上服装企业设计、开发管理或买手工作经验。

③ 丰富的货品订购和管理经验，擅长团队建设管理。

④ 对时尚流行和数据高度敏感，擅长商品结构规划，进销存测算与数据分析。

6. 启示

对于像七匹狼这样的成衣化品牌，买手或许更为重要，而对于个性化的设计师品牌，买手功能相对会减弱些。

南方大型男装服装品牌企业运营以“设计＋买手”型为主。企业一般拥有设计师和买手团队。

① 设计师团队的任务是产品设计开发和服装系列配套，以自主设计开发款式为主，或依据买手采购回来的样衣，导入与品牌相关的元素进行改款设计。

② 买手团队分工到海内外采购样衣，组成订货会配套系列货品。订货会结束后，进行量产统计，分别向服装供应商（贴牌厂）下单。有自己工厂的服装品牌企业也会生产部分强项产品。

③ 这些企业买手的特点：有着服装策划师和设计师的基本素养，时尚眼光犀利，熟悉审单、下单、工艺监控等环节，工作贯穿于价值链的上、中、下游。他们拥有广泛的供应商资源，包括福建、广东、浙江、江苏、北京、上海、成都等地的专业贴牌工厂或面辅料企业，在流行款判断、样衣组织、配件开发、采购周期、价格谈判等方面具有优势。一般在两个月左右即可组织产品入市。同时，在买手制的导入下，南方男装服装价格优势明显，在国内服装业中，具有较强的竞争力。

三、威丝曼

1. 品牌背景

珠海威丝曼服饰有限公司创立于1998年,“品牌事业部”在全国拥有300多家WSM品牌连锁服装专卖店,营销网络遍及100多个大中城市,年销售额近4亿元。“ODM①事业部”为中国及世界近百家知名服装品牌服务②。表3-3是有关威丝曼的产品定位、产品风格等相关信息。

表3-3 威丝曼品牌相关信息

项　目	内　容
产品定位	欧洲时尚风格女装
产品类别	毛织(毛衫主打)、针织、梭织、牛仔、皮草等
产品风格	活力、激情、浪漫、时尚
品牌优势	著名设计师领衔、最新国际流行款式,品位超前,品质领先
价格定位	春夏:229~699元,秋冬:259~1 299元
消费群体	25~35岁时尚都市女性
营销模式	自营为基础,加盟为重点
广 告 语	我自信、我时尚、我穿威丝曼
发展目标	成为中国前10名且最具影响力的女装品牌

威丝曼为振威集团旗下品牌,该集团拥有包括威丝曼服饰有限公司在内的9家分公司和7家工厂,在珠海拥有占地近7万平方米、建筑面积4.5万平方米的现代化工业园,固定资产上亿元,员工3 000多人,年生产毛衫400多万件。该集团于1987年以3 000元资金招聘6名员工开始创业。在这之前,公司主要经营贴牌加工业务,直到1998年建立珠海威丝曼服饰有限公司并在沈阳成立第一家专卖店,企业才真正从生产加工进入到服装品牌经营、营销网络建设以及终端、零售管理的品牌战略新阶段。此后,威丝曼连续多年以80%以上的增长率迅速在全国铺开自己的营销网络。据报道:威丝曼将于2011年3月份左右正式向中国证监会递交IPO申请,力争2011年底能在深圳中小板或者创业板上市③。公司的目标是未来2~3年内,在华东和华北增设销售网点,全国店铺拓展至550~650家(店铺形象见图3-22)。

2. 渠道特色

威丝曼营销模式中,自营店占80%,加盟店占20%。目前,正逐步从该模式转向自营为基础

---

① ODM(Original Design Manufacturer,原设计制造商)即包括设计的贴牌加工。

② 资料来源:威丝曼官方网站 www.wsmchina.com

③ 九鼎投资5 000万元入股威丝曼,明年3月申请IPO http://www.guosen.com.cn/webd/public/infoDetail.jsp? infoid=8624751

图 3-22 威丝曼店铺形象

加盟为主流的模式,终端集成销售、补货、反馈竞争信息、招募 VIP① 等职能,进一步强化直营体系标准化和形象店的建设工作,以保证加盟体系的快速扩张,实现从区域性品牌向全国性品牌的突围。

3. 买手模式

2006 年销售业绩下滑促使威丝曼加入学习 ZARA 的行列,并为此设立专门的 ZARA 模式快速项目部。通过采用敏捷供应链,生产格局调整、备料备产能、考核机制等方面的转变提升企业成为 ZARA 式的精益敏捷供应链。为配合快速反应的实施,威丝曼组建了专业的买手团队。

(1) 产品设计与开发

为了改变以粉嫩色系为主导的青春靓丽风格不再被市场推崇而导致销量下降的局面,威丝曼重新定位目标消费人群,从原来的清纯淑女转变为都市白领,并改变了设计风格,向时尚流行的都市品牌靠拢。相应地,配合快时尚的开发、采买新款、协作厂商提供样衣、畅销款改款等多种模式组合成为威丝曼产品组织的主要特色。

威丝曼的 8 位设计师平均每年共开发投产新品 1 000 款左右,人均 125 款/年。设计来源主要由买手从香港、深圳、广州等时尚信息比较集中的地点采买的当季最畅销的款式。除了直接提供样衣外,还根据酒吧、演唱会、街头等拍摄回来的照片、国内外专业刊物等获得的时尚信息进行原创设计或改款。

除了专业买手团队,集团内部几千名员工、猎手、OEM 工厂、所有对时尚有兴趣的社会人士都可以提供相关资讯,提供的信息或样衣若被采用则会有相应的奖励。

威丝曼每年都会将下一季的设计新品及流行趋势预测以发布会的形式展现给社会。此外,威丝曼还积极赞助时尚活动及设计赛事,如"威丝曼杯"中国针织时装设计大赛,"威丝曼杯"广州美术学院毕业设计展演等。一系列的活动不但提高了品牌知名度,也为威丝曼的设计师及买手们提供了大量的灵感来源。

---

① VIP——Very Important Person,即贵宾会员。

■ 案例

中国国际时装周威丝曼发布会①

2010 年 3 月 25 日作为中国国际时装周第一天，威丝曼囊括了时装周首日几乎所有节目。包括已举办 6 届的“威丝曼”2010 中国针织时装设计大赛，演绎 2010 秋冬潮流的中国毛衫流行趋势发布会，资本化与时尚化新闻的 WSM 新闻发布酒会以及展示品牌新季设计潮流的 2010～2011 威丝曼秋冬产品发布会(图 3-23)。

图 3-23　威丝曼 2010/2011 秋冬时装发布会照片

正如品牌名称来源 Wave the Stylish of Modern(舞动现代时尚)，威丝曼以发布会及举办设计大赛的形式推广着自身的时尚设计理念和流行趋势。公司设计团队的韩国设计师表述：威丝曼品牌一直在为热爱生活、追求时尚的都市女性设计最具品位的服装与饰品，我们的创作运用多材质的手法、针织本身的立体变化等元素赋予服装丰富的造型艺术，从而体现都市女性的浪漫与激情。

(2) 商品企划

威丝曼商品企划及产品开发流程见图 3-24。

商品企划主要由企划和产品开发部落实，期间涉及相关买手。在企划前端，买手需配合各部门一起提供流行信息，确定新一季的产品定位。信息来源包括：工厂及公司产品部、采购部提供的新面辅料、流行趋势和款式，服装流行趋势分析、顾客满意度分析及营销分析获得的相关信息。根据以上信息，商品策划部拟定当季/当月主题及推广计划，制定商品策略，并通过商品方向协调会获得进一步的调整和确认。调整后的计划出台后，需要设计并确认相关的卖场视觉营

① 时尚界资本风云 时装周惊现威丝曼日 http://news.163.com/10/0326/11/62MR726U000146BC.html

销方案。

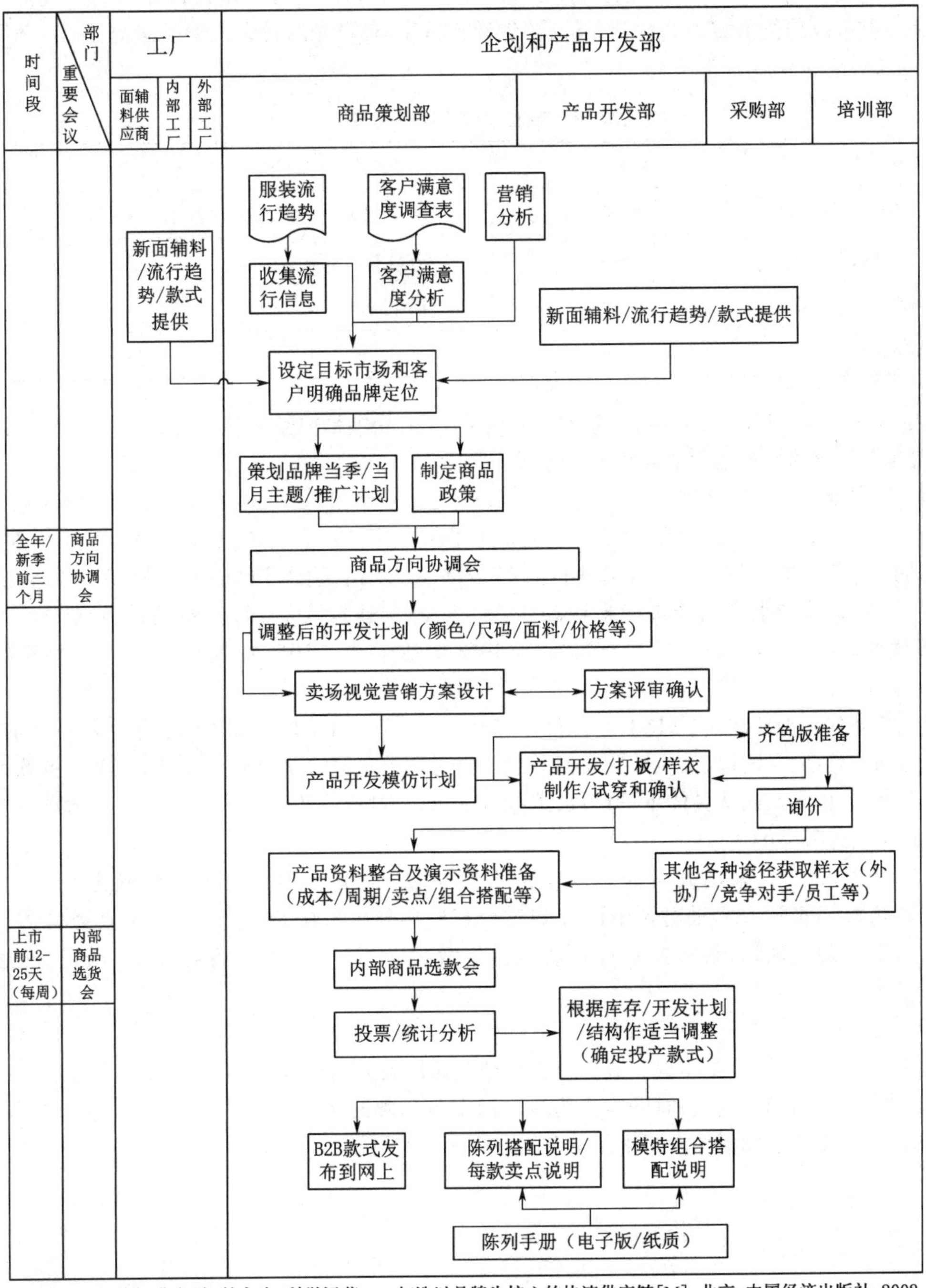

资料来源：肖利华，佟仁城，韩永生. 科学运营——打造以品牌为核心的快速供应链[M]. 北京：中国经济出版社，2008.

图 3-24　威丝曼的商品企划及产品开发流程图

对采买的样衣(通过自行开发设计及从其他途径,如竞争对手、外协厂、员工等采集获得)进行改款、打版之后,交由商务团队进行选款决策。商务团队既包括有丰富营销经验的一线内部市场人员,也可以是竞争对手的营销人员,还包括有品味、有眼光的时尚人士或消费者。商务团队人员构成见表3-4。

表3-4 威丝曼商务团队构成

商务团队构成	人数/人	商务团队构成	人数/人
VIP客户	2~5	总经办	1~2
内部店长	2~3	WSM高层主管	3~5
竞争对手一线人员	1~3	供应链管理部	3~5
产品企划和开发部	2~6	总计	14~29

确定样衣后,以B2B的形式将信息发布至内部网上,提供给加盟商进行网上选货、订货。同时,根据样衣及卖场的视觉营销方案出台陈列手册。

(3)制定及实施采购计划

商务团队选款决策后,由供应链经营团队根据销售预测、铺底量、适销周期、配送周期、生产周期、生产成本、目标库存结构等进行综合决策,以销定配,以配定产,计算出各款的生产量,交给买手与生产团队进行采购和生产。实施快速反应后,威丝曼的经营模式由原来的95%预估生产,5%的补货生产转变为40%预估生产+20%快速反应生产+40%翻单①生产。

威丝曼面料均为外购,成衣除自己工厂生产外,部分订单由协作厂加工。在下达订单之前,产品企划和开发部、采购部、供应链部及商务团队会对下单决策表进行仔细审核,以确认各款下单数量。然后,由采购团队具体下达订单,跟踪订单,这一过程买手也会参与其中。具体审单及分析跟踪决策流程见图3-25。

大货生产入库前,采购人员通过与供应商取得联系,可得知大货的最终确定生产量。供应链团队根据实际入库量对预分配计划进行相应调整生成配货计划,仓库在收到大货后进行条码扫描验证确认,根据配货计划进行拣货分货,然后交由第三方物流进行运输配送至店铺。

4. 启示

威丝曼买手的作用主要体现在流行趋势及样衣的采集上,而在制定采购计划及对反馈的销售数据分析处理上相对较弱。而同样作为快时尚女装品牌的ZARA买手,其职能要广泛得多。因此,国内品牌企业在如何发挥买手作用上仍有许多工作要做。

① 翻单:即补单。指对上次订货的重新订购,产品、花色与上次一样。通常是市场紧俏的商品,正价销售率高,若有备料,工厂能快速生产交货。

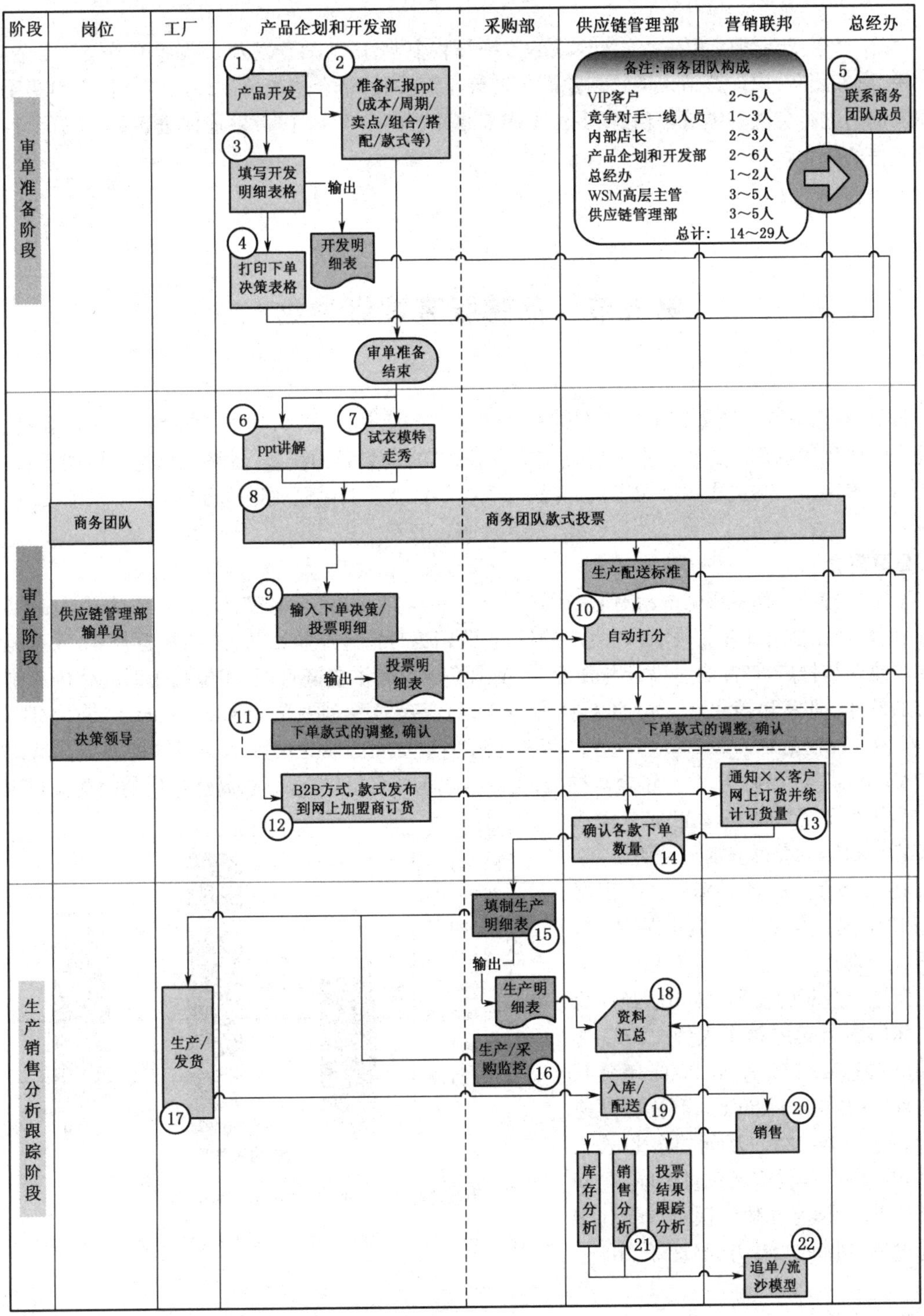

图3-25 审单决策及分析跟踪决策流程①

① 肖利华，佟仁城，韩永生. 科学运营——打造从品牌为核心的快速供应链[M]. 北京：中国经济出版社，2008.

此外，对于正在转型为快速时尚模式的传统服装企业，内部的开发及采购等关系较为复杂。而买手、商务团队、内外营销人员的利益都与销售业绩关联，结合供应链反馈的各种信息对买手团队及部门进行合理的绩效评估，在多种采购来源并行的条件下，应有效地促进各部门的配合，增强买手的桥梁作用。

第五节　品牌服装零售企业

目前，我国品牌服装零售企业正在进行买手模式的运作与尝试，比如美特斯·邦威、森马、以纯等时尚休闲品牌。买手体系的成熟并非一日之功，需要量的积累，最终才能达到质的飞跃。下面结合美特斯·邦威集团公司案例，对品牌服装零售企业买手模式进行分析。

一、公司简介

上海美特斯·邦威服饰股份有限公司（以下简称美邦）成立于1995年，首家专卖店于1995年4月22日在温州开业。公司以“生产外包、直营销售与特许加盟相结合”的经营模式，通过强化品牌建设与推广、产品自主设计与开发、营销网络建设和供应链管理，实施品牌时尚休闲服饰产品的设计、研发和销售。公司主要研发、采购和营销自主创立的“Meters/bonwe”和“ME & CITY”两大品牌服饰。“Meters/bonwe”品牌通过多年发展已成为国内休闲服饰的领导品牌之一；“ME & CITY”品牌于2008年全新推出，主要为职场新贵提供高品质、高性价比的时尚流行服饰。美邦发展至2009年底已有专卖店近3 000家，公司总部直属员工近万人。公司还荣获了“驰名商标”、“中国名牌”和“中国青年喜爱的服饰品牌”等多项重大荣誉。

经过十余年的发展，美邦已经成为国内休闲服市场的领军人物。2007年美邦利润达43 252万元，2008年美邦成功推出的“ME & CITY”，利润额急速上升，高达83 329万元，同比增长94.48%，2009年受金融危机影响，利润额有所下降，但是在休闲服市场仍处于领先地位，利润63 282万元（图3-26）。

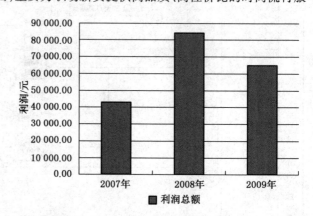

资料来源：http://www.metersbonwe.com

图3-26　2007—2009年美邦利润总额（单位：元）

二、买手模式

美邦在品牌内部逐渐形成具有中国特色，可与国外品牌相抗衡的专业化、成熟化的买手制运作体系，在产品研发、生产制造以及终端营销等环节显露出买手职能化运作的成果。

1. 信息收集分析

（1）消费者分析

任何品牌的确立，都离不开消费者。消费者是品牌经营最重要因素，买手需要通过调研对目标消费者进行准确掌握。主要包括目标消费者的年龄、收入、职业、受教育情况、生活方式以及由于地域不同造成的身材差异等。通过数据解析，准确分析各地区目标消费者所偏好的穿衣风格。

（2）流行趋势分析

买手要时时关注流行趋势，但与设计师对流行的关注侧重点不同，买手要考虑流行信息与品牌自身的融合性以及流行趋势在未来市场的效果。也就是说买手要结合美邦的目标消费群体的特征，收集相关的流行趋势信息（图 3-27）。

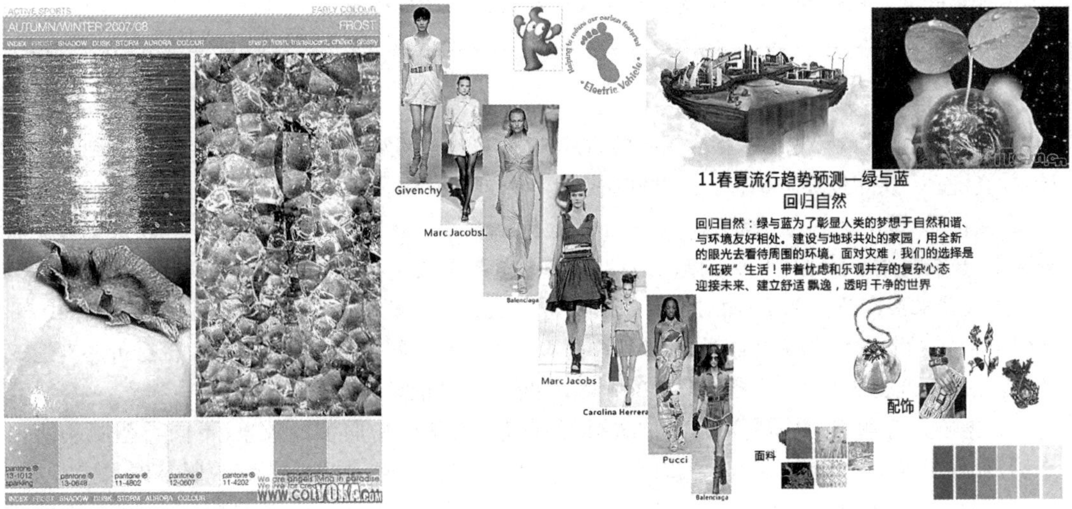

图 3-27　流行趋势资料

买手主要通过流行趋势杂志、服装博览会、时装发布会等途径收集流行信息。买手不仅要能从各类纷繁的信息中梳理出有价值的信息，同时还要能通过自身观察把握大众认可的流行信息。而买手将这些预测信息进行整合的灵感来源主要是依赖于企业的战略性预测和产品的目标消费者①。

（3）销售信息

销售信息既能反映本季服装产品的销售状况，又能为下一季服装产品的销售提供有力的数据。买手通过参考去年同期的销售数据，可据此判断这一季产品的订货数量；同时根据销售信息总结上一季度畅销和滞销的款式，买手可以将上一季的热销款作为这一季的设计开发的依据，通过改款或添加这一季的流行元素形成新款上市。

除此之外，买手应经常与设计师团队进行沟通，判断符合品牌特色的流行趋势并将这些信息进行综合整理，为采购计划的制定提供依据。

① 海伦·戈沃瑞克. 时尚买手[M]. 甘治昕，弓卫平，译. 北京：中国纺织出版社，2009.

■ 小资料

ZARA 买手遍布全球

西班牙品牌ZARA是Inditex公司旗下最成功的品牌，被认为是欧洲最具有研究价值的品牌之一。ZARA在全球各地拥有极富时尚嗅觉感的买手，帮助ZARA在全球各地收集该地区现时的流行产品信息，并将采买的样衣由专业时装设计师依类别、款式及风格进行全新改版，组成的新产品主题系列既符合现时段时尚流行特点，又能避免因产品设计不符合市场需求而产生的剩货失误。ZARA的买手具有一流服饰设计师的功底，这些从设计师转化过来的买手在服饰产品样衣采购方面具有市场敏锐嗅觉和专业知识素质。同时，ZARA定期对买手进行市场营运的专业化培训，使得买手在样衣采购、新产品开发、流行信息开发、市场营销等方面成长为优秀的服装职业采购专家。

2. 制定采购计划

科学合理的采购计划可以指导买手的后续工作，也是避免库存过多的有效手段。在制定采购计划的过程中，买手需要与销售人员共同制定新一季产品营销目标，影响营销目标的因素有三个方面：店铺状况、增长比率、资金状况。营销目标确定后，需要进行采买金额核算工作。在采买金额的分配上，开季时用于计划性采买的基础采买金额占全部采买金额的60%；用于随时补充当季热销款式的机动采买金额占30%；而对没有把握或争议款式进行试单的资金占全部采买金额的10%。同时，买手在实际确定采买金额时，还要考虑品牌现有的有效库存金额以及商品由于打折要素造成的销售损失，通过对实际要素各个环节的考虑，调整并确定最终的采买金额①。

根据采买金额，买手需要对几方面进行规划，包括：采购中服装的数量；不同类型服装所占比例；每款所提供的面料、辅料；每款服装的成本价、销售价；整个采购范围中服装的尺寸规格；服装的制造商和订单量。

3. 落实采购计划

根据采购计划，买手开始采购。买手的采购形式多样，有本地采购、国内采购或全球采购，可依照品牌的市场定位和经营策略进行选择。

除了买手采购的样衣，样衣还来源于自主设计研发与供应商推荐。买手通过与设计师沟通对样衣款式进行修改，并且跟进样衣的修订直到最后确定款式。美邦买手采购样衣的流程见图3-28。

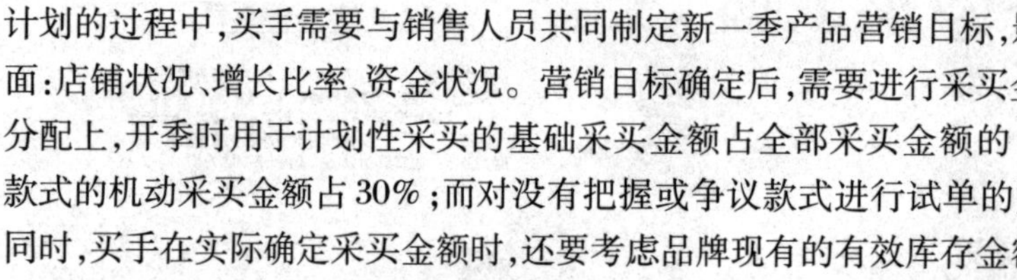

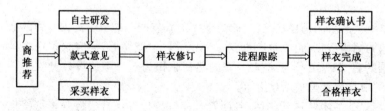

图3-28 美邦样衣确定流程

① 陈静．服装买手在国内品牌中的职能化运作研究[D]．北京服装学院硕士学位论文．2008．

在样衣开发的同时，买手还将联系服装生产企业，落实产品生产。美邦制定了选择供应商的标准，对选定的企业进行不定期的质量检查，制定绩效考核和协作筛选制度，以保证服装的质量①。美邦先后与以长三角和珠三角为中心的300多家供应商建立了合作关系。

在与服装生产供应商签订合同时，要对订单的诸多项目诸如价格、颜色、数量、规格、交货期、付款方式等细节准确表达，以保证生产的顺利进行。

4. 成衣生产跟进

由于受季节因素的影响，服装产品在特定的节庆销售时间段，如果未能在适当的时机出现在店铺中，对商家而言是一种商机损失，原本可以畅销的货品由于供应商生产的延误会导致机会和利润损失。为此，在成衣生产过程中，买手需要对订单的生产进度进行跟进（货品跟进明细见表3-5）。在订单的执行过程中始终保持与供货商的紧密沟通，确保货品能够按照计划的日期到达终端店铺。买手在成衣跟进过程中，还应对生产供应商进行考核和评价，主要指标：信誉度、价格、交货期、产品质量、生产效率、服务质量等。

表3-5 货品跟进明细

商品名称	商品编码	订货明细				第1次到货		第2次到货		第3次到货		缺货	备注
		颜色	尺码	数量	约定到货日期	数量	到货日期	数量	到货日期	数量	到货日期		

5. 终端店铺管理

当本季的服装产品陆续上货以后，服装买手要与店面陈列师沟通，根据本季产品的主题思想协助设计卖场陈列，确定要传达的流行理念以及橱窗陈列中的色彩协调等。通过色彩对比、延续和重复陈列体现品牌服装陈列气氛，给顾客色彩感官形成的视觉冲击，以赢取顾客对店铺的视觉好感和吸引力。同时，买手还应与销售人员协作对新一季上市服装作推广宣传工作。

---

① 黄俊，甘胜军. 美邦的组合竞争战略研究. 管理视野. 网络财富. 2010(6).

■ 小资料

NIKE 引入买手店铺运营模式

NIKE(耐克)公司成立于 1964 年,由设计师菲尔·奈特(PhilKnight)和运动教练比尔·鲍尔曼(Bill Bowerman)共同创立。NIKE 凭借优良的产品设计和卓越的营销手段,建立了体育运动休闲品牌形象。NIKE 是第一个采取名人代言方式打响知名度的厂商,同时也是第一个把流行音乐和运动营销相结合的厂商。

由于企业产品开发线长,涉及的产品开发与生产项目繁多,NIEK 公司进行了全面高效的买手企业运营模式改制,简化了原来的部门结构,组建了产品运营中心、品牌运营中心、总部协调中心、信息协调中心等买手型企业组织部门。NIKE 的各品类产品由买手进行自主运营,充分体现他们在产品开发、市场营销方面专业化的特色。在对终端店铺的管理上,NIKE 公司除加强对一级经销商的管理培训外,还全面引入买手店铺运营模式。在店铺销售模式上,NIKE 采取买手型店铺销售模式,以保证新店开业时能够与总店的网站销售宣传、上门服务等不同的销售方法协同运作。图 3-29 为 NIKE 店铺陈列。

图 3-29 NIKE 店铺陈列

买手还应对各地店铺的销售情况有明确的把握,并分析同行业店铺的销售信息。通过数据解析,总结畅销款式和滞销款式,进行清货或及时补货等工作。

除了与陈列师、销售人员进行沟通外,服装买手还需要与物流部门进行沟通。服装买手有时要对各个卖场的产品进行调控,站在全局的角度与物流部门科学地分配产品,在销售的过程中协调各个卖场的货品调整。因此,在新品上市之后,买手需要密切关注各个店铺的销售数据,根据分析结果,及时地安排物流部门进行调货补货。图 3-30 为美邦店铺陈列。

图 3-30　美邦店铺陈列

第六节　大卖场与服装买手

一、大卖场服装采购概念界定及经营模式

历史上，超市原本是经营生鲜食品的。1963 年，法国家乐福（Carrefour）将特级超市引入人们的生活后，超市的货架上才渐渐增加了除食品之外的生活用品①。近年来，随着零售业的开放与发展，大卖场凭借经营内容的大众化和综合化，经营方式的灵活性和经营内容的组合性，满足了消费者购买方式的变革——一站式购物，成为发展快速并具有较强竞争力的零售业态。

根据菲利普·科特勒在《营销管理》一书中提及的几种重要的零售店类型及其主要特点，结合多数咨询公司的定义，大型综合超市（General Merchandise Store），也被称为大卖场。大卖场零售模式的范围包括：销售食品和杂货的普通超市（Supermarket），销售食品及日用品的巨型超市（Hypermarket），超级中心（Supercenter）和超级商店（Superstore）②。大卖场商品定位不同于中小型超市，在标准食品超市经营生鲜食品和一般食品、日用品的基础上，为了满足消费者一次性购足的需求，增加了百货类商品（如服装、鞋帽、家电等），其中食品和非食品的比例各为 50% 的大型综合超市是标准食品超市与大众日用品商店的综合体，衣、食、用品齐全，可以全方位地满足消费者需要的一站式购物③。

基于大型综合超市的概念定义，结合我国国情和初步调研，大卖场具有以下特征④：

① 地处市区商贸中心、城郊结合部、交通要道或大型居住区边缘。

② 辐射半径 2 公里以上，目标消费者以居民、流动顾客为主。

③ 营业面积 6 000 平方米以上。

---

① 当服装零售联姻超市[J]. 经商之道. 2005(3).

② 朱成钢主编. 2004 国际商业发展报告[M]. 上海：上海科学技术文献出版社，2005.

③ 李颖. 零售业的革命[J]. 南风窗，2001(1).

④ 张燕. 大卖场服装零售绩效评估模型与实证研究[D]. 东华大学硕士学位论文，2008.

④ 以大众化衣、食、日用品为主，实行低价销售。
⑤ 一站式服务，自选销售，出入口分设，应用 POS 系统在收银台统一结算。
⑥ 配备较大规模的停车场。
⑦ 营业时间 12 小时以上。
⑧ 连锁运营，信息化程度较高，鼓励顾客参与会员制管理及服务。
⑨ 员工干练，为顾客提供基本、周到的服务。

■ 小资料

英国大卖场的服装零售

英国大卖场多，而且规模大，商品齐全，营业时间长（在英国一般商店下午 5 点钟关门，但大卖场通常晚上 9 点或 10 点关门），是民众购买食物和日常用品的主要场所。受近年来经济不景气影响，英国人开始舍弃盛装而流行休闲服，越来越多的消费者到大卖场购买廉价服装。由于这一类非食品项目利润较高，已成为推动大卖场业务增长的重要力量，经营者因此锐意扩展此类业务①。

表 3-6 英国三大大卖场服装销售细分目标市场和经营策略

	Tesco	Sainsbury's	Asda
服装系列名称	美国 Cherokee 品牌，Florence & Fred 系列，Sixteen Twenty-Six 及廉价系列	Jeff & Co 的副品牌 Union 和 Essentials	George 服装系列，沃尔玛独家发售的 Mary Kate & Ashley 青少年服装
销售业绩	美国服装品牌首次通过大卖场打进英国市场。业界排名第二，服装年销售 1.72 亿美元，占廉价服装市场 7.8% 份额	—	英国发展最快的服装零售商，男女装与童装的年销售额达 4.14 亿美元
发展规划	旗下 300 间规模最大的店铺推出约 1 000 个男装、女装和童装系列	计划将店铺数目增加 1 倍	近期服装销售目标 7 亿美元，有三成顾客在购买食品杂货之余亦选购服装
价格	廉价牛仔裤每条 6 美元、灯芯绒半身裙每条 14 美元、Cherokee 女童服装背心外套每件 12 美元和宽松针织外套每件 14 美元	1 盒 3 件 T 恤售 8 美元，恤衫每件 4 美元，卡其布服装 10 美元	George 系列童装牛仔裤每条售 1.5 美元。Value Tailoring 系列女士套装售 14 美元
成本控制	—	选择产品优良可靠，有免税优惠的采购地点	与沃尔玛一起订购布料，George 的成本下降 67%
采购地	—	来自远东；英国附近国家/地区；南非、东欧和土耳其、孟加拉国等	Fast Fashion 女装系列购自土耳其
货物周转	—	—	设计到销售的时间缩短至 7 周，每月都会换上新货

来源：根据 NSFashionTrak，Verdict Research 等资料整理

① 张燕. 大卖场服装零售绩效评估模型与实证研究[D]. 东华大学硕士学位论文，2008.

表 3-6 所示为英国三大连锁大卖场 Asda、Tesco（特易购）和 Sainsbury's（三思百利）的市场营销组合和经营策略。三家企业均提出推高服装销售量的计划。

据英国零售业咨询公司 Verdict Research 的调查报告统计，2003 年到 2007 年间，英国服装价格平均下降了 10%。这主要得力于大卖场的成功经营，用低廉的价格吸引了大多数购物者①。英国一些顶级大卖场还针对 5% 的金卡顾客推出高消费者特级服务的计划，使他们远离结账柜台处的长队、优先订购特价商品、享受免费送货等服务。零售商咨询专家预言，商场针对不同消费者水平的顾客，细分不同服务档次和商品价格将是商业的未来发展趋势②。

服装零售业发达的国家，在大卖场中销售与购买服装已成为一种日常习惯。服装在大卖场中实施"薄利多销"的经营策略。同时，国外大卖场中服装销售方式历来有预测流行、提前订货、季节前 2～3 个月提前发售的做法，已经形成了采购与销售的良好互动模式。另外，大卖场的服装价位、销售服装的品牌知名度、购买的方便性、较长的营业时间、提供宽敞的停车场服务、季节性减价的促销手段等是影响国外大卖场服装销售的主要因素③。

我国大卖场经营模式如表 3-7 所示，前两者主要是以一些外资零售商为主，第三种则是中国内地、香港和台湾的零售企业。

表 3-7　我国大卖场经营模式

经营模式	代表大卖场	经营特点
欧洲式	家乐福、欧尚	食品商店和折扣店（廉价的非食品商店）的结合
美国式	沃尔玛、易初莲花	食品商店和百货商店的结合
中国式	好又多、农工商、吉买盛	在家乐福模式基础上，加上传统批零商业的模式

对于大卖场这种新兴服装零售渠道，买手在采购服装时具有一定的特殊性，目前，大卖场服装经营状况主要分为两种类型④：

① 强势大卖场在销售中致力于引进品牌服装，以此提升整个卖场的形象与档次。然而，在我国，知名服装品牌的销售途径主要为百货店和专卖店，很少有著名品牌愿意在大卖场中销售。

② 在普通大卖场销售的服装虽然价格便宜，但存在档次低、品类选择性小、缺少相应导购服务等问题，销售不尽如人意。

因此，对大卖场服装买手来说，找准自身定位是服装销售的关键，在发扬价格低廉、销售便利两大优势的基础上，需要在丰富服装品类、提升品质和时尚度、加快货品周转方面下功夫。超级市场的优势在于它有大量的稳定顾客，顾客们在日常购物时易被价廉物美的服装吸引而产生

① 朱成钢. 2007—2008 国际商业发展报告[M]. 上海：上海科学技术文献出版社，2008：25.

② 朱成钢. 2004 国际商业发展报告[M]. 上海：上海科学技术文献出版社，2005.

③ 王永进，赵平. 北京超市中服装销售状况与前景的调查分析[J]. 商业现代化，2007(2).

④ 张燕. 大卖场服装零售绩效评估模型与实证研究[D]. 东华大学硕士学位论文，2008.

冲动性消费，往往比大部分服装专营店拥有更多的客流。另外，由于大卖场廉价的定位，目标利润比其他零售店低，并且有质量保证，因此从大卖场发展趋势来看，纺织/服装用品的销售量、展示空间皆有上升趋势①。

1. 品牌服装与大卖场合作

目前一些品牌服装企业与大卖场合作的现象越来越普遍，以休闲服品牌为主，如"班尼路"与"乐购"签订了供销协议，该品牌在"乐购"所有卖场中都可见到②。通过结成这种"商品联姻"，大卖场和品牌服装企业达到共赢局面：对于有一定规模的大卖场来说，拥有一批忠诚顾客群的服装品牌能为大卖场客流量的增加做出一定的贡献；另外，大卖场的商品结构得到完善，从而也满足了消费者一站式购物的需求；此外，信誉好的服装品牌同样也会提高大卖场品牌的美誉度。而对于品牌服装企业来说，大卖场更是拓展销售渠道的重要选项，既有稳定的大量客流，也可以借助大卖场的薄利多销的营销手段获得经济效益。

通常情况下，大卖场买手的服装采购量大，因此品牌服装在价格、优先交货、允许促销方面会给予一定的优惠。这类品牌企业由于走大批量订单供货路线，因此成本较低，加之大卖场经营方的自主权较大，往往能给予更加低廉的价格。对于此类产品，不仅质量有保障，价格也自然十分诱人。

2. 大卖场自有服装品牌

除了品牌服装企业与大卖场的"联姻"销售模式，大卖场服装销售的另一种方式是自有服装品牌的推出。自有品牌(Private Brand)指由大卖场(中间商)通过收集、整理、分析消费者对某类商品的需求特征信息，开发出新商品，在功能、价格、造型等方面突出业态特色，自设生产基地或选择合适的生产企业加工生产，并使用自己的注册商标，在自营店铺内销售的商品品牌。表3-8所示为自有品牌的发展过程。

表3-8 自有品牌战略发展

	第一代	第二代	第三代	第四代
品牌类型	无名字 无品牌	"准品牌" 自有标识	自有品牌	经过扩展的自有品牌群
战略	一般性	最低的价格	趋同	增加附加值
目标	提高边际利润 提供定价选择	提高边际利润 削弱制造商力量 提供价值含量更高的商品	加强商品门类的边际利润 扩张商品门类在消费者中树立超市的形象	维持扩大客群 加强商品门类的边际利润 进一步提升形象差异化

资料来源：乔纳森·雷诺兹克里斯廷·卡思伯森著.制胜零售业[M].电子工业出版社，2005：11.

由于是大卖场自己的品牌，商品从生产商可直接配送到零售点，减少了商品采供的中间环节，能起到降低成本和节省广告宣传推广费用的作用。依靠综合超市自身庞大的销售体系，能迅速形成销售规模。通常，自有品牌的服装价格要比同类商品价格低10%～30%，而毛利要高出10%～20%，能形成大卖场独有的特色。在商业竞争日益激烈、零售业利润增长有限的情形下，发展自有品牌将成为大卖场降低成本、提高利润的有效途径之一。

① 李颖.零售业的革命[J].南风窗，2001(1).

② 何晶珺，顾庆良.上海大型综合超市纺织/服装用品消费行为研究[J].东华大学学报(社科版)，2004(6).

外资超市自有品牌服装的成功运作显现了巨大的商业发展空间，如沃尔玛的“乔治”服饰、家乐福的“HARMONY”品牌等正逐渐被广大消费者认可。

沃尔玛拥有 12 个系列的 1 000 多种自有品牌产品；2004 年，家乐福集团同时在中国 23 个城市的 46 家分店全面推出 435 种自有品牌产品；麦德龙紧随其后推出 7 个系列的自有品牌；香港屈臣氏的自有品牌数量也高达 1 000 余种，占销售总商品数量的 20%。

据了解，自有品牌增长速度比供应商或制造品牌发展速度快。AC 尼尔森公司调查研究的 36 个大型超市中，2/3 的超市自有品牌增长速度都超过了制造商品牌的发展速度，自有品牌商品的销售额年平均增长率为 3.2%，比制造商品牌商品高出一倍。在欧洲自有品牌商品比例为 23%，北美为 16%，亚洲平均只有 4%。相对而言，内资大卖场经营的自有品牌商品品种还较少，一般不超过 500 种，比例不到 5%，而经营自有品牌服装的比例则更少①。

受收入水平、生活条件、生活方式等方面的制约，在超市购衣的消费群体，购买服装时，更加注重的是价格而非款式。针对这种消费现象，超市自有品牌经营的服饰种类多为内衣、衬衫、家居服、羊毛衫、休闲服、鞋帽、袜子等基本款服装。

■ 小资料

华润万家超市的自有品牌服装 Victor&Victoria

Victor & Victoria 是一个时尚休闲品牌，分为男装、女装、童装及内衣四个系列，产品系列完整，包括各种款式的西服、衬衣、休闲服等，一季上架的款式能达到近 500 种，而单品售价全部在 200 元以下，主力价位在 60 ~ 150 元之间，于 2009 年 2 月 27 日开始在超市开架销售。

据了解，华润已研发价格适中的新弹性面料制作自有品牌服装，由香港总部聘请香港专业设计师设计，在众多知名品牌加工厂加工，力求摆脱超市服装一贯给人的“呆板、不上档次”的印象。华润万家有关负责人表示，Victor & Victoria 精雕细琢的剪裁搭配、别出心裁的设计，融合了休闲与个性，在东莞的华润万家生活时尚购物中心一亮相就受到了顾客的青睐。

二、HG 大卖场服装买手案例研究

1. HG 大卖场概况

（1）HG 大卖场基本情况

HG 大卖场控股公司成立于 1992 年 9 月，是上海华联商厦股份有限公司全额投资的子公司，注册资金 1.3 亿元。HG 大卖场作为旗下子公司成立于 1998 年 12 月 29 日，成为上海自己开出的第一家大卖场。2003 年公司销售额 35 亿元，实现利润 2 000 余万元。2002 年 12 月 20 日，HG 通过了瑞士 SGS 公司参与审核的 ISO 9001:2000 版国际质量管理体系认证。

2008 年 HG 拥有大卖场门店总数 25 家，不仅辐射江、浙、皖，还把触角延伸到了东北地区，

---

① 徐晓然. 超市自有品牌：市场空间有多大. 经济日报，2006-02-16.

经营面积超过20万平方米。图3-31为上海地区15家门店所处的地理位置。门店经营形式从初创期的直营,逐步发展为直营、加盟、托管并举,员工人数从当时的400余名扩大到5 000余名。

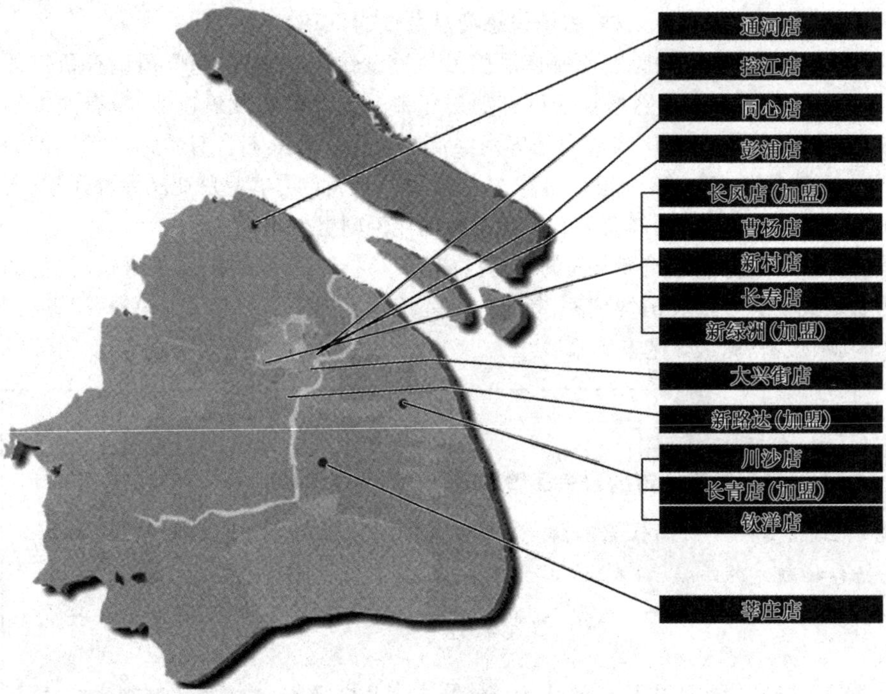

图3-31　HG大卖场上海主要门店地区分布图

(2)顾客定位

HG大卖场消费者家庭月收入方面,较高收入占63%,中收入占30%,低收入占7%。而由于靠近社区,大部分消费者不会花超过10分钟的路程时间,交通工具以步行和骑自行车为主。HG会同AC尼尔森开展的消费者调查结论显示,99%的上海消费者将大部分钱花在大卖场、超级市场和便利店,因此,HG大卖场在上海具有良好的顾客环境。

HG大卖场对顾客情况的了解主要通过两种途径:一是通过POS系统做数据搜集;二是通过门店客户服务部门及企业管理办公室对顾客咨询及投诉事件进行记录及处理。同时,HG亦推出了自己的会员卡(好邻居卡),以积分的方式激励顾客购买行为,同时方便数据采集及顾客消费模式的把握。

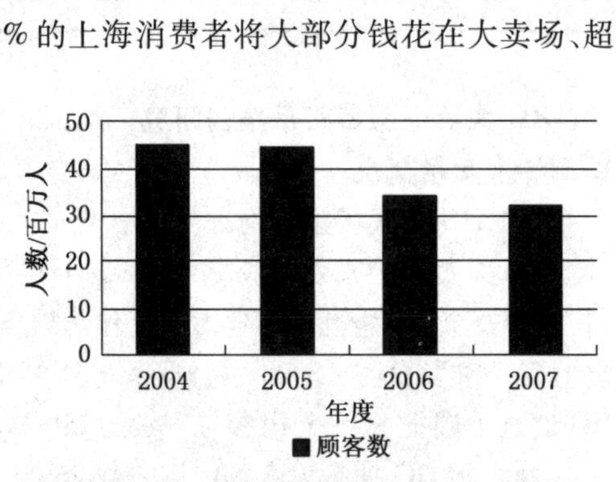

资料来源:HG大卖场POS系统统计数据

图3-32　HG大卖场顾客总人数年度统计

图3-32为HG大卖场的总体顾客光顾数量情况,可以看出这四年人数呈下降趋势,虽然总

体销售额在增加，但大卖场对顾客的影响力并不如往年，对顾客的服务质量也有待加强。另外，大卖场对各分类商品的顾客光顾情况并没有数据统计，因而无法计量大卖场服装的顾客情况。HG大卖场内光顾服装区的顾客多为中老年消费者，数量亦不多，处于繁华商圈的门店会因百货店、专卖店等促销而在节假日等旺季受影响。

2. HG 大卖场服装采购业务协同及分工

HG 大卖场服装商品采购工作覆盖面宽，几乎囊括了从进货计划、供应商谈判到销售数据回收统计等一系列项目。

HG 大卖场买手运作模式的采购流程由管理层统筹决策，买手团队总体协同及分工，下设包括采购部、销售部、支撑部门等在内的多个分支部门分别掌管企业各环节的运作。

（1）采购部工作职责及岗位设置

采购部工作人员即买手按商品大类不同而划分为不同业务组，基本每一大类由一位主管及助理负责，上设业务经理一名，统一协调管理，图 3-33 为 HG 大卖场采购部岗位设置图。

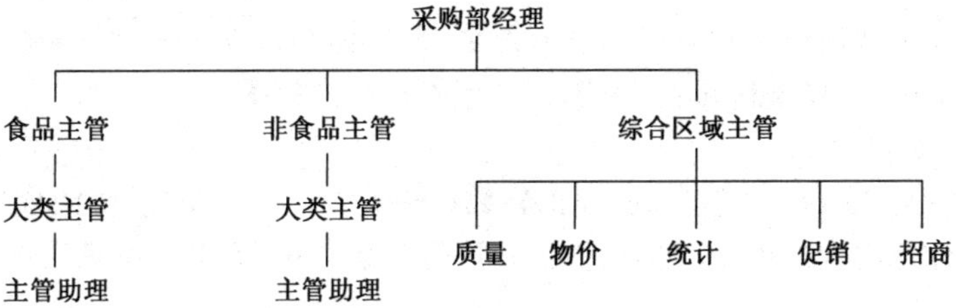

图 3-33 HG 大卖场采购部岗位设置图

大卖场服装买手的工作包括：

- 货品采购。
- 门店和加盟店的商品配供及调拨。
- 商品配置计划。
- 商品开发。
- DM（快讯商品广告）工作实施。
- 促销。
- 信息搜集分析。
- 编制年度商品进销存计划。
- 质量、计量、物价、商标管理。
- 资料建立、录入、维护。
- 合同签订、存档。
- 数据统计。

（2）销售部工作职责及岗位设置

大卖场服装销售主要归具体门店负责，导购人员的安排也主要由供应商提供。具体安排为：联销商品每一品牌配备一位导购员，工资由供应商提供；由卖场统一考核工作及出勤情况；另外，在负责联销品牌的同时，导购人员还需兼管卖场经销品牌服装销售过程中的导购服务。

而HG公司为门店安排理货员，人数根据规模大小而有所不同。以彭浦店为例，共有7名理货员负责大卖场店内服装销售及与公司其他部门的协调工作等，由一名主管、两名领班和四名普通员工组成。

卖场理货员与供应商导购员以不同颜色服装相区分。

(3) 供应商协同

HG大卖场将供应商分为经销和联销两类。两者在合同上的明显区别为联销增加了"场地租用费"一栏。两者均在合同中注明各类扣费等事项。但根本区别在于，联销商品就本质来说仍属于供应商的商品，可将其视为由大卖场租借给供应商场地以便销售服装；而经销商品则由大卖场完全买断商品所有权，由此，一切经营风险均由大卖场自身承担，不仅负担人工场地等成本费用，且需对滞销商品作适当库存处理，或考虑及时低价促销。

HG大卖场拥有供应商五千余家，其中服装、鞋类、箱包、针织内衣等约190家。对供应商的选择由采购部门负责，采买谈判亦随时可以展开。谈判一般开展2~3轮，至少持续一个月的时间方能谈妥。

另外，根据商品销售额及受顾客欢迎情况对供应商进行评估，确定继续合作可能性。若供应商商品在卖场内连续60天无销售，将被强制下架、退货，并考虑终止合作关系。

3. HG大卖场服装销售分析

充分的采购计划是一个买手取得成功的关键所在，而销售数据是买手进行采购决策时的重要参考依据之一。因此，在采购计划制定之前对历史销售数据进行分析总结，有利于降低采购成本、提高采购效率。

(1) 经营情况

2007年总销售净额超过2亿元人民币，比2006年增加了近8个百分点。但是在这样的环境下服装类产品的销售量却一直难有显著提升。图3-34显示了HG大卖场的总体及服装的销售情况，从图中可以明显看出，服装零售为大卖场整体所创销售净额比例正在下降。

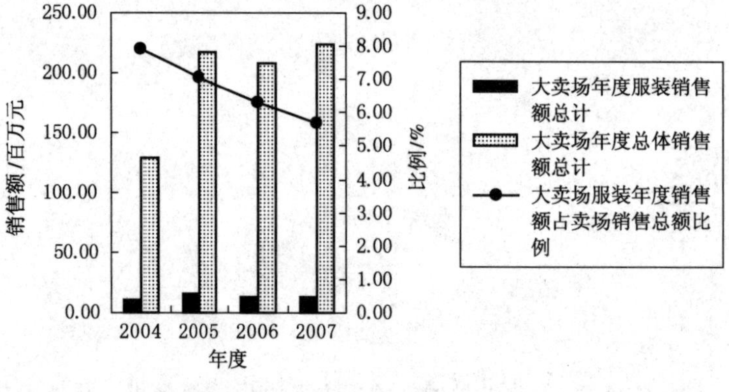

图3-34 HG大卖场服装及总体年度销售情况
资料来源：HG大卖场年度销售报表

通过对HG销售报表进一步数据挖掘发现，相对于经销经营的模式，HG大卖场对服装供应商的选择更倾向于引进品牌，采取联销经营方式。如图 3-35 所示，联销品牌占销售净额的比例不断升高。联销经营虽然可以通过合同扣利，保障大卖场服装销售获利，并减少库存压力及服装零售风险，但若进驻品牌缺乏经营服装商品的能力，将无法适应大卖场服装销售。

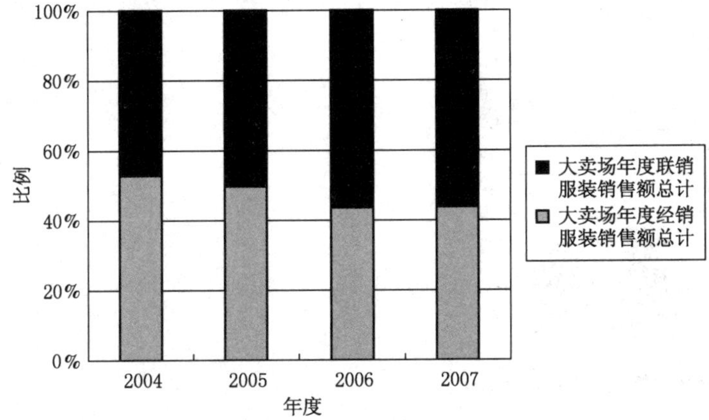

图 3-35 HG 大卖场服装经联销年度销售比例统计
资料来源：HG 大卖场年度销售报表

HG 大卖场内非食品类商品由五部分构成：服装鞋包、针织、日杂、洗化、家电。各分类 2007 年销售额比例如图 3-36 所示。由图可知，洗化产品仍在大卖场非食品销售中处于主要地位，而服装和针织类商品贡献了 27%。由此可见，服装销售亦并非 HG 大卖场非食品中的销售主力。

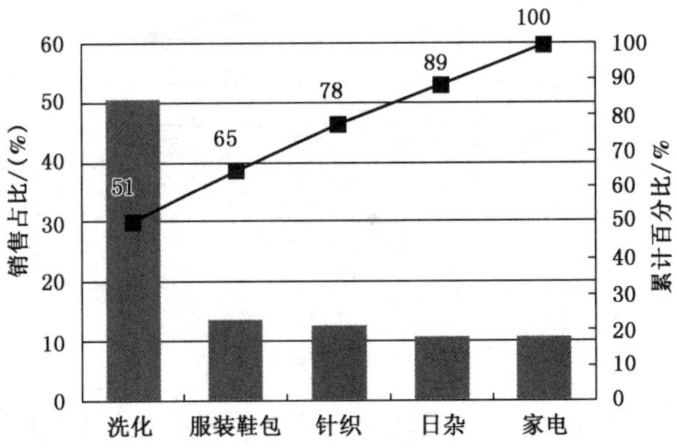

图 3-36 2007 年 HG 大卖场非食品年度销售比例统计
资料来源：HG 大卖场年度销售报表

以上的数据统计与分析显示，HG 大卖场服装总体零售状况欠佳。近年来，虽市场零售模式不断丰富，大卖场零售业态也日渐成为消费者光顾的场所，但 HG 大卖场未能很好地把握服装零售这一商机，需要管理者更多关注及资源投入。

(2) 各品类服装商品状况分析

通过对 HG 大卖场各品类服装销售数据进行分析比较,如图 3-37 所示,内衣、男装、鞋类箱包是 HG 大卖场服装销售的三个支柱商品,三者之和已占近九成的总销售额。

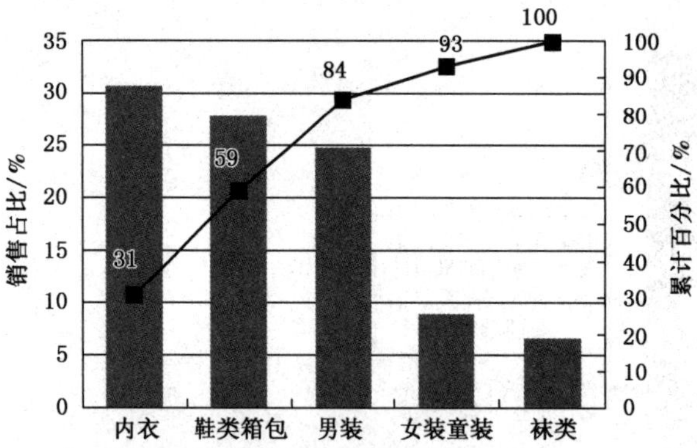

图 3-37 2007 年 HG 大卖场各品类服装销售比例统计
资料来源:HG 大卖场年度销售报表

同时,服装各品类销售额比例年度统计(图 3-38)显示出各类服装商品在近年来的销售情况不甚理想,除内衣在 2007 年中有所回升外,其余自 2006 年开始不断下滑。

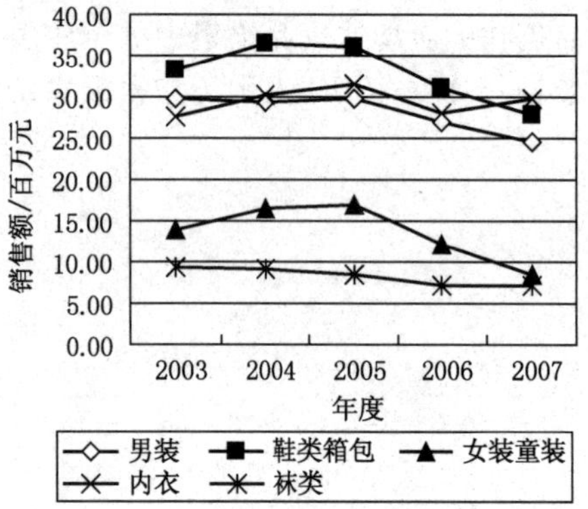

图 3-38 HG 大卖场服装各品类销售比例年度统计
资料来源:HG 大卖场年度销售报表

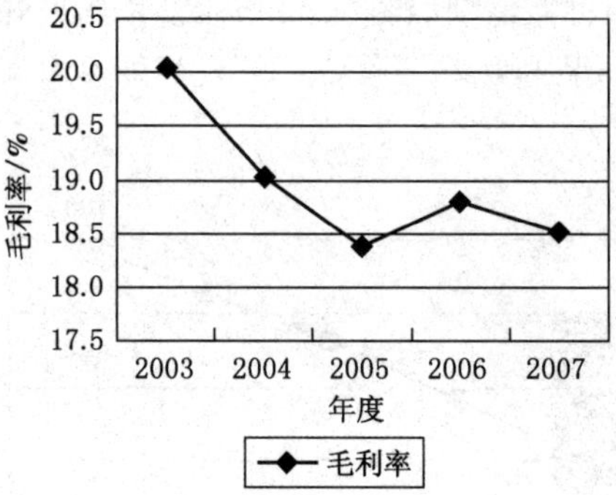

图 3-39 HG 大卖场服装毛利率年度数据统计
资料来源:HG 大卖场年度销售报表

HG 大卖场近几年毛利率的总趋势下滑,图 3-39 为大卖场内服装毛利率变化趋势,由图可知,虽于 2006 年略有提升,但 2007 年仍不改下降势头。通过内部人员了解,近年来服装商品虽销售情况变化不大,但多数商品的卖出集中于降价促销阶段,因而导致目前窘况。短期来看,此状况并未对总体服装销售造成影响,但长此以往,会严重妨碍企业高品质服装商品形象的塑造,最终影响公司获利。因此,在制定采购计划时,销售部可就此情况调整促销模式以提高毛利率。

综上所述,虽然男装和鞋类箱包在 HG 大卖场的服装零售中占有重要地位,但近年来的缩水也反映出经营难度的加大。而女装、童装不但份额所占不多,而且销售趋势亦难令人满意。

4. 服装商品采购实施流程

(1) 采购实施

大卖场一般服装商品正常情况下的适时订货工作以门店为单位进行采购,如图3-40所示,销售部对前期各品牌产品的销售情况进行核查,并结合库存情况,给出商品采购计划。由各门店生成订货单,通过传真方式通知供应商送货至门店,门店的单证室验单后,收货组收货检查后入库,单证室同步进行系统商品库存数据更新。

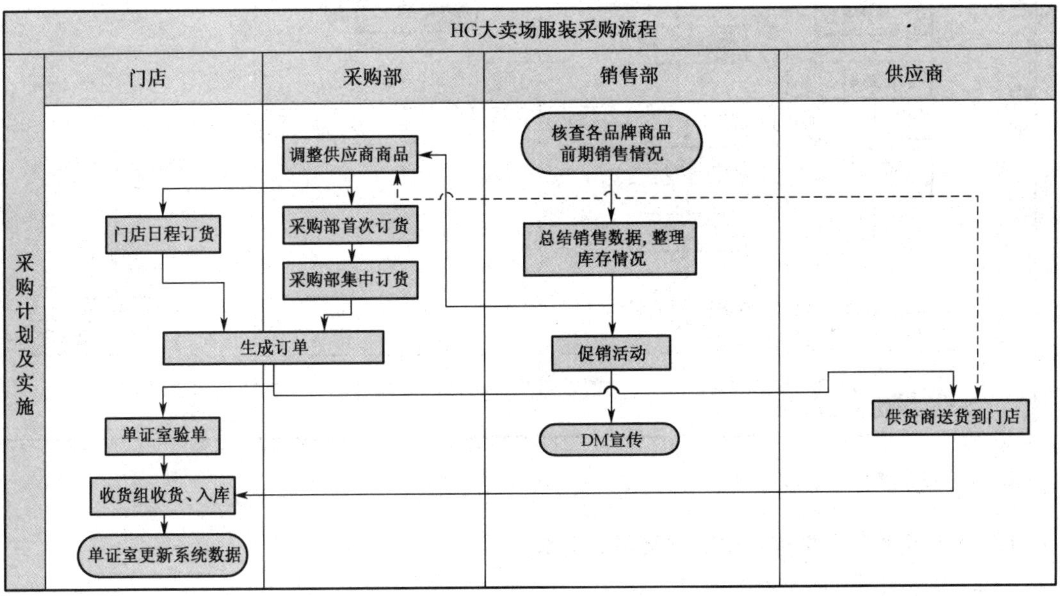

图3-40 HG大卖场服装商品采购计划及实施流程

但若遇非正常情况,则由HG采购部进行订货,如上图所示,采购部进行集中订货。可能存在的非正常情况商品如下:

① 供应商不正常的商品。

② 时尚性商品。

③ 新商品的首次订货。

④ 买断商品或贸易性商品。

⑤ 必须达到一定数量才能有一定折扣的商品。

⑥ 供应数量有限的商品。

⑦ 特别促销的商品。

⑧ 自主品牌的商品。

该公司规定的货品周转目标为食品类商品每20天订货一次,非食品类商品每30天做一次更新。

(2) 库存处理

HG大卖场服装商品依供应商谈判结果分为经销和联销两类。对于这两类不同商品,卖场内部对货品库存管理亦有差异,具体表现为:对于联销供应商,若服装因受季节因素或销售状况等因素影响而出现产品积压,则将直接转化为供应商库存,即直接退货(图3-41);对于经销产品,若存在剩货未及时销售,货品将成为库存,由内部作专门处理。

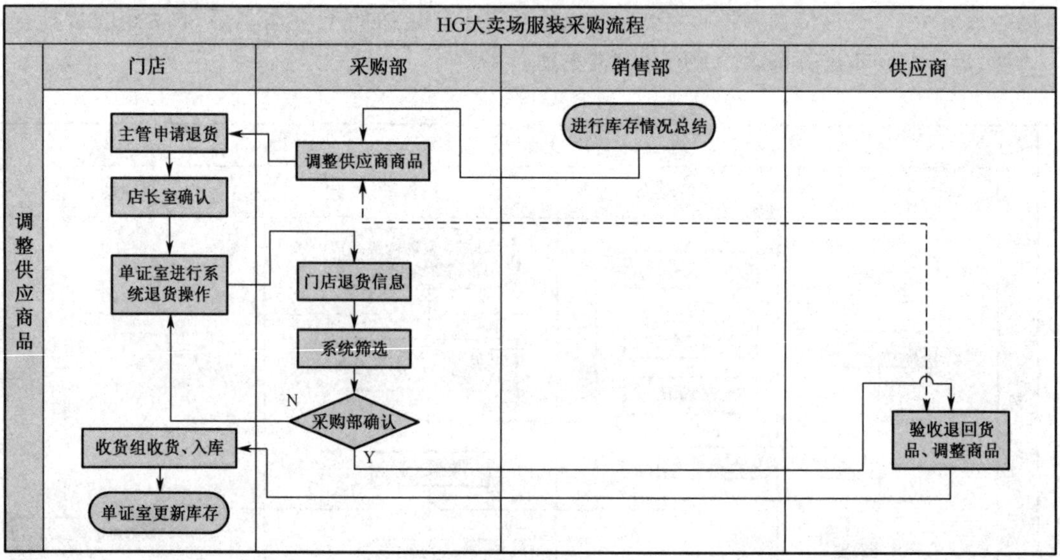

图3-41 HG大卖场服装库存处理

5. HG大卖场采购业务信息化支撑及考核机制

(1) 信息化及IT支撑

HG大卖场服装零售人员均依照公司规定,在日常工作中使用HG的业务查询分析系统。此系统直接连接到各门店的POS系统,并对大卖场零售人员的调整及供应商资料的更改做及时记录,方便管理者及各级工作人员对HG大卖场服装销售的财务状况进行适时了解及追踪。信息化的数据统计管理办法节省了人工成本及时间,提高了财务管理效率。

大卖场内供应商交货情况良好,但无历史记录供查询,只凭工作人员经验及感觉进行控制。另外由于应用信息化管理系统,各门店的到货情况都可及时反映给各公司采购部相关主管。如此可大大提高工作效率,缩短信息交互时间,如门店发生供货问题即马上通知采购负责人,进而即刻告知供应商并催其解决,虽问题得以解决,然而未形成对供应商供货情况的规范化管理,增加了采购主管工作,有可能影响工作效率。

(2) 员工考核机制

HG大卖场的工作人员不多,负责服装零售的人员工作量较大,如采购部门服装的小分类仅分为三类:男装、女装童装与鞋类箱包。从而致使工作人员每人的负责面广,因而无法细致入微地考量每一个细节,也在一定程度上影响了销售的质量。

另外,HG公司一直有严格出勤及工作考核机制,并同奖励工资挂钩。2008年起,HG尝试实施门店销售承包模式，即摊派销售任务，由门店自行决定人员配备，只要人效、平效提高，即成本降低和利润提高，根据评价结果进行提成，以此激励门店员工的工作热情。

第七节　百货公司与服装买手

百货公司十分注重塑造店铺的形象和商品功能，商品构成方面，一部分以同一品类组合方式进行零售，但服装、化妆品、电器产品等往往采用店中店或专柜的方式销售。服装服饰是百货公司的主要商品，销售约占零售额的40%。服装买手团队依据百货店定位和目标顾客需求，从不同供应商处采买或组织服装货品进店销售。

发达国家百货公司通常有买手团队，而我国百货公司过去没有买手这一职位的称呼，与买手职能相近的是百货公司大类商品的采购部（采购经理或采购员）。

一、百货公司服装零售的运作模式

1. 联营模式

又称代销，指卖主（如品牌服装供应商）将商品提供给中间商（如百货店），中间商将商品销售给买主（消费者）后，收取一定的费用作为销售活动的补偿代价。特点是商品的所有权属于卖主，剩货风险由卖主承担。品牌服装企业若有较强的研发能力，能承担较大的剩货风险时，可采用代销制，优点是能掌握价格决定权，并能及时掌握市场信息。

这种代销联营模式的运作方式是百货店以招商形式引进品牌商进店销售，百货店统一布局、统一管理、统一形象、统一促销、统一收银，利润返点，保底抽成。当商品销路不畅时，由品牌服装供应商自行负责剩货处置。

这一模式在亚洲比较普及，百货店业主承担的风险较少，不必为库存和现金流费心。但是，随着新开业百货公司以及新型零售业态的快速增长，百货店面临日益激烈的商业竞争，开始考虑联营模式与买手制相结合，从而提高百货公司的店铺形象和自营能力。

2. 买断模式

又称经销，指中间商（如百货店）从卖主（如品牌服装供应商）手中买断商品的所有权，再销售给买方（如消费者），由中间商承担剩货风险。通常，不拥有分销渠道而服装商品有特色的服装品牌企业可采用买断方式，将商品所有权转移给中间商，风险由中间商承担，但服装供应商将失去价格决定权。

根据百货公司的定位、所在商圈顾客的来源、经营思路和战略要求，主动引进一些品牌进入百货公司，通过百货店自己的渠道和终端经营。进行买断式销售是欧美百货店的主要经营方式。

■ 案例

代销与买断的费用利润构成

（1）服装企业费用利润构成

服装企业费用利润由销售价格、购入成本和营业毛利润三部分构成。其中销售价格指的是服装企业将产品卖给百货店或经销商的价格，即百货店或经销商的购入成本；服装企业购入成本指品牌服装企业购买由外界企业定牌加工制作的服装价格；营业毛利润是上面两部分的差额，包含日常营业费用和最终营业利润。服装企业营业费用包括：销售人工费用（经销时只有销售员费用）、销售其他费用、物流费用、宣传费用、商品策划费用、产品开发费用、调研费用以及后勤部门费用等。

（2）百货店费用利润构成

对于百货店，费用利润由销售价格、购入成本和营业毛利润三部分组成，其中销售价格是百货店代销零售价；购入成本是百货店购买品牌服装的成本费用；营业毛利润是销售价格与购入成本的差额，包括日常营业费用以及最终营业利润（税前利润）。其中百货店的营业费用包括：动产不动产、销售人工费用（营业员费用或销售员费用）、销售其他费用、物流费用、宣传费用及支撑部门费用等。

（3）经销商费用利润构成

经销商的费用利润也分为销售价格、购入成本和营业毛利润三部分。销售价格表示最终销售价；购入成本指加盟经销商采购品牌服装公司产品的成本费用；营业毛利润指的是销售价格与购入成本的差额，包括日常营业费用及最终营业利润。

表3-9是某品牌夹克衫的计划销售费用预算示例。

服装企业以121元/件的价格通过联营模式在百货公司销售，以92.2元/件的价格买断给加盟经销商销售。此时，零售商以200元/件的价格销售给消费者。代销模式下，服装企业和百货店实现营业利润额分别是21.8元/件和43.8元/件；买断模式下，服装企业和经销商实现营业利润额分别是11.4元/件和24元/件。

代销模式下（单位：元）：

服装企业：　营业毛利润 $=62.8/200\times100\%=31.4\%$

营业费用率 $=(62.8-21.8)/200\times100\%=20.5\%$

营业利润 $=21.8/200\times100\%=10.9\%$

百货店：　营业毛利润 $=79/200\times100\%=39.5\%$

营业费用率 $=(79-43.8)/200\times100\%=17.6\%$

营业利润 $=43.8/200\times100\%=21.9\%$

合计：　营业毛利润 $=(62.8+79)/200\times100\%=70.9\%$

营业费用 $=20.5\%+17.6\%=38.1\%$

营业利润 $=10.9\%+21.9\%=32.8\%$

同理可得买断模式下，服装企业与经销商的营业毛利润、营业费用率以及营业利润。

表 3-9　费用利润构成预算　　单位：元

	代销联营			买断经销		
	百货店	服装企业	经费总计	经销商	服装企业	经费总计
销售价格	200.0	121.0		200.0	92.2	
购入成本	121.0	58.2		92.2	58.2	
营业毛利润	79.0	62.8	141.8	107.8	34.0	141.8
动产不动产	4.0		4.0	9.0		9.0
销售人工费用	8.2	23.8	32.0	48.4	5.4	53.8
销售员费用		5.4	5.4	3.0	5.4	8.4
派遣店员费用	8.2	18.4	26.6	45.4		45.4
销售其他费用	6.6	1.0	7.6		1.0	1.0
物流费用	0.8	5.2	6.0		5.2	5.2
宣传费用	2.0	1.8	3.8	2.8	1.8	4.6
商品策划费用		3.0	3.0	6.0	3.0	9.0
调研费用		1.4	1.4		1.4	1.4
支撑部门费用	13.6	4.8	18.4	17.6	4.8	22.4
营业利润	43.8	21.8	65.6	24.0	11.4	35.4

二、国外百货公司服装买手

第一种买手为百货公司引进服装品牌，进行买断式经营，主要工作是与各品牌供应商或代理商进行沟通谈判，决定引进品牌、制定商品采购计划以及实施采购等。这一类买手基本不参与商品的设计与开发。

另外一种买手为百货公司自有品牌采买货品。这类买手与品牌服装买手的职能相似，要兼顾商品企划和产品开发，制定采购计划、实施成衣采购等职能。

■ 小资料

发达国家百货公司买手经营模式

发达国家的百货公司大致可以分为三类。

(1) 高档百货商场

世界上顶级高档百货公司有：Harrods、Harvey Nichols、Blooming Dale's 等，这些百货公司以售卖全世界最顶尖的设计师品牌而著称。每次时装周上，这些高端百货公司的买手们坐在秀场贵宾席中的最前排，对这些设计大师的作品进行评价，并向这些世界顶尖的设计师品牌下订单订货，进行买断式经营。在这种经营模式下，由于买手专为百货公司的特定客群组织货源或采购货品，商品风格和品类具有很强的排他性，使百货公司自身定位独树一帜。由于欧美顶尖设计师们大都仰仗于这些高端百货公司买手向他们设计的作品下订单,这些买手们在时尚圈里有着相当权威的话语权。

(2) 中档百货商场

例如 Debenhams、Fenwick、Sears、JC Penny、Nordstrom、Macy's 等,这些百货公司主要针对中档层面的市场,以提供消费者多种选择的商品为特长。这种百货公司一般占地面积大,楼层多,销售服装以及其他百货类消费品。百货公司有自己的整体标识,百货公司里的每一个岛位又以供货品牌的商标出现。百货公司将店中店租让给品牌商经营,品牌商向百货公司上缴租金或扣点,店面装修由品牌商自行承担,导购人员由品牌商自己雇佣和管理,但要符合商场对导购人员和装修的要求。这些百货公司大都有自营品牌,而且占有相当的比重。这些自营品牌的货品由商场的买手团队自主开发采买,由贴牌供货商进行专供,买手团队兼顾了产品开发、商品规划、成衣采购的职能。由于需要技术方面的支持,这样的买手部门会下设技术部,以帮助款式和样衣的开发,而设计环节的工作一般由贴牌供货商的设计师与买手合作完成。

(3) 大众百货市场

在发达国家,还有一种百货连锁超市的经营模式,产生于20世纪20~30年代的美国。与国内超市的经营模式相似。但与国内不同的是,这些超市所销售商品的商标吊牌往往是超市自己的品牌,而且服装是其主要的销售产品。这些货品是由百货连锁超市的买手自行采买,进行买断式经营。一般这样的超市不销售家具等商品,价格较之百货公司更优惠。最具代表性的就是 Marks & Spencer、Bhs、Walmart 等,以及定位于低端层消费市场的 Littlewoods、Woolworths。随着市场的变化,Marks & Spencer 和 Bhs 将时尚服饰引入这种零售业模式之中,打破了传统观念。由于货品品类繁多,在百货超市型企业中,一般都有着非常庞大的买手部门团队。针织买手通常是由纱线和织造工艺非常精通的技术专业人员培养而成;女式内衣和泳装的买手是由对特种面料和人体结构精通的专业人才担当;服饰配件,如手袋、皮鞋、金属饰品等,也需要特殊品类专业知识的买手担当①。

三、国内百货公司服装买手

买手工作由采购部或服装部管辖。由于国内大部分百货店的服装品牌采用厂店联销方式(也称引厂进店,实际上是代销模式),买手的主要工作是依据百货店服装构成的品类和客户需求,选择品牌供应商、服装组货和商品管控,较少参与具体的服装设计开发以及采买等活动。近年来,随着我国商业发展与国际接轨,一些百货公司开始设立专职服装买手,如采买海外名牌服装(买断形式)或采买自有品牌服装供百货店销售。

四、百货店买手制经营分析

1. 避免百货店品牌趋同,满足消费者个性需求

代销模式容易导致百货公司的商品组织功能弱化。那些希望扩大自身知名度的品牌,会尽

① 姚晓云.百货公司买手在英国[J].店长.2010(7).

可能多地选择百货公司来提高自己在消费者面前的曝光率;而百货公司则会去追逐拥有高人气的品牌,以此来吸引消费者。在这两方面的共同作用下,百货店同业之间的品牌和商品会逐步趋同。而采用买手制,商场可以选择适合自己消费群体的品牌以及创造独特的自有品牌。由于商品的独特性,既避免了各商场商品相似的情况,又由于商场对于供应商的依赖度有所下降,从而提高百货店对品牌供应商的议价能力。另一方面,随着我国消费者自主意识、个性化需求增强,百货公司买手模式能够保持百货店的特色和完整的商品形象、满足目标消费者的个性需求。

2. 减少中间环节,降低成本

由百货公司买手直接向供应商进行买断采购,可省去多渠道层级的复杂运作,降低成本。而代销模式由于商品销售、库存等环节的风险由服装供应商承担,又因为预测不准,为了保证销售,供应商的货品量往往会大大超过目标销售数额,使得供应商成本相应增加。

3. 买手模式有利于新兴品牌的成长

买手在采购过程中可以挖掘适合自身商场经营并且具有发展潜力的新兴品牌,这样既培养了新兴品牌的成长,而且引进新品牌能够使自己百货店的产品有别于其他店铺,以新产品、新品牌来吸引消费者。

■ 案例

Browns 百货顶级时尚买手与新兴品牌的成长①

伦敦 Browns 百货已有 40 年的历史,而它的创始人 Joan Burstein 也已年过八旬。1970 年,Burstein 夫妇创办了 Browns,丈夫 Sidney 是出色的生意人,Joan 则是独具慧眼的买手。她率先把 Ralph Lauren、Calvin Klein、Giorgio Armani、Comme des Garcons 介绍给了英国人,也是 John Galliano 时装生涯中遇到的第一个伯乐。Joan 说:"在我们的行业里,绝对容不下想法平庸。我不能把平庸的东西提供给顾客,如果他们想要,可以去牛津街上找。顾客就是冲着不一样的东西才来我们店里。"

最近,Browns 又引进了 Christopher Kane、Mark Fast、Gareth Pugh 等一批新锐设计师品牌。作为顶级时尚买手,她从来不怕"冒险"引进新品牌。她常说:"凡是对的东西,总有销路。"她也坦言,"有时店里也会出现我个人不喜欢的商品,但是只要它们卖得动,我就会接受。对我来说,最重要的始终是顾客。"

问:你开设 Browns 百货的初衷是什么?

答:当时没有这一类型的店,1970 年英国的时尚业刚起步,只有 Yves Saint Laurent、

① 伦敦 Browns 百货年过八旬的英国顶级时尚买手. 外滩画报,2010-06-02.

Biba 可买。我想创造出美妙的购物环境和自在的购物氛围，吸引更多类型的顾客。我们英国人很擅长街头时尚。

问：经营 Browns 这些年来，最令你激动和骄傲的是什么？

答：发掘设计师。每次当我有所发现时，都会想——噢，我必须把这个牌子拿到店里来卖！

起初是巴黎的 Sonia Rykiel 和 Emmanuelle Khanh。接着是美国，我们引进了 Halston、Geoffrey Beene、Bill Blass，还有 Calvin Klein、Donna Karen 和 Ralph Lauren。时机很重要，不能太早也不能太晚，我们进军美国正是时候，当时其他国家的人还不买美国时装。我们发现 Calvin 和 Ralph 的时候，他们甚至还没有出口业务。对我来说，最值得骄傲的事就是扶持新设计师，这也是 Browns 的传统和专长。

问：Browns 挑选品牌和商品的标准和原则是什么？

答：它们必须是不可或缺的，同时还必须具有长久的生命力，所以我们会对一个系列进行严格的筛选。我排斥一切庸俗的设计。对于年轻人来说，成为时尚"受害者"不是什么坏事。我喜欢看他们招摇过市，这是一种热情。

五、百货公司买手的主要工作

1. 一般买手工作

① 拟定营业计划、绩效分析、追踪并作成销售分析表。
② 商品类别配比规划建议。
③ 招商或引厂进店。
④ 商品采购审核与追踪并制成进销存表。
⑤ 管理与指导卖场商品、异常状况报告及追踪处理。
⑥ 交货异常供应商货款处理与追踪。
⑦ 参与管理供应商或各月、季、年度退佣或上架费、票期。
⑧ 拟定并上报各商品进价、售价、批发价、促销价。
⑨ 新供应商、新商品的分类、编号、建档。
⑩ 收集供应商及市场同业竞争店的动态信息。
⑪ 特卖、促销活动的报告、运行、研讨。
⑫ 过季商品及滞销商品的处理、退换货。
⑬ 拟订商品采购计划建议及降低商品进货成本的工作目标。
⑭ 定期或不定期实施市场调查、竞争店调查以及店铺商品定价策略建议。
⑮ 定期报告滞销商品及未达理想业绩店中店或专柜事宜。。
⑯ 开发畅销新商品并分析报告商品流行导向。
⑰ 协调供应商的专柜商品价格及促销活动条件。
⑱ 对供应商订货转进货传票，连同发票逐笔核查是否正确以利向供应商付款。
⑲ 审核楼面每日订货商品数量，掌握销售状况，协助楼管共同管理和降低库存成本。

2. 服装买手工作

作为百货公司的服装买手，除了上述相关的工作外，还须关注以下的重点工作：

① 寻找海内外合适的服装品牌或服装供应商，以最低的成本获得最合适的服装货品。

② 决定所购服装货品的种类、数量、配比、上市时间等。

③ 以获得最大利润为原则，考虑成本和竞争对手、打折、流行等因素，协助制定服装价格。

④ 参与服装产品的开发。

⑤ 参与百货店服装销售过程中的促销活动，如：广告、销售促进、视觉营销、公共关系等。

⑥ 与百货店内的服装销售人员沟通，及时得到销售信息反馈等。

六、百货店买手特点

1. 采购时机

一般而言，为使顾客能在着装季节开始前购物，百货店会比较早地购进商品。例如，以在校学生为主要客户群的百货店必须早在六月份备齐商品，为学生添置行头留出充足的购物时间。经营时尚类商品需要在第一时间提供新产品以维持在业界内的声誉。这种方式虽然确保了消费者提前购物的优势，但是却会导致商品购进成本的增加。百货店拥有通过预卖产品并对热卖产品进行追加订单的机会。热卖商品能为商家带来成功的销售商机，并弥补滞销商品导致的利润损失。

百货店买手也会适时采购一些低价商品，主要是为了实现最终商品的价格和利润平衡。对那些没有达到预期销售目标的商品，商场会实行降价销售。此时，实际的利润率会低于买手的最初设想。在这种情况下，买手可以低价购进一些同类商品配合原有商品进行销售，以使商场维持一个较高的总体加价水平。

2. 商品组货

买手通过回顾以往的销售状况，并充分利用商贸报刊、市场专业人士与时装预测师的报告等外部信息资讯，制定采购计划，对可能吸引顾客的款式、尺码以及色彩等进行规划，以根据不同的需要对商品种类提出采购方案。DSB（Department Store Buyer）是一本专门面向百货公司买手以及高层管理人员的英国杂志，也是目前业内唯一一本面向百货公司买手的刊物。该杂志纳入最新的零售业趋势、新产品信息、特价促销、专供商品销售信息以及消费者行为研究等，能帮助买手掌握市场。面对现在不断变化的快节奏市场，买手可以通过各种途径收集市场信息，参考买手团队的建议，根据自己的经验和对市场需求的把握能力，规划商品采购计划。

买手需要了解百货公司的经营方针，清楚要购买哪些服装供应商的产品，购买设计师的哪些作品，同时要掌握预算，组合最能创造营运额和利润的服装货品。根据历年的销售情况确定对于某个品牌要增减多少份额或者要发展哪些新品牌。买手每次订货都有严格比例规定，当季潮流货品、品牌经典款、品牌宣传册产品以及当地热卖品均应有一定的比例。

3. 支付价格

买手对产品价格非常敏感，一般而言百货公司的价格层次丰富，有低端的也有相对高端的。商品交易过程中，很多供货商都愿意向全价采购的百货店买手做出一些让步，如实行销售返还或对销售状况不好的商品给予一定折扣等。通过这些举措，零售商既促进了销售，又会因减少打折而保证一定的利润。在买断模式下,如果零售商与供货商一直保持稳定的合作,供货商考虑到零售商的良好信誉以及未来合作关系的维持,会允许零售商退回部分库存服装或者对打折服装给予一定的经济补偿。在商务谈判过程中,百货店买手经常会要求卖方支付商品运费,尤其对大型零售商而言,需要卖方支付运费已成为商品采购过程中的普遍现象。由于传统零售商支付价格较高,因此卖主通常会满足买手提出的这些要求。

4. 宣传促销

对大多数零售商而言,广告宣传活动、公共活动以及视觉营销等促销活动是吸引消费者并最终实现销售的主要手段。对于百货店开展的这些促销活动,很多供货商表现积极,并通过与零售商分担促销成本,从而达到有效提升品牌知名度的目的。

5. 组织结构

在大多数百货公司中,买手在旗舰店的主要零售部门下运作,并同时负责旗舰店和分店的采购。而在其他的一些百货公司,与连锁店相似,买手的工作在部门管理下运作。商场和连锁店由若干职能部门组成,一般首席执行官下设五大部门,销售部、公共活动部、商场管理部、人力资源部以及财务管理部(图 3-42)。

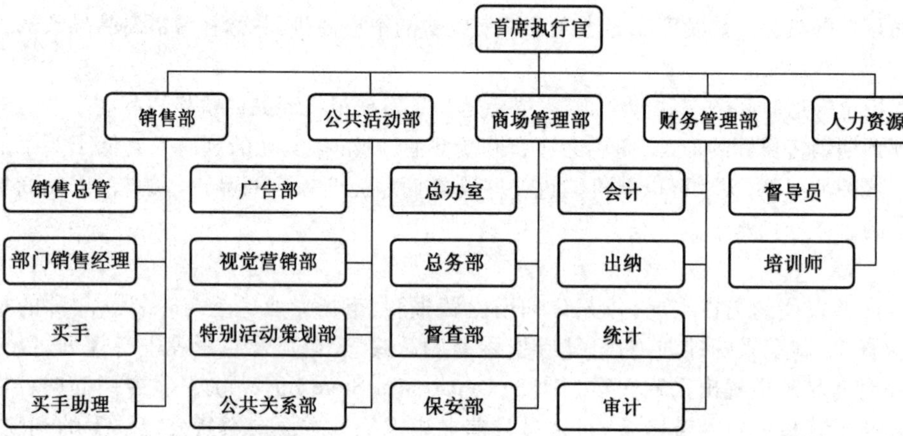

图 3-42　一般百货店组织架构图

各商场的部门数量一般在 4 ~ 7 个部门之间。买手一般隶属于销售部。销售部被认为是零售组织的生命源泉。在这一部门中,销售总管、部门销售经理以及买手和买手助理承担着是否购进适当的商品和这些商品是否满足消费者需求的重任。

6. 分店差异

随着市场的增长,百货零售商不断开设新分店,以满足不同地区消费者的需求。零售商会根据店面销售情况的不同,为店铺划分类别,通常 A 类店是指销售情况最好的店铺。由于各分店之间对商品的分类、价位等方面的具体需求可能存在差异,因此,买手在各分店考察以了解他们对商品的需要非常重要,这样可以帮助各分店取得理想的销售业绩。对于各分店存在的差异,虽然大量的销售汇总报告可为买手提供一定的商品销售信息,但与分店人员之间的面对面交流,却能为买手提供这些报告所不能传达的更多信息。

分店与旗舰店的差异性主要包括不同的消费者、不同的商品需求以及不同的消费水平。一般情况下，百货公司喜欢开设经营产品与旗舰店趋同的分店，但这却不一定是最有效益的方法。总体而言，旗舰店经营着种类繁多的多价位商品。由于客户是由不同家庭收入阶层构成，而市郊分店的消费者一般由收入水平大体相当的群体组成，因此，这些分店商品的价位必须适应这些客户的需要，在商品策略方面与旗舰店保持质量与价位的完全一致并不合适。

七、专供商品与百货店买手

每一水平线上的零售企业面对共同存在的激烈竞争，会面对如何凸显自己商品特色的问题。传统的服装品牌在百货公司里占据着主要空间，消费者经常会对不同商场陈列的相同商品感到厌烦，为消除这些商品的雷同性，许多商家开始提供一些仅供本店经营的商品。这些商品被称为专营商品，由该商场对其进行独立开发，在其他业态也有类似的经营方法。客户群是根据商场的专供商品而非生产商或设计师的品牌建立起来的。当专供商品实现了客户需要后，由于本商场是经营此类商品的唯一场所，所以消费者就会不断光顾，而供应商的品牌商品却可在许多地方购买到。由于商品的排他性，不会出现竞争对手降价销售或其他促销竞争。专供商品能节省其他中间环节的费用，通常能为百货店零售商带来较高的利润率。

■ 小资料

金融危机促使日本百货公司自有品牌兴起①

金融危机之后，越来越多的日本消费者开始从有名的国际品牌转向百货商店的自有品牌。这些品牌价格公道，质量好，比起那些大牌更具优势。

西武(Seiyu)百货连锁店曾有一年2月份在其Fine Select品牌下推出了售价1 470日元②的牛仔裤，一下就在市场上引起了轰动。同年9月份，这些牛仔裤降价为850日元。零售商Don Quijote更推出名为Passion Price jeans的牛仔裤，售价仅690日元。

日本第二大零售商永旺(Aeon)旗下最大的自有品牌Topvalu拥有5 000多类产品，截止2009年3月31日，Topvalu收入增长63%，升至6 000亿日元，占集团总收入的10%左右。

调查显示，30岁年龄段的消费者是金融危机以来对自有品牌态度转变最大的一群消费者。该年龄层的消费者在10年间经历了经济衰退和通货紧缩，对于经济最没有安全感。而态度转变最小的是60岁年龄段的消费者，这个年龄层属于日本富有阶层。这些消费者不同于年轻消费者，对他们而言，产品的安全可靠性、明确的商标标识是比价格更为重要的因素。

最近的一项调查显示，52%的零售商正在发展或规划自己的自有品牌。预计2009年到2010年自有品牌专供商品的销售额将上升35%。

---

① Private label brands gain popularity in Japan. WGSN. 2009.11.25

② 1人民币元=12.55日元或1日元=0.079 67人民币元，汇率数据由和讯外汇提供，时间：2010-08-19。

1. 确定专供商品的范围、数量及价格

对于比例问题，大多数零售商会预先设定一个固定值，百货公司高层会下指令给买手此类商品占总商品的比重。例如，美国 Macy's 百货主要经营的专供商品包括：男装、女装、童装、家居流行用品以及配饰等。而且并非只有百货公司使用专供商品，许多低价零售商也会让著名的生产商和设计师生产专供本公司经营的商品。凭借这种经营模式，这些低价零售商得以通过提供知名商品吸引顾客的同时，也增加了销售本公司其他商品的机会。

■ **小资料**

Macy's（梅西）百货公司买手 Sidira Sisich 专访①

2001 年，Sidira Sisich 从华盛顿大学毕业，开始了在梅西的买手工作，担任过婴儿服装、年轻女装和 7～16 岁青年服装部门的买手。她的买手工作是在销售助理和零售规划师的帮助下，购买、进仓、促销、销售商品，并且一直追踪商品的销售情况。

谈及是如何踏入零售领域时，她说自己大学主修的是零售管理，后来又在法国留学一年，较好地掌握了一门外语。大学三年级时，她在一家服装专卖店实习，并从中找到了不少乐趣，从此正式踏入零售界。后来大学将近毕业时，Macy's 百货来华盛顿大学进行校园招聘，由于专业对口而且具有一定的零售经验，Sidira Sisich 顺利进入 Macy's。在做了很长一段时间的买手助理后，她终于成为了一名职业买手。

Sidira Sisich 这样描述自己一天的买手工作："这是一个节奏非常快，相当消耗体力和脑力的工作。买手需要根据市场不断重新调整业务和营销策略，每天商品的优先次序在不停变化。作为买手，我还要推动销售、保证公司的盈利能力。然后在产品方面，我也要想方设法在挑选到合适产品的同时压缩费用。我要花很多时间去规划产品，因为我买的产品将在 9 个月甚至是更长的时间以后才会销售，所以我需要对产品和财务都有详细的计划。"

"我工作中 40% 的时间是在挑选商品，我会在各个供应商的陈列室里挑选适合我们的东西。我一年要去 8 次纽约、2 次洛杉矶还有 2 次拉斯维加斯。出差相当频繁，由于产品在不断发展，我们必须尽量保持走在最新趋势的前沿。"

"一旦购买了产品，还有许多后续工作要完成。要时刻追踪订单情况，确保产品能按时送过来。产品上柜后，还要了解它们的销售情况。"

Sidira Sisich 给予想要成为买手求职者的建议是："以前曾亲身涉足过零售领域，了解商场信息。比如大学期间曾在百货店或者商场中当过营业员，具有一定的实际零售经验。另外懂得商业知识，这一点对于买手工作非常重要。我自己留学法国而且具有国际商业学士学位，这对于我的工作很有帮助。还有很多买手拥有服装商品销售方面的知识，这同样对买手职业非常有利。当然要成为买手最重要的不是纸面的学习，要想在零售业一展宏图，那么就必须亲临市场，只有在实践中了解市场，才能成为一名真正优秀的买手。"

① Michelle Goodman . Sidira Sisich, Macy's Buyer for Juniors. NWjobs. com

2. 专供商品的采买途径①

(1) 直接购进

在零售商决定采用直接采购途径时,会有两种类型截然不同的厂商供他们选择。一种是为零售商生产特定专供商品,同时还生产自己公司品牌商品的综合型厂商,另一种是仅生产印有零售商标识的专供商品的厂商(国内称贴牌生产,即OEM)。这两种厂商有各自的优势。由于综合型厂商必须保持所生产商品的特定水准,因此,直接向这些厂商采购能确保买手所购专供商品的质量。而专营专供商品的厂商具备一整套完整的服务体系,能根据零售商的具体要求,并结合自己的专业经验进行专供商品设计、材料采购、组织生产,直到最终的商品交付,无所不包,且经营的商品种类也多种多样。

(2) 通过采购代理机构实施采购

采购代理机构组织生产多种标有本公司商标的商品供成员店选购,且这些商品只向成员店销售。通过采购代理机构实施采购能使零售商不再需要在开发商品方面付出更多努力。对许多无力自己开发专供商品的百货公司而言,他们会倾向于选择这种方式。

(3) 零售组织自己生产

许多大型百货公司会选择开发自己的专供商品,并由公司下属的工厂自己生产。

这种方式存在许多优势,首先能够通过减少公司以外生产商与中间商等中间环节,有效降低商品的生产成本,获得更具竞争力的价格以及更高的利润。另外,由于工厂的服务范围被严格限定在百货公司货品方面,因此能根据商场的具体要求随时对商品进行调整,而且能确保商品更加迅速上货。在此基础上,零售商能自己观察商品的生产过程并时刻监督需求被满足的情况,因此质量控制也是这种方式的另一优势所在。当然,这种方式也存在不利因素。工厂所需要的维持费用巨大,因此只有那些拥有充足资金的巨型零售商才会考虑使用这种方式。

(4) 买手在专供商品项目中的工作职责

随着专供商品经营理念广泛接受,开发新产品成为一些买手的职责之一。涉及专供商品开发设计的买手必须经常性地寻找一些具备销售潜力的商品。他们必须时刻关注市场以及其他地方发生的事件,并从中获得灵感。买手根据所掌握市场新信息,能够为商场开发专卖(自有品牌)的产品提出自己的意见。通过经常性的考察生产商与设计师生产的产品,他们得以了解市场上经营商品的价格、款式、质地、色彩之类的信息,并由此确切掌握何种商品才能获得消费者的认同,进而确定专供商品的具体种类。不过销售多种专营商品的百货公司是在利用生产商丰富自己的产品,而不是他们的买手创造了这些专有商品,因为设计产品并不属于买手的责任。

八、国内百货店的买手制度

我国百货公司现行的模式是联营模式。联营的优势是显而易见的,首先不占用资金,其次也没有库存的压力,并且能在人力、物力上降低成本,有些消费者表示信赖专卖店以及大型商场

① 杰·戴孟德,杰拉德·皮特. 服饰零售采购——买手实务.7版.北京:中国纺织出版社,2007.

专柜品牌的质量，喜欢商场的购物环境①。但联营模式的缺陷是降低了百货店自主经营的空间和商品的组合功能。

职业买手制度的建立是应对差异化竞争的一种方式，能保持百货公司货品全面丰富的形象。引进买手制度，由买手直接采购和买断一些服装品牌商品，这样既可以满足特定消费者的个性需求，还可以省去联营模式下的各种代理环节，降低成本。但另一方面，买手制度也存在较大的风险，一旦由商场派出的买手买断的商品不适合市场需求，商场或买手需要承担销售不出去的风险。

国内百货公司中也不乏尝试买手制度的案例。北京燕莎友谊商城注册了"燕莎"这一商标，并开发了"燕莎"牌衬衫、箱包等自有品牌商品；北京新世界百货尝试自营部分羊毛、羊绒商品；上海的百联集团也设立了自己的采购部，主要是向国外采购食品或是其他类别商品；杭州的银泰百货正在开发自有品牌；连卡佛北京店投资3亿港元，采用买手模式，有多达600种国际品牌全线登场，显示了国内百货业界变革的决心。

但目前百货公司往往以那些属性单一、不会过多受款式影响的商品作为尝试自营品牌的突破口，而当面对商品属性复杂的服装等品类时，由于经营风险大，商场较少愿意尝试自营。然而这种模式将逐渐在国内零售业发展，采购类别也会涉及到服装，并逐渐规范和成熟。

国内百货公司中，缺少买手只是表面现象，其中涉及一些有待解决的问题。

1. 联销自营组合，改变运营机制

对于买手制而言，中国服装市场仍处于一个较为初级的阶段，引进买手制还存在运营机制上的困难。美国百货企业的自营比例较高，买手制比较成功。欧美国家的百货连锁业实行自营品牌和买手制，买断品牌的货品量大，在规模效应下，买断服装品牌商品的风险相对较小。国内百货业可通过联销自营组合改进，逐步增加自营服装品牌数量的比例。

2. 加强信息化建设，采取单品管理

百货公司长期采取联营扣点的经营模式，品牌商和代理商代替商场承担了商品的销售风险。百货公司经营压力虽然减小了，但并不了解店内购买者的直接信息和喜爱偏好。要想提高自营比例，需要百货店完善商品信息库，实施单品管理（目前，百货公司服装品牌的商品款式、型号和数量等信息主要由品牌商和代理商控制）。通过升级企业资源计划（ERP, Enterprise Resource Planning）系统使商场与品牌商的系统相连，从品牌商的系统中获取信息。若有一定的管理水平和优秀的信息系统做保障，对联营商品实施单品管理并不复杂，对商场和供应商双方都有利。

3. 提高买手职业教育，培养责任心

培训是解决买手人才短缺的主要措施之一。虽然目前国内服装院校还未开设职业买手的专业，但相关专业知识有较好的普及教育。一方面，对于百货公司买手这类实用性较强的专业人才培养，需要国内服装院校按需开设相应的专业或课程。但未来的买手还需要不断积累市场实践经验，才能练就敏锐的市场嗅觉和娴熟的操作技能。同时，培养买手的职业道德和团队精神也是重要的内容之一。

---

① 万艳敏，李黎，郑宇林. 服装营销：战略、设计、运作[M]. 上海：中国纺织大学出版社，2001.

■ 案例

国内摩根百货尝试“半买手”制①

通过渠道“减法”增长产品利润现在已成为一些厂商的关注焦点。目前进入中国的186个国际级奢侈品牌,至少有三分之一已经或将在今年取消代理商。渠道动荡之下,品牌商、代理商、零售商三者之间的利益分配将陷入微妙的境地。

摩根百货认为“如果有这样一种中介商,既可为零售商减少更多的层级,又可为品牌商提供更多的渠道覆盖,还能保证流通各个环节不会出现‘货款拖欠’。那么,渠道‘减法’带来的矛盾就可迎刃而解了”。摩根正计划在2009年9月开张三家“粤港澳服装名品店”,整合服装品牌商资源,根据消费者的实际需要,组织商品“直供”到零售终端。目前,摩根百货已与银泰百货结成战略联盟,这种“半买手”模式的百货店两年内可以开到200家。

品牌商或零售商认为:趁经济危机,取消代理商,直供经营有点“过河拆桥”。但有些代理商追求暴利,复制品牌产品吊牌、包装,然后贴到一些劣质产品上销售,搅乱整个市场,被排挤出局也是情理之中。整个零售行业正处于“渠道扁平化”的变革时代,品牌商、代理商、零售商三者的矛盾焦点在于货款拖欠。由于各方实力不对等,很容易导致“店大欺客”或是“客大欺店”。

在这样的行业背景下,摩根百货在业内尝试“半买手”模式,将粤港澳三地的品牌服装商整合到一起,提供营销策划、全国铺货、营销人员招聘管理等一条龙服务,省去代理商环节,从传统的采购层面,扩展到工作流程、资金管理、产品信息等方面。将服装品牌商、摩根集团、终端零售商三者整合为一体,三方没有租赁关系,而是相互合作。通过分成,摩根无需向商场业主支付高租金,也无需向服装品牌商支付货品押金。这样的模式既可以为零售商减少采购层级,又可以为品牌商实现“零场租、零进场费”。

“半买手”模式需要百货公司掌握大量信息和订单,不停地和各种供应商联系,并组织货源,满足各种消费者不同的需求。传统采购模式,百货公司坐办公室里等厂家来找,把货品放到商场卖给消费者,对市场需求敏感度不强。“半买手”模式的百货公司买手必须敏感地捕捉消费者的需求,他们必须先了解消费者和市场,而不是被动地等着厂家上门。“半买手”的交易以“钱货两讫”的形式进行,对于成交的货品一般不能退货。

第八节 无店铺经营

无店铺零售业态是指不通过店铺销售,由厂商直接将商品销售给用户的零售业态。

邮购是问世最早、影响最大的无店铺销售形式。邮购起源于19世纪70年代的美国,20世

① 肖昕. 摩根百货尝试“半买手”,两年内可开200家. 南方都市报,2009-09-12.

纪在发达国家发展较快，增长速度领先于整个零售行业，主要是由于职业妇女和老年人增加，上街购物相对减少，而可支配收入上升；同时国外的邮购商品价格往往较一般零售店低10%左右，还可分期付款，送货上门；技术和邮政的发展进步，使邮购的订、送、退货越来越快捷，符合现代顾客的消费价值观。邮购的工具和方法正在日益拓展，借助因特网、各种电子信息技术和分析手段的电子邮购，有成为21世纪营销先锋之势①。

网购是21世纪发展最快的营销渠道新业态。根据艾瑞咨询发布的2013年中国网络购物市场数据，2013年，中国网络购物市场交易规模达到18 500亿元，增长42.0%，与2012年相比，增速有所回落②。随着网民购物习惯的日益养成，网络购物相关规范的逐步建立及网络购物环境的日渐改善，中国网络购物市场将开始逐渐进入成熟期，未来几年，网络购物市场增速将趋稳。

一、无店铺经营的特点

1. 地段不受制约

相对传统有形店铺而言，无店铺经营受门店选址、地段、商业网点资源限制少。

2. 节省经营成本

借助日益发展的物流和网络技术，无店铺零售通常直接向货品供应商订货或采购，减少了采买过程的诸多环节，能降低交易成本。

3. 投资风险较小

对于个人或者小型企业，无店铺零售业态的准入门槛相对较低，运转较为灵活。即使遇到风险，也有“船小好掉头”的优势。

4. 符合现代消费者便捷购物的需求

现代消费者乐于尝试各种新的购物方式，并希望得到更加方便、更加快捷的购物享受，无店铺经营形式能很好满足消费者这种购物要求。

5. 各种支付手段的发展方便购物支付

电子货币、支付宝等各种新型支付方式的普及推动了无店铺零售的发展。

6. 产品介绍详细

不管是电视购物、邮购还是网络购物，都可以对产品进行多角度的详细介绍，这是一般商铺等传统渠道难以实现的。

进一步发展无店铺销售模式需要考虑以下几方面因素：

(1) 库存和市场需求的平衡

由于顾客数量难以预测，给无店铺零售商正确制定生产计划带来很大困扰。某一时期订单猛增，企业只能通过加班或外派加工的方法进行补救，即便如此，仍会发生交货期延迟的现象，引起消费者的不满，给企业造成信誉损失。因此，需要合理的库存管理模型，在保证整个生产销售过程按计划持续稳定高效进行的同时，权衡公司的服务水平与质量、市场需求与供应节奏、订

---

① 杨以雄.服装市场营销[M].上海：东华大学出版社，2004.

② 艾瑞咨询官网[OL].http://report.iresearch.cn/2014-07-02.

货成本和保管费用等，尽可能地降低库存费用和满足顾客需求。

(2) 投入产出的风险

因为无店铺销售在广告上投入较大，当市场反应冷淡时，广告费用不能回收。此外，关联的工厂开工不足，面料或成衣积压，将造成资金损失。

(3) 业务操作的繁琐性

无店铺零售的业务操作十分繁琐复杂，由于要和每个顾客联系，收单、登记、核对、包装、送寄、查询等每一步都要花很多精力。其中，还有很多意外情况，如邮购的消费者字迹模糊或简化造成邮寄失误；货源不足时给顾客逐个退款；发生错邮要查核、换货等。

(4) 退货率和顾客满意度的平衡

西装和女装等服装对合体性要求较高，顾客如果不试穿而选定适合自己的产品有一定难度；而企业还要有效控制退货率，两者权衡发展有一个漫长的磨合过程。

■ 小资料

asos.com 销售额持续飙升①

英国当红时尚服装网 www.asos.com 是一家与 Topshop 齐名的网店，自 2005 年成立以来销售额逐年递增。截至 2009 年 9 月 30 日为止的前六个月，网站国际市场销售额继续增长 110%，占公司总销售额的 25%。利润较去年同期有所增加。目前公司网站上的商品对全球 114 个国家销售。该网络零售商现有 120 万用户，相较于 2008 年同期的 89 万人大幅上升。

面对众多品牌如 GAP、Mango、ZARA、H&M 等纷纷推出自己的购物网站，asos 称将发挥自己的优势，接受挑战，增加新的男装品牌，进一步扩展自己的国际业务，通过向消费者提供更好的服务和优惠等方法促进销售。

二、无店铺经营形式的分类

我国无店铺零售基本业态为电视购物、邮购、网上商店、自动售货亭和电话购物。表 3-10 是无店铺零售业态的比较。

表 3-10　无店铺零售业态的比较②

业　态	基本特点			
	目标顾客	商品（经营）结构	商品售卖方式	服务功能
邮购	以地理上相隔较远的消费者为主	商品包装具有规则性，适宜储存和运输	以邮寄商品目录为主向消费者进行商品宣传展示	送货到指定地点
虚拟商店	有上网能力，追求快捷性的消费者	与市场上同类商品相比，性价比强	通过互联网络进行买卖活动	送货到指定地点

① Asos posts 47% sales increase. RetailWeek. 2009.12.30. http://www.retail-week.com/newsletter/5006733.article

② 智库百联 http://wiki.mbalib.com

（续 表）

业态	基本特点			
	目标顾客	商品(经营)结构	商品售卖方式	服务功能
电视购物	以电视观众为主	商品具有某种特点,与市场上同类商品相比,同质性不强	以电视作为向消费者进行商品宣传展示的渠道	送货到指定地点或自提
自动售货机	以流动顾客为主	以食品和碳酸饮料为主,品种在30种以内	由自动售货机器完成售卖活动	自助服务
电话购物	根据不同的产品特点,目标顾客不同	商品单一,以某类品种为主	主要通过电话销售或购买活动	按约定方式完成货品交付或服务

1. 邮购(目录销售)

目前,用邮寄商品目录来进行销售的方式不断增多。商品目录销售曾经只是为零售商带来一些额外收入,而目前这种经营模式已经成为零售的一种重要方式。像法国3 Suisses和美国L. L. Bean之类的大型邮购品牌每季推出的商品目录往往多达1 000页(含网站可选商品超过10万种),3 Suisses单在法国一地每天发出近10万个包裹。

有的零售企业将目录销售作为销售的唯一手段,产品目录销售企业通常有用来处理发销货品的商品存货中心。随着邮购公司的业务得到进一步拓展之后,邮购公司多会采用多渠道零售方式,大多会开设网站进行网络销售,也有的企业会有自己的实体店铺,比如英国著名邮购公司Littlewoods、法国邮购巨头3 Suisses、国内邮购大牌麦考林都是集邮购、网购、实体店三位一体的销售模式。

另外,一些著名的百货商店以及连锁店将目录销售作为扩大销售的手段,比如Macy's百货、玛莎(Marks & Spencer)、伯名得(Bloomberg)等,一直都通过邮寄商品目录进行多渠道销售。这些商场的商品种类多种多样,但通过商品目录使更多的人增强对其了解。一些商场还会提供一些专供目录销售的货物,在这些商场的商品目录中,那些标明"仅供邮购"标识的商品被明确标注,商场希望通过目录销售形式在正常营业区域之外再开辟新的销售增长点。其中的一些商场,比如Macy's百货则将所销售的商品进行分类后再进行目录销售。大型商场还为此设立多个专职部门,各自专司不同商品的目录销售活动。

由于邮购等无店铺经营模式以其低价快速的特点吸引着消费者,近几年得到了快速发展,因而一些知名设计师也开始尝试为邮购产品做设计。比如Jean Paul Gauthier、三宅一生、Christian Lacroix、Agnès b、Anne Valerie Hash、Jean Paul Knott,乃至不属于时装领域的Philippe Starck都曾为3 Suisses设计过邮购产品①。著名设计师通过为邮购目录设计服装,进入大众服饰市场,让普通消费者能够穿上设计师的时装。

2. 网络虚拟商店

近几年,互联网销售额每年呈高比例增长,由于网络能够帮助品牌衍生到更广阔的市场,接触更多的消费者,目前这种销售方式正逐渐被全世界商场和目录销售式零售商所采用。一些公司甚至将所有销售都建立在这一手段上。其中亚马逊(Amazon)是以折扣价格销售书籍和唱片

① Cyril Style, Karl Lagerfeld for Les 3 Suisses. Trendland(EDITORIAL). 2010-05-30.

的最成功网站。在它的成功影响下,越来越多的公司开始采用这一销售方式,或者拓展已有的网站规模。人们无论是输入一个完整的网站名称直接登陆特定网站,还是用雅虎之类的搜索引擎寻找某些商品的供应商,都能够找到合意的商品。

网络销售一般有两种途径,一是品牌依托专业的网络平台,比如淘宝、阿里巴巴等。品牌无需自己构建网站,而且还能够得到专业的服务。优衣库(UNIQLO)和绫致(Bestseller)都与淘宝网合作推出在线旗舰店①。淘宝是中国领先的在线零售网,其母公司阿里巴巴集团是中国最大的电子商务公司。淘宝等专业网站因持续强劲增长、广泛的市场覆盖面、较高的客户满意度和网站声誉以及网站在知识产权保护方面的能力是品牌选择专业在线零售网的原因。

还有一些品牌则通过自己建立网站进行网络销售来拓宽市场。这些公司的网页通常采用交互形式,顾客可以通过网页提出问题并迅速得到答复。Target. com(TGT)、Walmart. com(WMT)、Crateandbarrel. com、Bananarepublic. com、Redenvelope. com、Nordstrom. com(JWN)等都是目前较为流行的服饰类网络商场。快时尚品牌 H&M、ZARA 等也十分重视网站的建设。ZARA 网站 www. zarahome. com 于 2007 年 10 月建立,专营服装和家纺产品,该网站共有 14 个不同语言的界面,销售的商品和实体店中的价格与品类基本相同。值得一提的是,金融危机之后众多著名品牌也纷纷尝试网络销售模式,LVMH、Burberry、Gucci、Versace、Tommy Hilfiger 等均有自己的在线销售网站,而且用户还可以通过电子邮件、社交网站如 Twitter、Facebook、Digg 共享网站内容和服务。

电子销售商经常寻找能够在竞争中凸显公司产品的方式与手段,进行广告宣传、举办特殊活动、提供个性化服务、销售专营商品等。涌现了诸多新型服饰购物网站:以折扣价销售高档时尚品的奢侈品折扣网,例如法国 Vente-privee、美国 Rue La La、国内 irush 俏物俏语网等;近年来得到大幅增长的服装出租网,例如 www. lovemeandleaveme. com、Rent the Runway 等都有众多用户,成为经济低迷期的一个商业奇迹;另外还有样品折扣网、服装量身定制网等也受到网友欢迎。

小资料

交互式定制服装网站

Interactive Custom Clothes 为客户提供令人眼花缭乱的量体裁衣式牛仔服,客户可以选择式样、尺寸、质地、颜色,只要将 11 项个性化指标通过电子邮件传递给公司,该公司就会通过计算机产生客户需要的牛仔服各项数据,这些数据被输入到由电脑控制的裁剪机中,就能够裁剪出制作一件成衣需要的 19 块裁片,经过缝纫车间加工,一件完全符合客户要求,充分体现客户个性化设计的牛仔服在一星期内就可以送到客户手里。

① Bestseller Fashion Group opens online platform on Taobao, http://www. thepaypers. com,2009. 10. 15.

小资料

淘宝网买手

随着信息网络技术的迅速发展，网上购物越来越盛行，成为人们购买服装的一条重要途径。在市场的推动下，淘宝网店（图3-43）间的竞争越来越激烈。淘宝网店要想争取最多的客户，就必须采购满足消费者需求的服装。因此采购服装的流行性与时尚感在一定程度上决定了淘宝网服装店的生存与发展。

多数淘宝网店经营户为了采购能够满足消费者需求的时尚服饰，雇用着淘宝网店专职时尚买手，这种买手不同于品牌公司买手，他们受雇于个体店铺，在各种流行服饰聚集地搜集时尚信息，采购符合个体店铺定位的时尚服装，他们的职责类似于采购员，通常他们只负责店铺的采购，不负责服装的销售；不同于采购员的是，他们有时尚的眼光，对服装流行趋势具有敏锐的洞察力，准确的判断力，能够购买到满足消费者对时尚、价廉物美服饰的需求，为淘宝经营户创造良好的销售业绩。

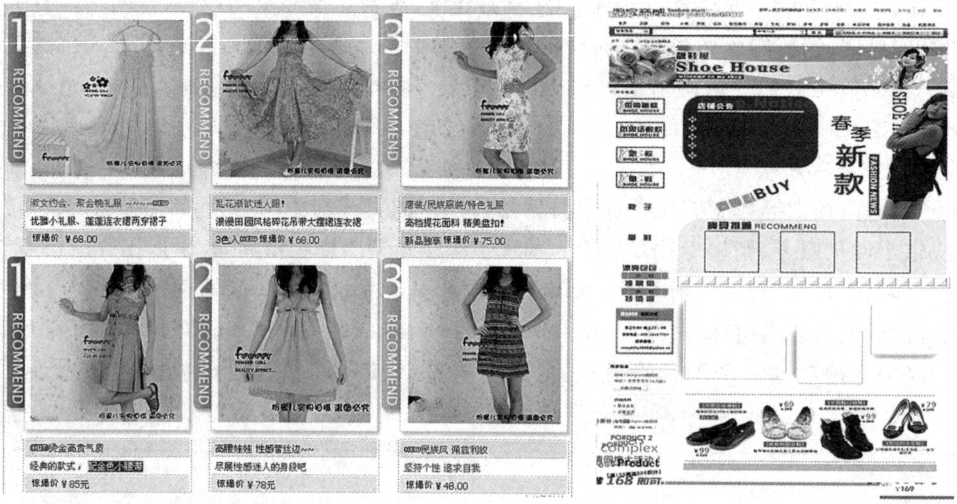

图3-43　淘宝网店界面

案例

GAP发展电子商务

GAP公司是美国乃至全球极具影响力的服装零售企业，以销售休闲服闻名（图3-44）。GAP公司1996年注册网址www.gap.com，1997年开设网上店，为它的全球服装连锁店推出网上购装服务。GAP除了提供各种服饰让消费者上网选购外，还提供网上虚拟试衣服务。消费者可以利用试衣虚拟系统将模特的外形变成与自己相同的模样，将选中的服装穿在与自己外形类似的模特身上，由此判断该服装是否适合购买。

图 3-44 GAP 网站页面设计

美国商业资讯 BUSINESS WIRE 报道，如今 GAP 的电子商务网站业务已经拓展至 65 个国家——包括澳大利亚、巴西和墨西哥等，通过提供国际货运服务，全球各地的消费者均可在网络上购买。

该公司电子商务部门 GAP Inc. Direct 的总裁 Toby Lenk 认为：“网络是一种接触国际客户和让我们的品牌试水市场的有效方式。公司相当重视在线销售业务，我们与国际电子商务专家 FiftyOne 进行合作，凭借已有的基础架构和经验，FiftyOne 帮助我们加快进入到众多国家，并提供处理 43 种不同货币的能力。”

网上订购流程已经变得十分轻松简便。在结账时，国际客户可以收到以他们本国货币显示的有担保的全额订单预付款，包括国际税收、税款和交付成本，并且拥有担保汇率。这意味着在产品发货之后，不会出现隐藏成本或者意外费用。FiftyOne 将向客户提供预计的交付时间和全球追踪号码。

2010 年年初，GAP Inc. 宣布它与电子商务公司上海奕尚网络信息有限公司合作开发中国市场，使中国客户能够在 2010 年秋季通过网络购买到 GAP 产品。

关于 FiftyOne 公司

FiftyOne 能帮助零售商利用现有的电子商务基础架构和网络购物体验，向国际客户宣传、销售和交付商品。FiftyOne 管理国际订单生命周期的所有方面，包括多货币定价和支付处理、登岸成本计算、结关和报关、国际欺诈管理、国际物流安排以及客户体验管理。该公司的总部位于纽约。

3. 电视购物

现代工作和生活使许多人缺少时间到商场购物，有线电视为他们提供了坐在休闲椅上就能购买货物的机会。电视购物出售很多种商品，以珠宝和女装为主。此类销售渠道的买手要经常在全球范围内搜寻本公司需要的商品。通常是由个人介绍特定商品，同时对商品本身进行展示。展示每一种商品的存货量、优惠的价格并说明销售的快速程度是此类节目进行商品促销的主要方式。随着销售的不断增长，电视屏幕上显示的可供销售商品数量会不断变化，从而促使某些消费者为避免货物售完而迅速决定购买。

4. 自动售货机

自动售货机(Vending machines)是指那些顾客用现金或信用卡进行支付之后能从中得到食品或商品服务的机器。自动售货机被广泛地用于销售各种轻便商品和服务。

5. 电话购物

电话购物(Tele-Shopping)指通过电话媒介进行销售或购买活动的一种零售业态，通过厂方、经营商或者第三方物流实现货物的交易。如手机话费充值、信用卡服务是常见的电话购物内容。

三、无店铺买手的工作

传统意义上的零售商已经存在了数百年的时间，但昔日零售业的竞争与目前的状况完全不同。除了从事零售业务的人员数量外，邮购、电子零售和网上购物等多种零售业态也为买手增加了新的成长机会。无店铺零售企业买手在工作职责方面有着自身的特点。

1. 采购涉及面广泛

传统零售商的买手服务市场相对狭窄，采购的商品种类也会受到很多限制，但是无店铺销售商的买手，由于服务市场的无区域性和时间性，展现的商品必须具有特别的吸引力。无店铺经营买手不但要为特定消费群采购商品，而且所考虑的贸易范围要比传统的商场买手宽泛得多，买手需要采购更多品种、更多价位的商品。这赋予买手更多的采购自由，并使买手在选择商品时有更为宽广的市场空间。

无店铺买手为了寻求更低廉的货品价格、购买国内市场还没有的商品或者采购居于设计前沿的知名时装品牌等原因，会经常到亚洲市场、欧洲时装中心以及价格较低的发展中国家进行采购活动。

■ **案例**

无店铺经营公司的国际采购

Littlewoods

Littlewoods 是一家以邮购、网购为主的多品类网上商城，也是英国最大的邮购公司。经营范围涉及服装、家纺、家具、家电及厨房用品等。Littlewoods 以其出色的邮购业务而为广大消费者所熟知。亚洲地区采购总部设在香港，在深圳、上海等城市又设有采购分部。

买手在下达订货指令后，一般要求外贸公司或加工厂的交货期为三个月，如果翻单的话则要求在两个月内完成。委托加工厂大多为包工包料,每款定量在500~1 000件。有时为了降低加工企业价格,买手会与当地工厂以及公司设计人员协商变动面辅料、修改款式细节。

Swiss Colony 在美国邮购公司中排名前三,主要经营服装、家纺、家具、厨房用品、食品、电子产品等。服装板块有独立专供品牌 Midnight Velvet,面向中档消费者,销售男装和女装。家居板块有独立专供品牌 Seventh Avenue,产品有家纺、家装、家具等。

公司有自己的生产、市场及分销渠道,中国的分公司 SC Global Sourcing 主要是根据美国买手的指令要求负责采购事务。服装由美国公司自主设计,委托我国加工厂生产。委托加工厂一般都是包工包料,每款定量一般在300~500件,以江浙一带加工厂为主,供应商交货期为45天到60天之间。

2. 采购价格

价格是无店铺买手必须考虑的重要因素。通常情况下,选择无店铺购物的消费者会要求价格相对较低,或至少是与实体商场同等价位的商品。因此,许多商品目录都使用"特价"标识来吸引消费者的注意。为满足消费者这方面的需求,无店铺经营买手还必须精于商业谈判并以尽可能低的价格购入商品。

无店铺买手可以通过集中采购、买断产品、互联网采购等方法实施低价采购。一般选择专门做外贸的代工厂合作,性价比要求高。另外加快给供应商的付款速度,供应商也会给买手的报价更优惠,由此形成良性循环。

3. 保证商品供应的连续性

无店铺买手必须保证商品供应的连续性,保持网页更新的速度,及时向现实和潜在消费者提供合适的商品目录。否则将可能导致销售机会的丧失,令消费者转向其他渠道购买商品。例如上海当地最大的印刷企业当纳利每个月要同其他三家印刷企业一起为麦考林承印590万本商品目录,这些产品册子会在第一时间投递到全国各地的麦考林会员手中。如果买手此时难以保证商品供应的连续性,将会严重影响品牌的信誉,失去消费者。因此确保供货的连续性是买手签署任何订单之前必须重点考虑的关键问题,要求供货商能够保证及时满足订货和追单要求,在跟单过程中也需时刻控制货品加工和送货进度。

4. 控制时间节点

因为无店铺买手时尚类服装商品的销售周期相对较短,买手应把握产品上下线以及补货的时间节点。买手需确定每件商品的预期销售时间,时刻关注跟单过程,加快产品更新周期以吸引消费者,并且在某一商品销售量下降时应通过网页及时更新调整商品品类。

国内网购企业凡客诚品(VANCL)采用产品上市节奏由买手和产品规划人员共同管控的经营方式,尤其买手更注重关心产品的铺货、补货以及库存管理,当买手决定买入量的时候,就会慎重考虑销量和库存问题。

■ 小资料

VANCL 采用 ZARA 买手模式，走快时尚之路

VANCL(凡客诚品)，由原卓越网创立，VANCL 运营所属的凡客诚品(北京)科技有限公司主体运作者均系原卓越网骨干班底。

VANCL 一直强调向国际知名服装品牌 ZARA 学习，提高时尚设计能力、加快供应链反应速度，最终提升产品的性价比。2009 年起，VANCL 尝试买手模式。目前产品企划和设计主要采用自主设计团队和买手制度相结合的方法。

VANCL"设计 + 买手"模式是指设计师自主设计出适合品牌特性的产品，而买手则是通过各种渠道，找到更多的产品，把它们稍作变化之后融入到自己的品牌中，让品牌有更多的品类和吸引力①。

VANCL 培养了一支十余人的买手团队，他们主要的工作内容包括：

① 收集销售信息并进行归纳分析，做出每月的服装品牌销售分析和问题汇总。

② 结合流行趋势并与时尚潮流服装品牌产品经理进行沟通，制定采买计划，选择货品到时尚潮流网购平台上进行销售。

③ 参与协商补货周期和滚动补货的要求，并协助品牌经理拓展新的品牌。

④ 参与产品说明以及设计产品搭配。

产品生产方面，VANCL 与香港溢达、山东鲁泰等一线服装加工企业合作，确保产品的高品质。配送方面，北京、上海、广州、深圳等地，24 小时即可送达，全国 1 100 余个城市可以货到付款，同时，实现 30 天内免费退换货。

VANCL 买手模式，不仅使得公司设计成本更低，而且借助电子商务的快速反应机制将生产周期缩减到最短，从而为消费者提供最具性价比的产品。

VANCL 广受好评的 2010 年，Wallskate 系列帆布鞋以及牛仔裤系列均是 VANCL 买手模式的成功经营案例。

5. 视觉效果

无店铺销售形式的买手在选择商品时十分注重产品的视觉效果。因为商品在目录、杂志、电视、网络上是否具有足够的吸引力，大部分是通过商品视觉效果吸引消费者的。现在无店铺经营对产品视觉陈列效果的要求越来越高，细到一张图片的色彩，都会反复调试，以求让人产生购买冲动。买手需要考虑某款产品在电视购物时是否需要运用动感模型展示来增加吸引力；网络销售时，买手还要与网页制作人员共同商议，选择更加生动形象的配图来展示商品。

为使自己品牌服装区别于其他网站，某些服装公司还会在网页上设立个性化试衣软件，使女性消费者在计算机上完成试穿效果比较。在消费者回答完毕身高、身材比例等一系列问题后，计算机会根据这些信息自动生成三维人像，让消费者查看着装效果。比如 Rugby Ralph Lauren 的虚拟试衣系统可以让用户自由搭配服饰，并展现走台效果。这种方式让品牌更加亲近

① VANCL 欲借"买手模式"成为中国快时尚品牌. CNET 科技资讯网，2009-09-17.

消费者,在与顾客的互动中,更深入地了解消费者们的想法。目前还有一些专门的服饰搭配网站,如 My Fashion Plate、Looklet 等也广受欢迎。My Fashion Plate 拥有稳定用户 76 000 余人,浏览和搜索量超过 60 万人次/天。买手在选择采购服装时,要充分考虑服装在媒体上的视觉效果,尽量采用各种新颖视频软件丰富服装的视觉感。

6. 实体与虚拟店铺的结合

虽然无店铺经营模式呈现出了不断繁荣的趋势,但也有一些无店铺销售组织认识到,只有消费者在商场内购买到了满意的商品,他们才会通过商品目录或者电视、网络购物来购买同类商品。因此商品的店内展示会有助于无店铺销售拓展消费群。有些无店铺销售组织开始尝试在全球范围内开设若干家实体商场,以便向消费者直接销售商品。全球最大的网上鞋店 NordstormShoes. com 网站以及美国著名的网络服装零售商 JCPenny. com 都有自己的实体店铺。麦考林从 2006 年开始尝试开设 Euromoda 品牌实体店,由于效果良好,计划今后加大开设实体店铺数量。为此,买手还应考虑实体和虚拟店铺展示、商品陈列等协调问题,使服装品牌整体形象统一突出,线上与线下展示能够协调一致。

■ 小资料

麦考林买手模式分析

中国消费者知道麦考林,是从最初的邮购业务开始的。而麦考林早在 2000 年 4 月就开通了电子商务门户网站"麦网"。在国内网站已成为位居当当网、卓越网之后的第三大 B2C 网站,主要经营服饰、家居用品等。除了邮购与网购,麦考林 2006 年开始拓展实体门店的建设(图 3-45)。自此,麦考林正式确立了三合一渠道的发展策略,成为国内实体与虚拟多渠道服饰零售领域的领先公司。

图 3-45　麦考林 Euromoda 实体店

2008 年,麦考林的年销售额超 10 亿元,其中 40% 产生于传统目录销售方式,20% 来自 B2C 网站麦网"M18",其余的 30% 来自全国 200 家麦考林实体店①。

(1) 买手模式

由于邮购的消费主体是年轻女性,因此麦考林的买手绝大多数也是女性。在每一品牌部门总监下面有 10 多位买手,总监针对各位买手不同的背景以及特点,用其所长。买手们薪酬与产品销售业绩挂钩,由此激发买手们的工作热情。

① 麦考林的"购物圈"模式. 21 世纪经济报道. http://financial. ifeng. com/news/industry/20100918/2635424. shtml.

服装买手每天浏览大量国外购物网站，参加国内外各种展会，依靠灵感和创意撬开市场的大门。除此之外对于资深买手而言，他们手中最宝贵的是供货商渠道资源，买手会比较各供货企业的货品成本和售价，经过反复打样，继而贴牌批量生产。最后买手还要协助网页及排版人员，挑选货品的独家图片放置在麦考林的网站和目录上，买手们由此完成了自己的开发流程。

麦考林毛利控制在10%左右，那么买手又是如何在工作中确保价格优势的呢？首先买手们会选择与专做外贸的代工厂合作，有时为了寻觅到性价比更高的加工厂，他们通常每个月都会出差到东南亚如越南等人工成本更低的国家或地区采买货品。另外，由于与商场合作时采用了自主收银方式，公司掌握了现金流的主动权，给加工企业付款速度及时，反过来，这些企业给麦考林的报价也更优惠，由此形成良性循环。

(2) 庞大会员数据库

无论你通过哪种渠道购买麦考林产品，你都会被要求填写一份会员资料，这份资料也随之被输入公司数据库。十余年来公司形成了庞大的会员数据库，记录了数以百万计目标客户的消费记录以及个人信息，每个月麦考林都会向不同会员投递不同的商品目录，比如会员资料里显示有养宠物的顾客，便投递家居类商品目录；消费记录里显示购买服装频度比较高的客户，则投递服饰类商品目录。

麦考林通过数据库将客户的年龄、性别、爱好以及前一次购买物品的特征等进行统筹归类，在正式商品目录推出前一个月，他们会从数据库里随机抽出2万名会员，检测市场反馈，10天后数据分析部门根据这两万名测试会员的购买情况，制作正式商品目录，将最受欢迎的产品推荐到邮购目录上。比如某款货品在测试中反应冷淡，那么正式目录会对其做降价促销；某款产品销售火爆，则通知相关部门准备补单，或者立即研发类似货品等。

(3) 独家代理国外品牌

独家代理国外品牌也是麦考林保证产品独特性的手段之一。2008年，麦考林取得了日本“无添加”化妆品巨头HABA、美国知名时尚女装品牌Rampage在中国的独家代理权。而目前在麦考林的三大渠道当中，服装毛利率最高的网店渠道能保持在50%左右，这远高于目前国内以线下门店为主渠道的服装业30%的平均毛利率。

第九节 国际采购

随着科学技术的不断进步和经济的不断发展，全球化信息网络和全球化市场形成及技术变革加速，围绕新产品的市场竞争也日趋激烈。技术进步和需求的多样化使得产品寿命周期不断变化，企业面临着缩短交期、提高产品质量、降低成本和改进服务的压力。国际采购由此成为众多国家和企业的战略重点，国际采购不仅对企业削减成本和提高客户服务质量有着重要贡献，而且已经成为新的利润增长点。

一、国际采购概念

国际采购是指利用全球的资源，在全世界范围内选择供应商，寻找质量好、价格合理的产品与服务。为此，若要在一个快速变化的新世界和新经济秩序中生存与发展，采购活动已成为企业参与国际分工合作的重要工作。

服装国际采购与本地采购相比，主要有以下特点：

① 大众服装国际采购最大的目的是追求更低的成本。这一点在亚洲地区有明显优势，较低的劳动力成本、丰富的面辅料、产业配套等吸引着全球品牌服装采购商。

② 国际采购的跨地域性，使得在订货、备货、制造和运输上的时间拉长。与国内采购相比，国际采购运作环节增多，如储运中心、港口、班轮、海关及商检等。在常规贸易情况下，国际采购一般在整个供应链中，花费时间比采购成本的百分比高得多。

③ 处于不同国家地区的运输能力、社会条件、自然环境、运作模式等物流条件不同，国际采购运作复杂，难度大。例如受到经济条件制约，发达国家企业在亚洲采购时发现，有时他们无法找到和使用在本国常见的多联运输。一些转运工作依然靠手工制单操作，且物流追踪困难，因为承运人往往无法提供准确的信息。

④ 与传统"门到门"运输不同，国际采购包含了更多的内容，如物料海关审核、汇率管理、风险控制、战略合作等。国际采购要求有更先进的技术和设施的支持。近年来发展起来的集装箱班轮运输系统以及电子海关管理，如国际贸易 EDI（电子数据交换）是国际采购活动中重要的技术条件。

在全球范围内的竞争环境下，产能过剩、企业并购、压缩费用等使得国际采购成为企业生存的关键因素。通过利用更为廉价的劳动力，成本更低的物流网络和管制更少的市场环境可以帮助企业获取更多的利润并保持在市场中的立足之地。与此同时国际物流容量的增加和通讯能力的提高将进一步有助于降低产品的单位成本，成为国际采购发展的动力之一。不仅如此，国际采购成为无论是制造商还是零售商在制定商业策略时所考虑的重要因素，并成为企业创造客户价值的重要手段之一。

二、国际采购流程

国际买手的工作是一项复杂的活动，包括依据品牌企业的商品企划指令，制定或参与管理从生产计划到制定物料清单、提出采购申请、发送并确认采购订单、验收入库、支付货款的整个过程。除了专职买手的采购部门外，还需要其他部门的介入与配合，这些部门不仅包括企业内部的技术部、质检部、财务部门、物流部门等，还包括企业外部的供应商和流通组织。在这个过程中，不同阶段的任务要有来自不同部门的人员协同完成，这些人员包括采购、技术、生产计划、品质检验、财务、仓储等人才，只有各部门干部员工积极配合才能保证采购流程的顺利完成。

尽管各国各企业进行国际采购时执行的流程顺序或方法有差异，但一般可采用如图 3-46 所示的基本步骤和流程。

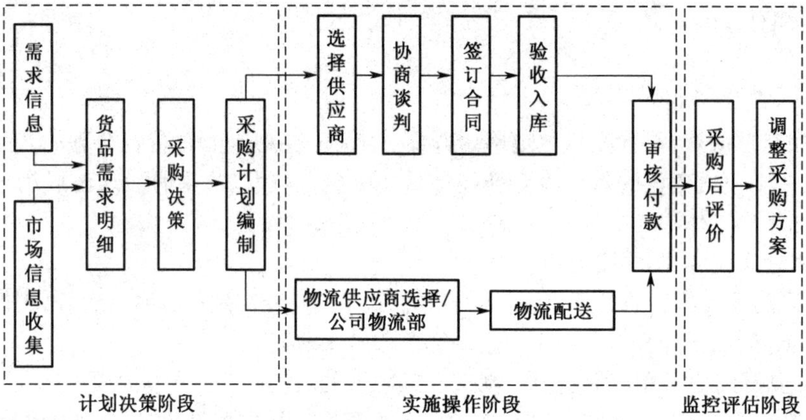

图 3-46　国际采购流程

1. 选择进行国际采购的货品

首先要明确国际采购的动机和采购哪些成品、半成品或配件、原材料，海外购买的最初目标可以影响到整个国际采购过程的成功与否。

2. 获取有关国际采购的信息

在确定需要进行国际采购的品类之后，接下来企业需要收集和评价潜在供应商的信息或选择能够承担该项任务的中间商，如商社、贸易公司等。如果企业缺乏国际采购的经验，或与外界联系方式有限，那么获取有关国际采购的信息对于这些企业而言可能比较困难。此时，可委托咨询公司获取有效信息，或利用因特网了解相关的产业供应商、产品以及交易价格等信息。

3. 采购计划制定与供应商选择

一般来说，采购计划的制定包括采购量的大小、采购物资的品类及供应商的选择。在国际采购中，由于客观因素如路途、时间等的约束，采购计划的制定对企业成本及交期控制起到至关重要的作用。根据采购量的大小和采购品类的重要程度，应用矩阵分析（图 3-47）可对企业采购物资进行分类。消耗量大的品类置于象限Ⅰ，该品类占用的资金较多，质量好坏对企业影响大；象限Ⅳ中主要为重要性高但需求量少的瓶颈品类，企业对这类商品还价余地小；其他品类（需求量大的一般品类或需求量与重要性皆不高的货品）置于象限Ⅱ、Ⅲ。

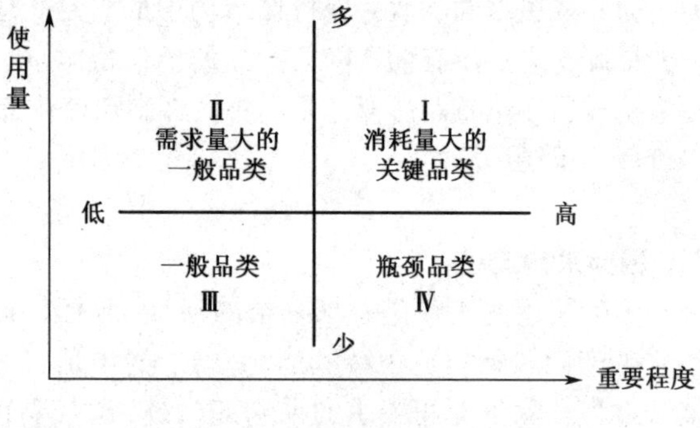

图 3-47　企业采购品类分类框图

在对采购品类进行分类后，企业应根据实际情况及历史数据，对物资需求进行预算，同时对各个品类的国际供应商进行分类。对于企业的关键品类，一般寻找 2 ~ 3 个供应商，以避免采购风险。国际采购同样也遵循采购的 80/20 规则，即 20% 的供应商需要 80% 的管理精力。

在资源有限的情况下，企业应将重点放在关键供应商，加强或采取针对性的措施，提高管理效率。

4. 评价供应商

无论是买方公司还是外国代理机构进行国际采购，评价海外供应商的标准可参照评价国内供应商的标准，改进并建立一个相对独立的供应商评价体系。

5. 签订合同

确定了合格的供应商后，经过谈判能够达成双方的采供意向，买手就可以与供应商签订合同条款。无论与哪类供应商合作，买手都需在合同的整个有效期内对供应商进行持续的绩效考察。

6. 确定物流配送方案

在采购货品和供应商都确定后，需要安排货物的运输。由于国际运输的距离长而复杂，运输在采购中所占用的时间和费用远高于国内采购，因此，必须选择合理的运输方式，制定经济有效的运输方案，将采购货品运送到指定地点，满足生产和经营的需要。

7. 评估、调整采购方案

在采购活动阶段性工作结束后，对供应商配合程度、物流配送、产品质量、售后服务等应进行综合评价，为下一步的采购方案提供调整建议，力争谋取最大经营效益，同时要对评估结果建立档案，作为下次供应商选择的参考。

三、国际买手的采购方式

除了亲自到海外采购商品外，实行国际采购的企业买手还可采取其他多种方式完成此项工作。至于最终选择何种方式，则主要取决于零售商的规模、进口货品在全部商品中所占的比例、采购商品可供使用时间、外国市场的规模及其与公司的距离、该商品的采购成本等一系列因素。买手在实施海外采购的过程中，必须综合考虑上述因素并据此选择最佳采购方式。

1. 海外市场考察和采购

采用这种方式的服装企业一般规模较大。国内的百货商场、品牌服装企业以及网上贸易商等零售组织的买手会定期进行海外市场考察和采购活动。如今，企业为考察海外市场而派出由公司品牌部、销售部、买手以及买手助理等人员组成的采购团队已经成为一种国际采购模式。通常，这种模式费用开支较大并需要团队的整体协作。

买手也可通过与贸易国商业机构取得联系，了解该国市场的基本情况。与此同时，许多大型零售组织或品牌企业还与海外代理商建立了代理合作关系，当买手到该国进行考察和采买活动时，这些海外代理商会向买手团队提供具体的商务联系和帮助。

2. 由海外代理机构代购

在无法亲自到海外采购货品的情况下，一些零售商或品牌企业会委托当地代理商协助完成采买工作。与国内代理机构相似，这些机构也向客户提供多项服务，如依据买手需求，进行市场考察并向买手提供采买建议等。在零售商或品牌企业无法实施直接采购的情况下，这些代理机构会代表零售商或品牌企业办理采购事宜。由于身处本地市场多年，他们能够了解到市场中有价值的时尚类商品信息和商业惯例操作技巧。

尽管这些代理机构所提供的信息和服务对零售商非常有价值，但买手在使用此类机构时也需谨慎小心。买手必须牢记，所要采购的商品可能是尚未被国内消费者认同的海外产品。因此，在采购过程中，必须确保代理机构了解本国消费者对货品的需求以及采购货品的各项具体要求，以防出现购销不适的纰漏。

3. 进口供应商

由于企业规模、国际贸易经验等限制供应商，零售商或品牌企业往往无法亲自考察海外市场、采买货品或找不到合适的代理商。进口商品供应商将为这些企业提供国际货品渠道。与直接采购相比，通过这些方式获得的商品价格会稍高一些。但对一般企业而言，这些商品差价相对直接采购所要求的差旅费而言是微不足道的。与国内批发商相比，进口商品供应商也同时经营着多种商品，从而确保了企业能够同时考察、对比不同的海外商品。

尽管无法直接采购海外商品的中小型企业是进口供应商的主要对象，但一些需要迅速获得特定商品的大型零售组织或服装品牌企业有时也会选择从这些供应商处进货。

4. 进口商品展销会

为服务那些无法亲自到海外寻找商品的企业，展会公司会在国内的多个地点组织进口商品的展销活动，供企业买手进行商品考察和业务采买洽谈。由于这种展会方式能使买手同时考察多种品类的商品，并由此节约大量时间和精力，是企业买手经营的重要方式。

5. 公司设立海外采购机构

一些具备较强实力的企业会在海外设立专门的采购代理机构处理本公司的海外商品采购事宜。这些机构会经常性地寻找吸引国内企业中意的货品，并在找到商品之后，根据公司的具体要求寻找生产商组织生产。

对于服装企业来说，通过直接经营国际服装品牌也是国际采购的重要途径之一。以下案例将解析这一类品牌的经营模式。

案例

国际服装品牌经营模式和案例分析

1. 特许专卖（Franchising）模式——直接进口销售

（1）步骤（图3-48）

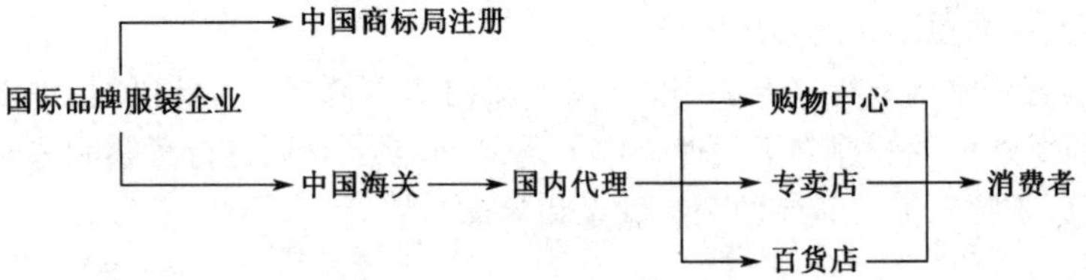

图3-48　特许专卖模式流程

运用特许专卖模式的国际品牌服装企业进入中国前，需在商标局注册商标。运送的货品需经过中国海关检验后方能运送至国内代理，继而在购物中心、专卖店或百货店等进行销售。这些国际企业可选择独家代理或多家同时代理的形式直接进行货品销售。

(2) 价格构成

特许专卖模式的价格构成如表3-11所示，与国内代理品牌相比，增加了FOB(离岸价)、CIF(到岸价)、关税、VAT(增值税)等费用。

表3-11 价格计算表 单位：元

价格		备注
FOB(离岸价)	900	国际服装品牌采购价
CIF(到岸价)	1 035	银行费用、保险费、运费(15%)
关税	1 242	20%(2005年降低至12%)
VAT(增值税)	1 453	17%
代理商费用	1 067	经营费用、特许费、跌价损失等
零售商费用	1 080	店铺租金或按零售价30%计
零售价	3 600	剩货风险由代理商承担

(3) 国际品牌服装企业

国际著名服装品牌具有设计、面料、做工、配套、质量优势，但对中国国情了解甚少，缺少分销网络。因此，利用产品特色、品牌知名度和原产地要素进行特许专卖授权时，投资低、风险小，有利于国际品牌在中国市场的拓展。

国际品牌商对国内代理商的授权要素：

① 品牌背景和生活方式(Life Style)。

② 商品构成和商品知识。

③ 员工培训和商业技巧。

④ CI(企业形象)、VMD(商品视觉企划，包括产品目录、店铺设计、广告设计等)。

⑤ 品牌促销及公众展示活动的合作。

⑥ 商品配比协调及技术支持。

可能存在的问题：品牌塑造力度不够，运营技巧(Know-how)未能充分传授。

(3) 国内代理商

特许专卖方式是国际高档服装品牌、高档商场及资金雄厚的服装企业集团运营方式，或者国内大型服装企业与国外高档服装品牌初期合作的运营模式。

经营要素：

① 通常实行买断方式，前期投入资金较大。

② 对代理的国际品牌理念、价格构成、促销方式和特许权限应充分了解，同时应明确国内细分市场和准确进行目标顾客的市场定位。

③ 拥有分销网络。

④ 涉及国际贸易及入关操作，快速反应市场需求有一定难度。

⑤ 由于采用取脂定价法(高价厚利)，进口服装价格较高。

2. 品牌授权(Licensing，亦称特许品牌)模式——国内生产、销售

(1) 步骤(图3-49)

品牌授权模式下的国际品牌服装企业同样需要在商标局进行注册，选择特许品牌国内受许企业，通过受许企业选择加盟商或直营，继而进行卖场销售。

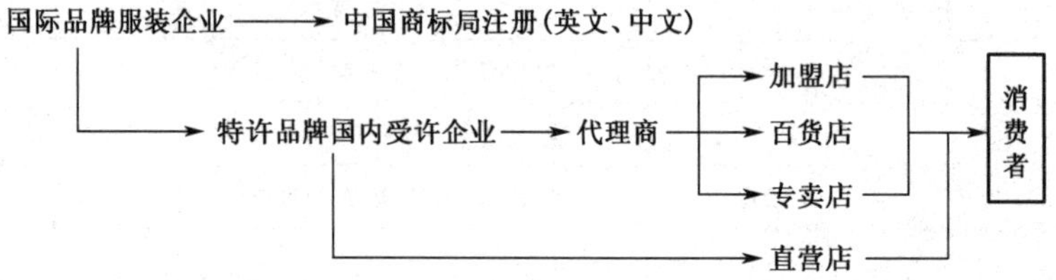

图3-49 品牌授权模式流程

(2) 品牌授权企业

① 具有品牌高附加值和特许品牌授权经营经验。

② 产品开发、树立形象及促销活动等方面给予受许人不断支持。

③ 特许经营之前和过程中进行法律和审计控制。

④ 其他同特许专卖模式。

(3) 品牌受许企业

① 根据企业原有基础，可适度控制投资规模。

② 拥有服装生产能力或组织、控制生产及保证服装品质的能力。

③ 具有市场运作经验和分销网络。

④ 服装商品由品牌授权双方合作开发，产品本土化，因此能适合当地市场需求，对市场变化反应迅速，具有价格竞争力。

总之，品牌授权企业在品牌、产品开发、营销技巧方面具有优势，而品牌受许企业在组织生产、分销网络和对当地的商业惯例方面具有优势，两者结合能优势互补，取长补短。

3. 直接投资——独资、合资、合作经营

在中国建立合资、独资或合作经营企业，共同进行产品开发、生产、促销、分销经营活动，服装商品面向国内外市场。

企业经营特点：

① 对国际投资及资本运作富有经验，但投资高、风险大。

② 对中国服装市场了解、愿意长期投入。

③ 服装商品符合本地市场消费者需求。

④ 生产本土化，对市场需求反应快，价格适中。

服装国际品牌三资企业在品牌、营销和管理方面具有优势，同时也得益于产品开发和生产本土化，需要较强的投资运作和市场知识，双方(或多方)的文化沟通、管理及营销战略是成功的关键。表3-12所示为国际服装品牌经营备忘录，简要介绍国际服装品牌的经营之道。

表 3-12 国际服装品牌经营备忘录

正确	错误
通过市场调查、研究，寻找商机	未作前期调查，过于自信
寻找、了解值得信赖的合作伙伴	依靠主观判断，沿用本企业传统运营方式
双方利益共享、有钱可赚	让合作者少赚、使自己多赚
愿意调整商品配套，符合目标市场消费需求	过分相信原先市场或本地市场积累的经验
聘用既懂品牌理念，又了解国内市场，勤于学习、善于沟通和工作的管理及专业人才	不管工作性质，不当的或片面的用人标准（如强调两年以上工作经验）
了解商品的价格与价值，给顾客更多选择	忽视竞争者，忽视消费者的价格敏感性
致力于长期、始终如一的品牌形象塑造	忽视品牌形象的投资、推广
注重和逐步建立顾客关系管理系统	无此类计划
有计划的员工培训、绩效评定	缺乏培训和激励机制
积极沟通，了解双方的商业惯例及中国市场	一切交给代理商
信息技术的运用、开发，销售数据的挖掘	只关心销售额或特许费

四、国际买手应具备的资质

为确保顺利完成国际买手工作职责，那些身负采买职责的人员必须具备多种资质。而除了那些一般买手的资质外，国际买手还必须拥有特殊的知识或技能。

1. 语言能力

尽管英语正逐渐成为世界通用的商业语言，但这并不意味着任何潜在供应商都会使用英语。因此，若能掌握多种语言，企业买手就无需通过翻译人员，与这类国际供应商进行深入直接地交流，具备别人所无法比拟的优势，避免了翻译人员可能由于理解的差异而造成误会或遗漏重要事项。因此，具备丰富海外采购经验的买手一般都认为与供应商进行直接交流能使采买商务谈判更加顺畅，不会出现因理解错误而导致的各种问题。

2. 对当地风俗和商业惯例的了解

企业买手必须了解两国之间风俗差异和商业惯例，若买手事先了解这些信息，则可避免不必要的误会而能促进采买商品交易顺利开展。为在海外实施采购时掌握当地的风俗、礼貌和商业惯例，买手可通过多种书籍与视频资料等先行学习，或接受专门的培训。

当然，语言及对当地风俗的了解并非海外采购买手应具备的唯一技能，计算机技巧、谈判能力、应变能力等都会影响到买手工作的成效。

国际采购在我国发展十分迅速。以前，只有少数几家零售商或品牌服装企业会购进海外商品。随着来自印度、加勒比海国家、韩国、日本，甚至意大利、法国、英国等国家及地区的产品不断涌入国内市场，奥特莱斯、高档百货店、进口品牌服装店等海外服装在国内销售份额逐年上升。我国开始由国际采购中的加工基地逐步转向海外供应商和国际采购商的双重角色。进入国际采购系统，成为全球供应链的一环，无论是供应商或采购商的采购活动，都是买手职业发展的重要途径。

第十节 批零市场

目前国内服装批零市场主要是大众服装或非名牌服装的聚集地，也有一些与国际接轨的高层次服装商贸机构，如上海世贸商城的服装商贸批发市场。

一、批零市场买手特点

批零市场买手主要有三种类型：批零市场经营户、批零市场采购商以及品牌企业买手。

1. 批零市场经营户

批零市场经营户在批零市场以卖主的形式出现，但相对于卖主采购货源的厂商而言他们是买手。批零市场买手通过各种渠道进行货品采购，将服装集聚到批零市场进行销售。

2. 批零市场采购商

批零市场采购商主要以批发的形式向经营户采购服装，相对于经营户而言他们是买手。这些买手将采购的服装以个体店铺的形式进行出售，也即市场常见的街边小店、淘宝网店等。

3. 品牌企业买手

品牌服装企业买手在批零市场主要进行以下两个方面工作：买手搜集流行信息及热门款式，并且向批零市场经营户采买服装，将采购的服装作为样衣进行改款、生产及上市；买手通过考察批零市场寻找新的服装供货商。后一种买手属于公司的专职买手，他们不仅要进行采购，还需要参与产品开发、市场营销等方面的工作。

二、批零市场特点

我国服装批零市场经历了“沿街为市”、“大棚式、粗放管理”、“手扶梯、升堂入室”和“商场式环境、科学化管理、完备的设施、完善的服务”等四代发展。从发展过程来看，所有服装批零市场均由一代或二代开始起步，然后在演进中逐步升级。目前，一代市场已经基本被淘汰，二代市场也已进入下行轨迹，影响力不断减弱、份额不断萎缩，取而代之的是三代市场，与此同时，四代市场也渐渐开始出现①。纵观服装批零市场的发展过程可以看出不同时代赋予了不同形式的批零市场。

1. 分布零散、规模较小

国内服装批零市场大多数规模不大，且分布零散，没有形成全国性的影响力。全国比

---

① 夏俊. 白马服装批发市场网络营销扩展研究[J]. 中南大学学报，2007(5).

较有名的服装批零市场有山东即墨路服装市场、杭州四季青服装市场、江苏常熟服装招商城、福建石狮服装城、广州白马服装市场、北京百荣世贸商城、上海七浦路服装批零市场、株洲芦淞服装批零市场等。图 3-50 为上海七浦路服装批零市场和广州白马服装市场街景。

图 3-50　上海七浦路批零市场和广州白马服装市场

2. 服装款式多，价格便宜

相对于大型百货公司以及遍布街头的服装小店，服装批零市场以其丰富的品种和低廉的价格取胜。服装批零市场囊括了各类外贸特色小店、中低档品牌服饰，服装款式种类多，同质程度高。其中外贸特色小店经营的服装属于外贸跟单的尾单或仿单。这种外贸特色店凭借海外款式的特色，吸引了一大批国内外顾客的光顾。

3. 细分市场

批零市场针对不同人群市场细分较为明确。如儿童批零市场专营各类童装；女装批零市场专营各类女装；男装批零市场专营各类男装；地下商场则经营鞋、箱包为主的各类服饰配件商品。

三、批零市场案例

1. 上海七浦路服装批零市场——传统型批零市场

上海七浦路服装批零市场（以下简称七浦路市场）地处上海中心城区，作为上海著名的服装专业市场。经过多年的发展，七浦路市场已经成为上海批发商最多，服装种类最齐全，市场规模最大的服饰批发零售市场，经销范围遍及大江南北，在全国拥有较高的知名度。七浦路市场聚集了近 20 家大型室内服装批发市场（商厦），包括上海兴旺服装批零市场、上海新七浦服装批零市场、上海兴浦服装批零市场等多个大型专业服装批零市场①。

(1)“批发+零售”经营模式

市场、经营户和采购商三者的完美组合成就了七浦这个专业的品牌服装批零市场。随着市场规模和档次的不断提升,七浦路市场提出了“批发做流量,零售做增量”的新型战略,形成了“批发+零售”的全新经营模式。也正是这种经营模式,吸引了大批服装企业买手到七浦路采购样衣。由于批零市场货品丰富,品种多样(图3-51),货品跟进潮流速度快,能给买手有广泛的选择余地。为服装买手提供了良好的采购场所,促进了多种买手模式的发展。

图3-51 上海七浦路批发市场服装店铺

(2)虚拟店铺与实体店铺的结合

网上七浦路是上海七浦路服装批零市场信息化建设的重要项目,也是目前国内最大的专业网上服装批零电子交易平台之一,是华东地区最大的服装专业批零市场。网站立志于把七浦路服装批零市场建设成为一个专门从事服装经营的B2B、B2C、C2C电子商务平台,该系统拥有物品分类、推广、搜索、下单、链接等各种功能。网上七浦路通过发布招商信息、商品信息、活动新闻及流行趋势等,利用互联网视频等多种手段直接将信息传达给潜力客户和消费者,从而能以最小成本实现最好的招商和商贸效果。网上七浦路期望成为服装品牌商、服装代理商以及七浦路大量服装批零商进行品牌招商、产品展示以及网上批零的优秀网上平台②。七浦路市场通过虚拟店铺与实体店铺的结合,进一步扩大了它的市场范围,使得来自全球的买手都能够在七浦路市场进行采购。

(3)分工明确

由于七浦路市场服装交易量大,服装品种多,为了让采购商能够更加方便、快速地采购所需的服饰产品,七浦路各商城之间进行了品类细分,使得商城之间各有特色:兴旺和新七浦海外品牌较集中,如韩国的azoki、nono良品、哈利努亚、银座、费罗尼制衣商社等品牌集中于此;新金浦、凯旋城则侧重国内品牌。国内著名品牌波司登、千子晨等几百个品牌集中在这里,而天阜、

① 曾真. 批发兼零售:五彩缤纷的七浦路[J]. 中国制衣,2005(8).

② 金玲真. 服装集聚型购物中心与消费者行为研究——东大门与七浦路市场分析[D]. 东华大学硕士学位论文,2007.

超飞捷商场则偏向于价廉物美的南方服装小品牌①。

（4）成熟的现代商业平台

七浦路市场经过近30年的发展已形成较为成熟的商业平台，层面铺位分布较为合理科学。国内著名大型商业物业管理公司，利用多年成功经验，根据上海七浦路服装批零市场经营特点度身树立物管标准，保证商场旺而不乱，努力打造七浦路文明商家形象。推行“五公开”办事制度（即公开申请营业执照手续，公开摊位安排，公开市场管理规则，公开管理人员纪律、接受群众监督，公开收费与罚款制度），设立商品质量监督检验站和消费者投诉接待站，市场日趋文明和规范。

2. 上海世贸商城——现代化批发市场

上海世贸商城不同于传统的批发市场，是一个集各类商品交流、沟通的场所和第四代批发市场的高端类型。上海世贸商城位于上海虹桥经济技术开发区的黄金地段，经过多年的发展，已经成为服装企业和跨国公司建立交流、沟通的商贸平台，是中国第一家，也是亚洲规模最大国际级专业展贸市场之一。图3-52为上海世贸商城外貌。

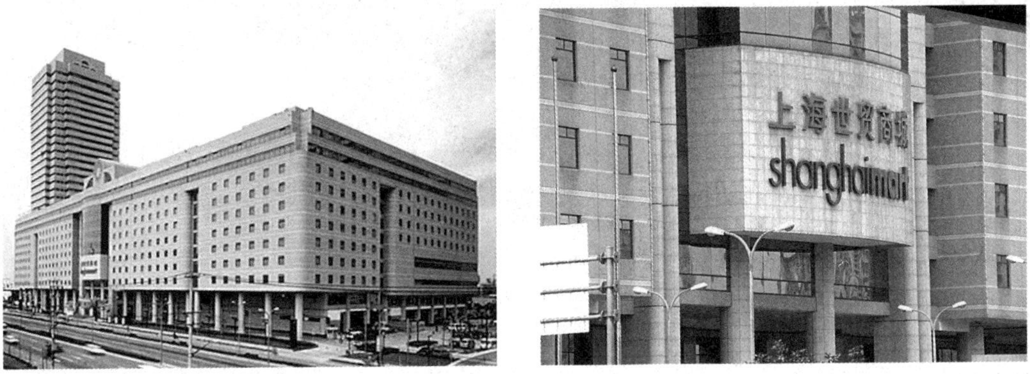

图3-52　上海世贸商城

（1）短期展会与长期展会相结合

上海世贸商城分为常年展贸市场和短期展馆。在这里每年有60次以上的国际买家采购活动、35次以上的时装发布活动、6次以上的服装设计师沙龙、10次以上的国际纺织品流行趋势发布及研讨活动。每年一次的“国际流行面辅料交易会”更是面辅料供应商与国内外买家贸易洽谈的盛会。

目前常年展贸中心主要包含以下主体产业：服装与纺织面料、礼品家居饰品和国际建材家具。集贸易、展示、办公、营销、资讯五大功能于一体，对买主展示优质产品，为厂商开拓国内外市场提供活动和交流天地（世贸商城拥有2 500个常年展铺位）②。

短期展会主要配合常年展示中心的行业类型和特点，每年举办近百场短期展，吸引来自世

① 曾真. 批发兼零售：五彩缤纷的七浦路[J]. 中国制衣，2005(8).

② 张俊龙. 上海世贸商城：潜心打造专业展贸平台[J]. 纺织服装周刊，2008(7).

界各地的客户进行参观和商贸洽谈。为了配合展会的需要，世贸商城特别设立了会议室和贵宾室，可以进行新闻发布会、研讨会、商务会晤与谈判、酒会等，促进买手与供应商之间的交流，同时给服装交易提供了一个国际窗口，更好地带动我国服装业走出国门。

■ 小资料

面料交易会"动"起来

每年国际流行面辅料交易会在上海世贸商城举办(图3-53)。国际流行面辅料交易会是上海世贸商城自办展的一个重要展项，至今已连续举办10余届。我国5大纺织产业集群、500家面辅料展商、100位设计名师、50家国际采购商、万名买家云集上海，共同见证盛会的上演。

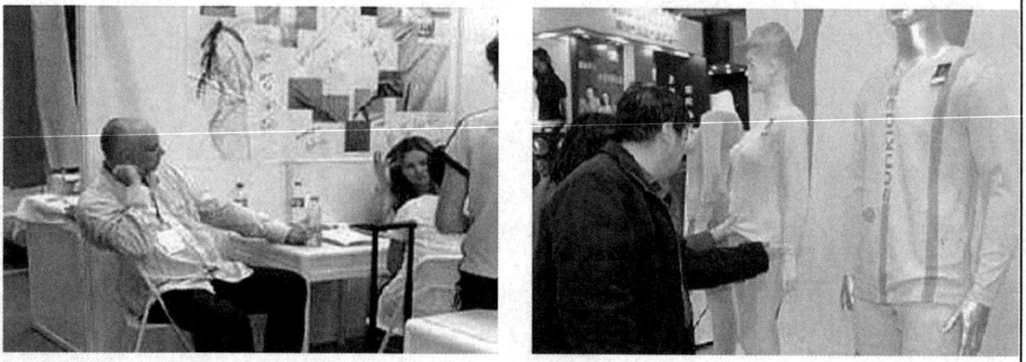

图3-53　第八届国际流行面辅料交易会

将供应商的面料以服装的形态、走秀的方式呈现出来成为历届交易会上的一大亮点。同时这也是上海世贸商城面辅料交易会的一个标志性创举。世贸商城充分发挥产业链的整合优势，别出心裁地将服装设计师融入面料的展示推广。韩国大邱、江苏吴江、福建石狮和中国家纺协会静电植绒专业委员会四大产业集群企业提供的面料，经优秀服装设计师根据面料特点和时尚潮流，度"料"定制，成为模特在四场风格各异的时尚系列面料发布秀上动态展示的服装成衣。这样就为面料采购商及买手——服装企业提供了一个当场见证面料成衣效果的机会。

(2) 国际采购平台

上海世贸商城把原本出口单一型的展会升级为"进口出口双车道"的跨国采购大平台。在买家邀请的渠道上，上海世贸商城开发了国际买家资源。在展会期间经常会邀请并组织全球知名纺织服装采购企业买手参加展会，其中包括日本伊藤忠、法国家乐福、瑞典H&M、英国玛莎等知名企业。同时，上海世贸商城采取了各种措施吸引国际供应商到中国开拓市场，为服装进口开辟新渠道。通过举办展会，给买手与国内外供应商提供了一个交流的平台，同时促进中国商贸市场国际化。

■ 小资料

IFEX 产业服务全新战略

在2008年中国国际服装博览会上，上海世贸商城高调推出 IFEX（International Fashion Exchange 海外设计品牌中心）产业服务全新战略，引起人们广泛关注，以及外商的浓厚兴趣。有专家指出，“IFEX”是上海世贸商城顺应服装产业变化，实现自身转变的分水岭，它致力于把上海世贸商城打造成一个海内外服装品牌的贸易中心。这一服务模式的应运而生，以其蕴含的产业意义，将为国内外服装产业开创一片“蓝海”，并影响中国服装产业未来发展。“IFEX”这一产业服务模式旨在为准备进入中国市场的海外设计品牌开创展示窗口，通过专业的品牌形象及产品信息宣传服务，帮助时装渠道商更轻松、安全地寻找适合市场发展的海外品牌合作方。IFEX 服务的推出，打破了上海世贸商城原来以国内服装企业为主要租户的局面，这是世贸商城自身定位的又一次重大转变。IFEX 服务不仅让外商选购中国的服装产品，同时促进国内企业与国际品牌合作，加速中国服装品牌全球化的提升。

3. 七浦路市场与上海世贸商城买手工作模式的启示

七浦路市场属于传统形式的批零市场，为买卖双方提供了采供市场，买手可以在批零市场进行考察，收集流行信息，并采购样衣和批量订货。通常，买手在七浦路进行的采购活动主要以现金、现货、现场交易方式为主。

上海世贸商城属于现代商贸形式的批零市场，给买手提供的不仅仅是一个采购市场，而且是一个能够让买手和供应商进行充分交流的平台。上海世贸商城通过举办各种展会，并且邀请国内外著名企业买手、供应商参与展会，促进了买手与供应商的交流，为买手寻找供应商提供了双向选择的渠道。在上海世贸商城里买手进行的采购活动主要是交流、谈判、下单等。表3-13是两种形态的批零市场比较。

表3-13 七浦路市场与上海世贸商城的买手比较

	买手形式	买手模式	商品售卖方式
七浦路市场	采购商、批零市场经营户、品牌企业买手等	现金、现货、现场交易	批发+零售
上海世贸商城	品牌企业买手、国际买手等	买手与供应商进行交流、谈判、下单等	订单(批量生产)

第四章

服装买手的职业前景

在流行时尚更迭加速、服装消费需求日益多样化、个性化的今天，服装企业推行买手模式已成为适应时代发展的一种需要。充分发掘市场需求、开发适销对路的产品或方案、规范采购流程标准，建立适合企业自身发展的买手模式，进而增强核心竞争力已成为买手制企业的当前要务；服装买手个人则应努力提升综合素质和专业水准，遵守应有的道德准则和规范；此外，服装买手的行为准则、权威认证、人才培训、考核及激励机制等也亟需引起相关部门和企业的重视，从而促进国内服装买手职业化进程及中国服装业的科学发展。

第一节 服装买手的职业发展

随着经济和时尚全球化的发展,国内外市场对服装买手的职业需求也在不断增长。人口数量的上升和人们消费能力的增强促使零售商进行规模扩张,以获取更多市场份额和企业效益。其中,采购活动是零售商业务流程中的重要环节,而服装买手已成为炙热可待的职业。

一、就业前景看好

据家乐福全球采购中国总部透露,该公司仅在中国就有近百名国际买手。随着服装业竞争的日趋激烈,买手若具备专业知识、工作经历和能力的优势,将越来越受企业的重视。尤其是经济较发达的时尚城市,对买手这一职业的需求与日俱增。

二、高级职业买手紧缺

高级职业买手往往承担着企业管理层委派的重要职责,包括价格谈判、采购合同的签订等,甚至还要求独立负责企业的采购招投标工作,对买手的工作阅历和能力十分看重。此外,随着近年来服装业的不断发展,高级销售管理人才需求日趋旺盛,高级职业买手更为稀缺。

■ 小资料

集成化的买手机制

多品牌集成店铺经营是介于大型购物中心,如 Shopping mall(销品茂)等与单品牌零售店之间,具有品牌零售店铺的外形,同时拥有多品牌并列的集成化新兴零售模式。对外统一强调"大品牌",面向顾客则销售不同的独立品牌。

"多品牌集成化"的品牌经营策略,对于大多数品牌批零商而言,是一种新的品牌经营模式,Lane Crawford、I. T、NOVO 等服装零售商采用多品牌集成店铺的模式,正在不断加快扩张开店的步伐。

同时,多品牌集成化营销模式更具灵活性,在商机上更有胜算。对于多品牌零售商而言,可避免单品牌大规模采购资本投入的风险;对于各服装品牌供应商来说,能以较小资金投入持续地培养品牌的影响力。

目前,多数大型零售贸易或品牌经销代理公司仍处于探索多品牌集成运作的最初阶段,这使得零售商可能面对如下若干关于平衡的问题①:

(1) 价格平衡——价格定位与顾客差距的平衡

价格定位广义上可分为两大类:

① 建立由低到高的价格带,扩大受众顾客的层次与范围,同时可以通过价格和定位的平衡,突出产品特色,减少不同品牌内部竞争,但缺点在于一旦超出了进驻商圈的顾客定位,反而会造成负面影响。

① Mr. Joe. 多品牌集成化经营之买手平衡术[J]. 中国服饰,2007(5).

② 制定统一价格水准，只服务于进驻商场定位一致或目标顾客明确的群体，价格和定位相似便于风格的统一和店铺的管理，但也会出现面对多品牌集成后内部互相蚕食销售的不良局面。

值得注意的是无论采取哪种方式，都应围绕目标市场的顾客定位来确定价格；不同品牌但同款同风格的货品，在采购量的制定、设计风格与元素的关联以及产品价格的定位等方面应协同互补；此外，各品牌还应保持各自的风格特征，同时也可以互相搭配，实现多品牌商品管理的内部调剂。

(2) 顾客平衡——品牌定位与顾客需求差异的平衡

顾客的需求永远是零售商需要注重的根本问题。多品牌集成店铺向顾客提供了多项选择的同时，店铺也将面临选择目标顾客的问题。为此，多品牌零售商可根据不同品牌和消费者的特点，给出多项选择，以满足多层次客户的需求。目标客户定位不准，多品牌赖以竞争的集群效果将丧失，商品互补作用也将无从发挥。

(3) 品牌平衡——品牌与品牌互相竞争的平衡

如果企业统一培训和管理销售、推广与营运人才方法不当，易使多品牌集成运作逐渐还原到单品牌多条渠道采购组货的原始阶段，丧失此种业态的活力与优势，品质感和附加值也随之削弱。

为避免这一情况，最大程度地实现品牌平衡，多品牌零售商应增加适应不同目标需求的买手团队，扩充商品部门职能，针对每个品牌打造独立的采购和企划小组，进行科学的职能化分工。

(4)合作平衡——零售商与诸品牌企业的利益平衡

零售商和服装品牌供应商之间永远是双刃剑的关系，获取利益是长期合作的基础，然而，他们之间的合作关系敏感而多变。由于存在依据经营业绩对服装品牌供应商进行取舍或服装品牌供应商主动撤柜等风险，因此，在零售商和品牌服装企业之间利益平衡是合作的保障。

然而，倘若仅靠丰富的渠道与运营经验仍不足以解决以上平衡问题，管理者需具备时尚消费市场的全局视角和跨度较大的时尚品牌驾驭能力；另一方面，单品牌的买卖数据管理分析与多品牌的货品平衡规划工作也有区别。因此，有服装品牌货品采购、组织和规划等经验，同时具有多目标定位、风格不同的品牌运作从业经验，并能介入上游产品研发与商品企划的多面手是多品牌零售商需求的理想职业买手。

多品牌服装集成化运作零售模式的核心是买手机制，在运作过程中，采购与商品企划的功能逐渐集成化，买手需要具备设计师、产品企划师、陈列师等多种职位的知识。

总之，快速消费品零售业的迅猛发展和品类分工的成熟，催生了各种新兴的零售业态，集成化的买手机制将成为未来发展方向之一。

第二节　企业买手的人才培养与激励机制

企业的市场运作模式随着市场规则的变化而不断改进，企业买手担当着发掘市场需求、开发适销对路的产品或方案、有效进行资源优化配置、适应瞬息万变的服装市场以及增强企业对市场需求快速反应的重任。为此，服装企业应积极采取买手人才培训及激励机制的措施，让这批全新而独特的专才为服装企业的发展做出更大贡献。

一、服装企业的人才构成

我国服装业目前正处于产业结构转型期。以上海为例，正从传统产业向都市型产业升级，未来服装业的发展也将呈现知识化、信息化、全球化趋势。一家成功的服装企业需要有敏捷的市场应对能力、灵活多变的生产流程控制手段，具备创新意识的产品开发和科学管理水平，而实现以上目标的重要条件是企业不仅拥有高素质的工人，更需要有复合型的高素质技术和管理专业人才。

服装企业在培养、开发专业人才的同时，也应重视经营管理人才的培训。服装企业人才包括经营和管理人才、专业技术人才和普通员工。表 4-1 及表 4-2 为服装企业经营管理、专业职称及改进的要点。由表可知，服装企业在培养服装经营管理人才和专业人才方面还有许多工作要做，必须尽快在人才培养方面形成教育培训体系。

国内品牌服装买手通常由品牌企业的高层主管、设计总监、企划部或产品部的专职人员等担任；成衣服装买手往往由企业采购部经理、各级服装品牌代理商或个体服装店铺经营者等担任。太平鸟服装公司总经理认为：本公司虽然没有买手的岗位称呼，但实行买手模式的运营机制已有较长时间，总经理就是公司最大的买手，每年都要带领团队考察市场，采买样衣，指挥和协调买手团队一系列的经营活动。

表 4-1　服装企业不同部门的管理职称和改进重点

部门	管理职称			改进重点
	国有、民营企业	日资企业	欧美企业	
营销	销售科长 销售经理 业务部经理 广告部经理	营销部长 事业部长 销售部长 商品计划部长	市场营销副总 商品策划副总 商品部总监 广告部总监	① 系统分析和制定计划 ② 消费生活分类知识 ③ 市场营销理论学习和实践 ④ 专业管理能力的培养
设计	计划科长 设计科长 总工程师 总设计师	计划室长 流行室长 商品开发室长 首席设计师	时装部总监 设计部总监 产品部总监	① 重视利润 ② 掌握市场动向 ③ 加强专业知识学习 ④ 设计师的上级领导应学习有关的专业知识
系统	财务科长（经理） 总务科长（经理） 各车间主任 人事科长（经理）	财务部长 总务部长 工场长 人事部长 流通部长	财务总监 供应链总监 人事总监 物流总监	① 加强管理意识 ② 关心与其他部门的联系 ③ 系统理论学习 ④ 理解企业战略意图

表 4-2 服装企业不同部门专业职称和改进重点

部门	专业职称			改进重点
	国有、民营企业	日资企业	欧美企业	
营销	营业员 促销员 采购员	商品策划师 促销室长 买手	商品策划师 推销师 买手	① 加强服装专业和市场营销基础知识的学习 ② 培养成为营销专家
设计	款式设计师 样板设计师 缝制工艺师 计划员	设计师 生产计划员	设计师 服装配套师 整体设计师	① 注意艺术与经济的关系,克服利润及商业知识薄弱的缺点 ② 作为一流企业,应有一批优秀的设计师和专家
工程技术	技术员 技术科长 检验员 工程师	技师 技术主任 检验师	工程师 结构设计师 裁剪师 样衣师 成本分析师	① 加强专业知识的培养 ② 加强现场管理和技术指导

二、买手人才的培养

(一) 买手的岗位设置

如表 4-3 所示,国际一、二线品牌大多设有买手职位,但根据品牌的不同等级,买手的工作职能和地位有所差异。

表 4-3 买手在不同档次品牌中的地位

类　别	代表品牌	消费特征	买手地位
高级女装（稀奢品）	DIOR、CHANEL、VALENTINO 等一些专为个人量身定制的高级女装品牌	与成衣及普通定制不同,对细节苛求,讲究技术的运用、材料的再造,并传达人类对审美的不断追求;消费群体小,孤品,价格昂贵	设计师处于主导地位,不需要买手
高级成衣（奢侈品）	GUCCI、PRADA、VERSACE、LV、FENDI	产量少而精,但却带动流行趋势,处于领导地位	设计师地位较高,一般由顶级设计师或设计师为主买手为辅完成相应的设计
高级成衣二线品牌（轻奢品）	CK CALVIN KLEIN、EMPORIO ARMANI、COACH	高级女装的大众化品牌,但价格相对原品牌低,同时数量相对较多	买手与设计师地位相当,两者携手共同确定商品内容
大众成衣（大众消费品）	ZARA、GAP、H&M、MANGO	此类品牌以市场为先导,大批量生产,追随流行而非引导流行	单一的买手制,或以买手为主、设计师为辅的形式

目前在国内,一部分品牌强调设计师风格、以设计为主导开发新款,而大部分品牌以市场为主导,通过采买样衣与设计师合作开发系列新款。品牌企业在设立买手职位之前,首先应当明确企业品牌设计开发是以设计师为主,还是以市场抓款为主。由此,根据品牌定位、不同地区的目标消费群进行货品的选购与运作。

对品牌服装企业来说,要持续发展并不断提升品牌价值,必须注重产品开发能力和终端销售能力。因此，服装企业需要的买手如第三章所述，可分为若干类。在以服装品牌零售为主的企业组织结构中，有不同的买手岗位。

1. 产品开发买手

产品开发买手即一般意义的时尚买手，如ZARA、ONLY、ESPRIT以及艾格产品部的买手都属这一类型。这些买手的工作岗位很大程度上与设计师类似，不同的是买手更多的是对市场流行变化趋势的客观反映，并将消费者的需求变化与流行要素相结合进行产品开发，制定销售计划并协助设计师完成系列新款开发。这种运作方式比较适合处于模仿和学习阶段的我国服装企业经营发展。同时，国内一些服装品牌企业的服装设计师开始向时尚买手转型。

2. 企业加盟买手

加盟买手的概念源自于加盟商。品牌加盟是服装零售行业中重要的营销渠道，对于服装品牌企业而言，要真正发挥加盟渠道的作用，必须培养加盟商买手。通过加盟商买手的培养和成长，能协助加盟商更好地了解企业每季、每一波段的系列产品，并根据本地市场的特色做好成衣货品计划和采购工作。由此，加盟买手能更好地满足本地区消费者的市场需求，并协助加盟连锁店提高市场业绩。

（二）买手的素质要求

1. 了解企业品牌定位与发展规划

服装买手必须根据品牌定位及目标消费群的需求进行产品开发和采购，在满足消费者的同时为企业带来利润。对于品牌服装企业来说，品牌形象、理念及内涵的传播要通过不同的产品形式、不同的主题故事进行传播，因此加强对品牌企业自身细致深入的了解成为买手的首要工作内容。

2. 把握服装市场需求及流行信息

买手应对服装流行趋势具有敏锐的洞察力，准确的判断力，这样才能确保买入的服装产品有良好的销售业绩，不会造成大量的库存积压；关注各种服装面辅料的最新信息，能对服装流行趋势做出有益判断。

3. 掌握服装专业知识

买手应具有一定的专业知识，了解各种类型服装的生产过程、加工成本等。只有了解服装的生产过程才能与生产商共同控制服装产品质量、成本和交货期；了解加工成本可以科学地控制采买价格，扩大盈利空间。

4. 具有商业头脑且对数据敏感

买手要善于捕捉市场动向，具备财务、统计等相关知识，根据以往的销售数据制定下一季服装的销售种类与数量和服装的产品比例；通过对销售报表的阅读与分析，决定未来产品的结构。

5. 具备良好的协调能力和抗压性

买手在品牌研发过程中需要与设计师、供应商、市场销售人员等各个部门协作，还要与生产商签约，良好的团队精神和谈判技巧是对服装买手素质的基本要求。同时，买手需要经常去海内外挑选商品、采集流行信息、进行采购谈判，因此要求买手能承受较大的工作压力。

除此以外，买手应通晓基本外语，这样能够扩大采买范围，而不仅仅局限于国内市场。

(三) 买手的培养与来源

买手是服装企业的紧缺人才,就业行情看好。企业在买手培养方面,可从外部引入专业人才,或培养内部员工转型为买手。

1. 外部人才

企业可从外部招聘有实战经验的职业买手,他们熟悉买手的工作流程及工作要点;在了解企业现状及目标的基础上,能在短时间内投入工作并为企业创造出效益。

2. 内部人才

企业也可培养现有专业人员成为买手,如设计师、销售人员等。

(1) 设计师

设计师对时尚流行敏感,但在零售管理方面的知识和财务运算能力上有所欠缺;对于企业中有一定工作经验的设计师,可制定这方面的专门训练课程或买手专业知识的培训,使他们成为买手团队中最具实力的后备军。

(2) 销售人员

销售人员对市场有着敏锐的分析能力,所欠缺的是产品专业知识、审美能力和对流行趋势的把握。若能加强服装产品开发方面的训练,使其掌握流行趋势的信息和动态,提高自身审美能力,销售人员也会成为买手团队的另一个主要来源。

(四) 买手的培养方法及内容

服装买手的需求量日益增大,目前有少数培训机构提供买手的培训,国内高校开始陆续开设相关课程,一些品牌服装企业也开始着手买手的培训工作。

1. 确定培养需求和目标

企业确定买手培训需求的方法有多种,一般采取工作分析和人员分析相结合的方法。

买手工作分析是以鉴定有效完成买手工作所需技能、知识和态度的分析方法。

买手人员分析是以发掘买手工作所需具备的技能、知识及态度和程度的分析方法。

人员分析汇总最重要的环节是员工绩效,如果买手达不到标准绩效(包括销售额、毛利率、库存周转率等),原因可能是个人能力,或是客观工作条件,也可能是工作态度或公司管理方面的问题,只有通过全面分析才能具体确定需要开展哪些培训活动。

以上两种确定培训需求的方法可通过多种渠道实施,如与员工一起参加学习活动、研究销售数据报告和记录、现场调查分析等。

2. 培训内容的制定

培训需求和目标制定后,可制订相应的买手培训内容,一般可包括以下几点:

① 企业基本信息(历史、现状及发展战略等)。

② 买手基础知识(职能、基本工作流程及职业发展等)。

③ 市场流行与消费者信息收集。

④ 采购计划制定及商品定价(销售数据处理分析)。

⑤ 采购实施(供应商选择、谈判、跟单等)。

⑥ 品牌宣传及店铺管理。

根据企业的类型、培训买手的种类及培训目的,制订具体培训内容。

■ 小资料

服装买手培训内容参考提纲

(1) 买手的基本概况

- 买手发展的历史与现状。
- 买手的定义与分类。
- 买手的作用与意义。
- 买手在公司架构中的职能与职责。
- 买手体制与其他体制的区别。

(2) 服装商品企划与采购计划

- 商品季节企划(信息收集与分析:外部市场信息分析、内部销售数据分析;季节提案等)。
- 采购计划的制定(采购种类、采购数量、产品配比、确定采购时机)。
- 商品定价(定价依据、促销方式)。

(3) 实施采购

- 供应商评价与选择。
- 采购谈判(确定价格与采购条件)。
- 跟单(过程控制)。
- 验收。
- 记录与档案维护(采购组织评估机制的建立)。

(4) 店铺管理

- 视觉营销。
- 货品管理(库存控制)。

(5) 信息化、IT及规范化支撑

- 信息数字化管理。
- 规范化管理。

(6) 巡查市场(需外出授课)

- 巡查市场的目的。
- 市场巡查前的准备。
- 巡查报表的重要性。
- 如何发现公司品牌的内部问题。
- 周边竞争品牌的分析。
- 如何发现对方的畅销款式。
- 如何应对竞争者的恶意推广影响。

(7) 推广活动的利润分析

- 根据自身的货品,制定活动,如何平衡利润率。
- 应对商场的活动压力,如何平衡利润。

(8) 季度买货总结
- 利润达标情况分析。
- 库存情况分析。
- 买货准确度分析(款式分析,类别分析,尺码比例分析)。

(9) 其他
- 产品质量问题和售后服务总结。
- 下季度产品结构制定。
- 买手的行为规范。
- 买手的资格认证。

3. 培训计划的实施

(1) 培训地点、人员与时间

具体培训地点可视受训人员多少以及受训内容而定。而受训所需的时间也可根据人员的素质、训练方法、培训要求确定。但最重要的是注意长短结合,因为培训并不是一种简单的、短期的活动,而是一项周密安排、循序渐进的活动过程。

(2) 培训方法的运用

培训有多种方法:在课堂讲授时可结合各种视觉器材,如实物、模型、幻灯、录像等;在店铺实习时,可进行现场演示、模仿或案例解析;另外随着科技的发展,还可利用网络视频软件进行自学或辅助教育,利用终端技术进行远程培训等,这样员工可在任何时间、地点不受限制地接受培训,学习知识和技能。

4. 培训工作的总结和评估

每次培训工作进行过程中和结束后,都应对培训的各个方面包括培训过程本身进行评估,以确认培训是否合理,是否达到预期目标,收到预期效果。尤其在培训工作初期,应收集各方面意见和信息,以此对培训过程中的细节问题及时进行调整。

培训结束后,应尽量收集培训活动所涉及的各方面人员的意见和建议,从而不断总结经验,充实到以后的工作中,使今后的培训工作开展得更顺利、更有效。

服装买手是一门偏重于商务的学科,但同时涵盖了许多服装专业知识,具有很强的专业性。因此,国内的服装学院和服装培训机构对服装买手专业的培训工作应该给予重视,学习和引进国外先进经验、知识和技能,为企业培养专业买手人才,如此,才能使国内品牌服装企业与时俱进,促进可持续发展。

三、买手人才考评及激励

(一) 考评的种类

买手的考评指对买手的品行、能力、知识等内在素质、工作态度、工作能力与工作业绩的考核与评定。考评的种类及目的如表4-4所示。

表4-4 考评的种类和目的

考评种类	主要目的	考评对象
奖金考评	分配奖金	买手团队全体员工
提薪考评	决定提薪幅度	买手团队全体员工
职务考评	提升职务级别	符合资历者
晋升考评	确定晋升与否	符合晋升资历或推荐者

（二）考评的内容

考评的首先内容为条件状态，包括学历、资历、认定资格、性别、年龄等，它是职业资格的基础部分；接着为过程状态，包括技能、经验等；其次为结果状态，包括业绩、效益等。

买手的考评项目可初步分为以下考评指标：

① 基本素质：身体状况、仪表、举止言行、智力、自信心、意志力、思想道德。

② 工作态度：精神状态、事业心、责任心、认同感、积极性、协作性、纪律性、服务性。

③ 知识水平：服装和面料、消费者行为和心理、市场信息、法律、财会、外语、电脑等。

④ 工作能力：判断力、说服力、理解力、创造力、应变能力、社交能力、协调能力、规划能力。

⑤ 工作成绩：销售额、毛利润、存货周转率、工作量、顾客管理、工作质量、工作效率。

经过筛选确定考评指标后，将考核项目进行量化，确定项目的权重及分数，生成人员考评表格。

一般来说，对买手考评的最主要方面为绩效，包括销售增长率、毛利率、库存周转率等。

小资料

相关术语的说明

1. 销售增长率

（1）基本概念

销售增长率是指企业本年服装销售收入增长额同上年服装销售收入总额的比率。销售增长率表示与上年相比，企业服装销售收入的增减变动情况，是衡量企业成长状况和发展能力的重要指标。

（2）计算公式

$$销售增长率/(\%)=\frac{本年服装销售收入增长额}{上年服装销售收入总额}$$

（3）内容解释

① 本年服装销售收入增长额 = 本年服装销售收入总额 - 上年服装销售收入总额。如本年服装销售收入总额低于上年，本年服装销售收入增长额用“-”号表示。数据取值源于企业财务报表。

② 上年服装销售收入总额指企业上年全年的服装销售收入总额。数据取值于企业财务报表。

（4）指标说明

① 销售增长率是衡量企业服装零售经营状况和市场占有能力、预测企业服装零售经

营业务拓展趋势的重要指标。不断增加的销售收入,是企业服装零售生存的基础和发展的条件。

② 该指标若大于0,表示企业本年的服装销售收入有所增长,指标值越高,表明增长速度越快,企业服装零售的市场前景看好;若该指标小于0,则说明产品或服务适销不对路、质次价高,或是在售后服务等方面存在问题,市场份额萎缩。

③ 该指标在实际操作时,应结合企业历年的服装销售收入水平、市场占有情况、未来发展及其他影响企业发展的潜在因素进行前瞻性预测,或者结合企业前三年的服装销售增长率做出趋势性分析判断。

(5) 评价参考标准

① A:销售增长率在10%以上。

② B:销售增长率介于5% ~10%之间。

③ C:销售增长率介于0% ~5%之间。

④ D:销售增长率介于-5% ~0%之间。

⑤ E:销售增长率在-5%以下。

2. 毛利率

(1) 基本概念

毛利率表示销售收入扣除销售成本后,有多少钱可以用于各项期间费用和形成盈利。毛利率是商品流通企业和制造业反映商品或产品销售获利能力的重要财务指标,是企业销售净利率的最初基础,没有足够大的毛利率便不能盈利。评价时可将服装毛利率与企业其他产品的毛利率进行比较,也可参考其他企业服装毛利率的水平。

(2) 计算公式

$$毛利率/(\%)=\frac{毛利润}{销售收入}$$

(3) 内容解释

毛利率是毛利润占销售收入的百分比,其中毛利润是销售收入与购入成本的差值,毛利润=销售收入-购入成本。数据取值源于企业财务报表。

(4) 指标说明

① 毛利率是从企业的盈利能力和获利水平方面对资本金收益率指标的进一步补充,体现了企业毛利率对利润总额的贡献以及对企业全部收益的影响程度。

② 该指标体现了企业经营活动最基本的获利能力,没有足够大的毛利率就无法形成企业的最终利润。为此,结合企业服装零售收入和成本分析,能够充分反映出企业服装零售的成本控制、费用管理、产品营销、经营策略等方面的不足与成绩。

③ 该指标越高,说明企业服装产品的定价科学,产品附加值高,营销策略得当,服装零售市场竞争力强,发展潜力大,获利水平高。

④ 一般来说,毛利率会在企业与服装供应商之间的谈判过程中确定,同时成为企业定价、降价促销等活动时考量的因素。

(5) 评价参考标准

① A:毛利率在20%以上。

② B:毛利率介于15% ~20%之间。

③ C:毛利率介于10% ~15%之间。

④ D:毛利率介于5% ~10%之间。

⑤ E:毛利率在5%以下。

3. 库存周转率

(1) 基本概念

亦称存货周转次数,是企业一定时期主营业务成本与存货平均余额的比率。存货周转率是对流动资产周转率的补充说明。存货周转率指标的好坏反映企业存货管理水平的高低,它影响到企业的短期偿债能力,是企业管理的一项重要内容。一般来讲,存货周转速度越快,存货的占用水平越低,资金流动性越强,存货转换为现金或应收账款的速度越快。因此,提高存货周转率可以提高企业的变现能力。

(2) 计算公式

$$存货周转率(次/年)=\frac{主营业务成本}{存货平均余额}$$

(3) 内容解释

① 主营业务成本是指企业销售产品、商品或是提供劳务等经营业务的实际成本。数据取值于企业财务报表。

② 存货余额是指企业存货账面价值与存货跌价准备之和,存货余额=存货账面价值+存货跌价准备。存货账面价值指企业期末各种存货的可变现净值。存货跌价准备指存货可变现净值低于存货成本的部分。存货平均余额是存货余额年初数与年末数的平均值,即存货平均余额=(存货余额年初数+存货余额年末数)/2。另外通常说的存货周转天数=360/存货周转率。数据取值于资产负债表及资产减值准备、投资及固定资产情况表。

(4) 指标说明

① 存货周转率是评价企业从取得存货、投入销售到收回资金等各环节管理状况的综合性指标,用于反映存货的周转速度,即存货的流动性及存货资金占用量的合理与否。

② 服装企业,尤其是其中的服装零售板块,存货在流动资产中所占比重较大,因此必须重视存货周转率的分析研究。采用本指标的目的在于针对存货管理中存在的问题,促使服装企业在保证销售经营连续性的同时,提高资金的使用效率,增强企业的短期偿债能力。

③ 存货周转率在反映存货周转速度、存货占用水平的同时,也从一定程度上反映了企业销售实现的快慢。所以,一般情况下,该指标越高,表示企业资产由于销售顺畅而具有较高的流动性,存货转换为现金或以应收账款的速度快,存货占用水平低。

④ 运用本指标时,还应综合考虑进货批量、生产销售季节性变动以及存货结构等因素。

(5) 评价参考标准

① A:存货周转次数在5次/年以上,即存货周转天数在72天以下。

> ② B:存货周转次数在4~5次/年,即存货周转天数在72~90天。
> ③ C:存货周转次数在3~4次/年,即存货周转天数在91~120天。
> ④ D:存货周转次数在2~3次/年,即存货周转天数在121~180天。
> ⑤ E:存货周转次数在2次/年以下,即存货周转天数在180天以上。

表4-5为买手型服装企业零售绩效的评估初选指标示例,图4-1是买手零售绩效评价结果的示例。

表4-5 买手型服装企业零售绩效评估初选指标

层 面	初选指标		指标描述
财 务	1	销售增长率	服装销售增长额同上年销售总额的比率
	2	平效	每平方米的年销售额
	3	毛利率	毛利润÷销售收入
	4	成本费用利润率	利润总额÷成本费用总额
顾 客	5	顾客满意度	顾客期望、产品/服务质量、价格因素
	6	顾客忠诚度	认同感、购买频率、单次购买情况
	7	市场份额	企业中服装产品销售份额及其市场所处地位
	8	老顾客保持率	一定时期内经常使用会员卡的顾客数量所占比例
内部业务流程	9	供应商情况	成本、质量、交货、服务及技术合作
	10	存货周转率	主营业务成本÷存货平均余额
	11	运营效率	部门内业务流程工作效率
	12	经营管理水平	管理投入费用、市场拓展、卖场更新情况
学习与成长	13	员工满意度	薪资、福利待遇、企业认同感
	14	员工培训机制	培训投入、培训次数、考核情况
	15	员工素质	学历、技能、专业知识、职业道德
	16	企业文化	企业形象、经营理念、工作环境

1. 物质激励

企业可运用的物质利益激励手段包括工资、奖金和各种福利津贴。物质利益激励是最基本的激励手段,它决定着企业员工基本需要的满足感。同时收入及居住等条件也影响着员工的社会交往、文化娱乐和自我实现等精神需要的满足状况。

买手的激励,包括工资、奖金,与销售额、毛利及库存周转率等挂钩,同时,根据不同贡献,提供相关的福利待遇,如车贴、医疗补贴、住房补贴、带薪假期、无息贷款、疗养旅游等。

2. 精神激励

服装企业应特别重视非物质激励,提倡企业文化,通过强化人才的责任感和认同感留住人才,发挥买手的聪明才智。

企业可设立荣誉称号奖励机制,还可采取破格晋升职务的奖励,使这种荣誉激励产生更大的连锁效应。

图 4-1　某买手型服装企业零售绩效评估结果

第三节　我国服装买手的职业规划与发展

一、服装买手应具备的素质

服装买手在市场营销活动中要承担诸多工作，需要从流行、时尚的角度出发，懂得商品的属性和采购知识，能预测哪些款式的商品好销，定价多少比较合适等。

（一）工作内容

① 经常阅读杂志、关注媒体，了解竞争对手的情况，对于商贸、时装、面料的趋势等做一定的了解，以便把握整体时尚流行和消费群体的文化特征，提供下一季商品的款式、面料、颜色等建议。

② 采买样衣，参与公司商品企划及产品设计开发，同时与设计师保持沟通，讨论产品的细节，如颜色、饰件等。

③ 参与制定采购计划和商品定价：根据企业的经营目标决定购买商品的种类、数量及采购时机。

④ 将设计出来的服装确认样与供应商联系，选择合适的供应商，并协商价格、质量、交货期等细节，同时对采购订单进行跟踪控制，并建立相应采购评估机制。

⑤ 与市场营销部门合作，包括协助制定市场推广和促销方案、制作产品宣传册及准备新品发布会等内容。

⑥ 与视觉营销和销售部门配合，协助店铺进行展示设计、流行趋势及货品知识和理念的传达，实时了解店铺销售信息。

⑦ 在销售季节中，买手应根据数据分析，实时总结畅销与滞销款的原因，并解析竞争对手的销售情况，同时对促销、降价等提出建议。

⑧ 当销售季节结束时，分析本季整体投产与销售产销率的关系、评价促销计划与实际效果的绩效、总结库存消化工作的经验等，以便于下一季度采购工作的安排。

（二）优秀职业服装买手具备的素质

① 对时尚具有较高的敏感度，热衷于时尚行业。

② 有一定判断力，对各种新鲜事物能接受并敢于尝试。

③ 性格积极开朗，善与人相处，具有对内对外良好的沟通和协调能力。

④ 有较强的主见，懂得"舍得论"，需具备准确的谈判力和决策力。

⑤ 有灵敏的商业头脑，能够准确制定商品的种类与数量，并且熟悉产品的原材料、制造工艺以及成本构成。

⑥ 时间观念、时间安排（日程计划）、时间控制能力强，具备快速反应素质。

⑦ 善于对销售数据进行分析，对数字敏感，由此捕捉市场动向、揣测顾客心态。

⑧ 能承受较强的工作环境和频繁出差的任务，精力充沛，善于自我调节。

⑨ 善于自我管理和计划，具备独立工作能力和超前意识。

⑩ 掌握基本的外语和商贸常识。

总之，时尚产业变化迅速，优秀的服装买手具有出众的专业能力、勇于承担风险，并能承受较大工作压力。每次订货都是一场对买手综合素质和能力的测试，当取得良好业绩和丰厚回报时，服装买手能体会到这是一项具有挑战性和成就感的事业。

二、服装买手的职业规划

在发达国家，服装买手分工比较明确细化。在企业买手团队中，有买手总管，下设助理买手、具体执行的买手等，每个岗位工作领域相对明晰。

在我国，服装买手是一种崭新的职业，岗位职责尚在完善过程中。多数服装买手是从商品助理、设计、陈列、企划等相关岗位转型而来的，应届毕业生获得买手职位的情况较少，从买手助理岗位上逐渐成长起来的较多。因此要想成为一名资深服装买手必须循序渐进，经过多重磨练。

虽然多数服装买手是从基层做起的，但他们的职业前景相对其他职位更为广阔。那些能够顺利完成各项考核指标的买手，会被提升担任部门经理；通过进一步努力，甚至能获得商品团队的总监甚至更高职位①。国内服装零售业的买手模式正逐渐步入正轨，助理买手、普通买手和买

① 杰·戴孟德. 服饰零售采购：买手实务[M]. 北京：中国纺织出版社，2007.

手总监等职务的级别渐渐细化，图 4-2 是典型的买手晋升结构图。因此，要想最终成为一名资深服装买手必须一步步地发展，从而完成每个阶段的晋升。除此之外，买手的管理结构和工作职责还与公司规模有关，一些小型公司更多的是一种扁平式的管理结构，可能一位助理会直接晋升为买手；而一些较大的公司可能会应用图 4-2 的这种管理模式。

服装买手与企业在今后的运作中，要从职业规划方面着手，对买手行为加强培训与改进，使买手制企业获得更好的市场行为化制度、买手个体获得更高的职业化素养。

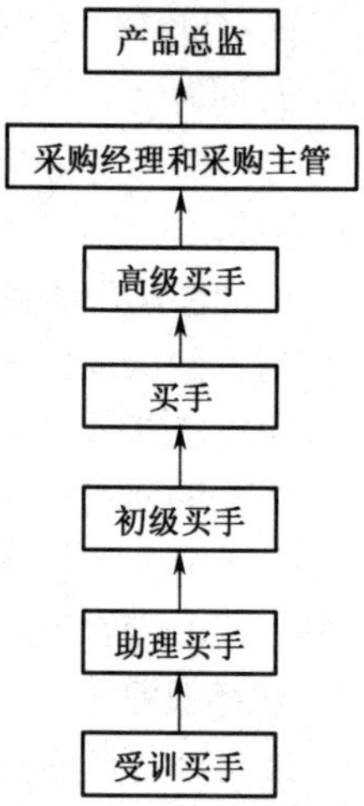

图 4-2　服装买手晋升结构

三、我国服装买手的发展空间

（一）服装买手的特殊之处

我国服装市场现阶段遇到的主要问题有：历史悠久的国内服装品牌不多、本土设计师处于刚刚崭露头角的阶段、服装市场反应不快、设计风格模仿多创新少等。但随着经济和科技的发展，中国服装市场已成为全球最有潜力的市场之一。因此，海外服装企业和品牌竞相抢占和扩大在中国市场的份额，这对本土企业来说既是机遇也是挑战。国内的百货公司、品牌零售企业、连锁超市等均需结合自身条件进行结构调整，努力提升综合竞争力，以此迎接新一轮的商业变革。一些服装企业为适应全球化趋势，提升品牌服装经营业绩和附加价值，设立了专门的买手岗位，国内“时尚买手”也随之悄然兴起。

小资料

国内休闲装品牌的买手与设计师

当今中国服装市场，像 ONLY、JACK JONES 等一些品牌都没有自己的设计师，但在不同的地区有自己的产品开发师，其实也就是时尚买手。这些品牌能运营成功，更多的是靠时尚买手来替代设计师的角色，降低企业风险并提高收益。

唐狮、美特斯·邦威等经营服装零售的品牌公司，对买手的需求也大于设计师。因为，时尚买手懂设计，更精于捕捉市场信息，了解服装面料、工艺、流程等细节内容；而设计师主要设计开发新款，若不能顾及市场需求，存在比较大的市场风险。

近年来迅速发展的快时尚品牌太平鸟引入时尚买手模式，同时，一些设计师已开始向买手转型。由此，越来越多的时尚买手将会在我国服装品牌企业中发挥作用。

（二）买手模式的发展

买手模式将创新理念与运作方法带入服装企业，使这些企业能更好地参与国际竞争。目前国内市场上的境外品牌大多定位于中高档次，但他们的很多产品是国内生产的，只是用品牌文化将产品进行了包装。我国市场发展和企业经验积累已经具备了高档化与品牌化的先期运作条件，国内服装企业家纷纷进行着国际品牌市场运作技巧的探索，而服装买手恰是这种技巧必不可少的缔造者①。

但对于我国服装企业而言,服装买手还处于初级发展阶段,需要通过吸纳发达国家买手制运作的经验和参与全球品牌服装运营的历练,逐步完善服装买手工作和激励机制,从而提高整个运作流程的经济效益。

(三) 资格认证与行为规范

服装买手在我国还是一个新兴的职业,在今后发展中,需要进行有效规范运作,提高国内服装买手的职业素养。其中,买手资格认证和行为规范有待进一步完善。

1. 买手资格认证

职业资格认证制度是我国劳动就业制度的一项重要内容,也是一种特殊形式的国家考试制度,即按照国家制定的职业技能标准或任职资格条件,通过政府认定的考核鉴定机构,对劳动者的技能水平或职业资格进行客观公正、科学规范的评价与鉴定。

职业资格证书表明,劳动者具有从事某一职业所必备的学识和技能,是劳动者求职、任职、从业的资格凭证,用人单位招聘、录用劳动者的主要依据;也是境外就业、对外劳务合作人员办理技能水平公证的有效证件。国家职业资格证书分别由国家劳动社会保障部、国家人事行政部等各相关部委授予。

我国自 1994 年正式推行职业资格认证制度至今已经初步形成了职业资格标准和认证体系。据统计,国内已有 23 个行业,90 个职业工种有了职业资格证书的准入门槛,包括了会计、银行、证券、保险、医师、药剂师、导游、公关、秘书、推销等②。

然而,国内服装买手的国家资格认证制度尚未实施。但上海、北京、深圳等地的有关机构已开设买手培训的相关课程,考试合格者将得到"时尚买手"专业技术资格证书(适合人群:服装设计师、陈列师、店员、店长、销售营运人员、商品企划人员、数据分析员、买手助理、个体店主等时尚界从业者。培训内容:服装品牌定位、市场定位、服装设计、产品整合、面辅料开发、商品企划营销管理、商品管理、数据分析、店铺陈列管理、服装搭配管理、开发整合企划订货、采购、组合、陈列搭配服装等)。

但这种专门的从业资格证书尚未被业界广泛认可。在服装买手制企业中,由于对培养和挑选买手缺乏统一细化的标准,国家买手资格认证若实施,必将对买手制的规范发展具有推动作用:一方面可使那些具备买手资质的人拿到证书、与企业对接,提高从业地位;另一方面可以激励有志从事买手职业的人士通过考评,深入了解服装买手内涵,获得理想和稳定的工作岗位。

2. 行为规范

服装买手的企业化行为规范,体现在买手的职业发展以及对本企业发展的贡献。也就是说企业建设与市场化运作要按服装市场的运作特点进行规范,其中包括企业的内部买手制度的建设。买手制企业强调的是企业化的运作资源,这就要求企业建立质量保证和管理系统以及社会责任制度,将工作流程和激励机制标准化,由此实现更快捷、有效的采购。

---

① 王士如,高彩凤. 服装企业买手模式[M]. 北京:中国纺织出版社,2005.

② 孙小丽. 我国职业资格认证制度的问题、对策与趋势[J]. 职业教育研究,2007(10).

■ 小资料

里斯·克莱勃(Liz Claiborne)的生产地选择标准

里斯·克莱勃(Liz Claiborne)公司2000年时销售额达到31亿美元,利润1.85亿美元,该公司无自营直属缝制工厂,与来自30多个国家的服装生产供应商合作,年外加工服装9 000万件/套。为规范采购行为,公司制定的工作手册规定了五项生产地选择标准:

① 产地组合——技术水平、交货期、加工费、配额、原料及商品类别等最佳产地的选择与组合。

② 商品采购组合——服装商品采购的选择和组合,1994年里斯公司的服装采购面向38个国家的496家缝制工厂,经过筛选,缩小到30个国家的246家工厂,每一家企业年订货量增加三倍,平均达到36万件/套。

③ 技术标准和培训的确认——制定数量、质量及合约工厂技术培训的标准,确认符合公司要求的加工企业。

④ 社会责任及雇佣基准——对产地工厂的职工生产环境进行评定。

⑤ 成本——控制外发加工费用。

里斯公司十分重视环保和社会责任问题,定期巡回视察各加工厂及面辅料供货企业的质量状况,进行评估并提出改进建议。此外,公司每年在美国召开一次合约方会议,研究有关质量、环保和社会责任等问题。

除了企业需要制定规范化的采购制度,买手个人也应遵守一定的行为准则,发达国家已有专门的机构和组织制定了相关标准,值得借鉴和参考。

■ 小资料

美国采购人员的道德规范和行为准则①

美国采购代理协会提倡:"忠于所属公司、公正对待供应商、具有职业忠诚度"准则,采购的行为标准由以上原则延伸而来。

① 一切交易中要首先考虑公司利益,贯彻并执行公司制定的政策。

② 在无损于职责的尊严和责任的情况下,接受同事的合理化建议。

③ 采购时避免带有偏见,力求使每一笔支出获得最大价值。

④ 坚持学习材料及制造加工流程等相关知识,建立有效的工作方法。

⑤ 在购买和销售中诚信操作,并抵制任何形式的商业贿赂。

⑥ 情况允许的条件下,对具有合法业务要求的人都要给予迅速而礼貌的回复。

⑦ 遵守行业的商业惯例,恪守自己的职责,才能得到他人的尊重。

---

① 资料来源:根据CK Lysons. The M + E Handbook Series—Purchasing (Third Edition). Pitman Publishing, 1993.相关内容整理

⑧ 避免不正当手段。

⑨ 在情况允许时，为同事的工作提供建议和协助。

⑩ 与所有致力于采购活动持续发展的机构和个人保持良好的合作关系。

小资料

英国皇家采购与供应学会的行为守则①

(1) 条例

采购人员应当坚持努力提升采购与供应的职业地位，并始终职业化、无私地按下列规范行事：

① 在所有商业关系中，无论是本组织内部还是外部，都应当尽可能保持最高诚信标准。

② 在所负责的人员中尽可能地培养最高业务能力标准。

③ 将所负责的资源合理优化配置，以便为所在企业谋求最大收益。

④ 遵守下列规章和精神。

- 所在国家的法律。
- 掌握有关专业实践的行为指南。
- 合同义务。

⑤ 拒绝任何不合理或不恰当的业务陋习。

(2) 行为指南

在实施以上条例时，应遵守以下行为指南：

① 利益申报——可能影响或被他人视为影响采购人员在履行职责时公正性的任何个人利益都应当申报。

② 情报的保密性和准确性——在履行职责的过程中所得到的情报应当保密，决不用于个人私利。在履行职责的过程中所提供的情报应当诚实而清晰。

③ 竞争——与供应商的合同和商业关系的特性和持续时间可能根据具体情况而发生变化。这些应当始终确保可交付成果和收益。应当避免那些从长远观点来看可能会妨碍公平竞争有效运行的行为。

④ 商业礼物——除了实值很小的物品比如商业日记本或日历之外，不应当接受任何商业礼物。

⑤ 招待——礼貌而得体的招待是公认的业务关系礼节。然而，接受者不应该使自己由于接受款待而在商业决策中受到影响或被他人视为受到了影响。所接受款待的频数和规模不应显著高于受招待采购人员的雇主所可能提供的回报。

⑥ 当难以判断礼物及招待是否在接受范围时，应拒绝或寻求上级意见。

---

① CK Lysons. The M + E Handbook Series-Purchasing (Third Edition). Pitman Publishing, 1993.（经过整理）

面对服装买手在国内发展的关键时期，买手制企业需要不断完善企业制度、规范采购标准化流程；买手个人努力提升综合素质和专业水准，遵守应有的道德准则和规范，从而促进国内服装买手职业化进程及中国服装业的发展。

附　录

附录一 服装采购商调查问卷（一）

尊敬的________公司领导：

您好！此次调查的目的是了解服装企业采购和供应方面的基本信息，烦请根据贵公司的实际情况填写。衷心感谢您的支持！

一、对于下列的各项指标，请在您对应的观点下面标“√”。

1 关于成本	很不重要	不重要	一般	重要	很重要
① 贵公司与服装供应商交易价格	(1)	(2)	(3)	(4)	(5)
② 贵公司付出的运输成本	(1)	(2)	(3)	(4)	(5)
③ 贵公司付出的品质等维护成本	(1)	(2)	(3)	(4)	(5)
④ 供应商有无降低成本以适应逐渐降低的交易价格	(1)	(2)	(3)	(4)	(5)
2 关于质量	很不重要	不重要	一般	重要	很重要
① 供应商的出货质量优良率	(1)	(2)	(3)	(4)	(5)
② 供应商产品质量的可靠度	(1)	(2)	(3)	(4)	(5)
③ 供应商的持续改善能力	(1)	(2)	(3)	(4)	(5)
3 关于交货期	很不重要	不重要	一般	重要	很重要
① 供应商交货期的准确性	(1)	(2)	(3)	(4)	(5)
② 供应商业务接单中交期的承诺	(1)	(2)	(3)	(4)	(5)
4 关于供应商记录	很不重要	不重要	一般	重要	很重要
① 供应商以往业绩	(1)	(2)	(3)	(4)	(5)
② 供应商业界声誉	(1)	(2)	(3)	(4)	(5)
③ 供应商服务态度	(1)	(2)	(3)	(4)	(5)
④ 供应商针对客户意见，改进的程度	(1)	(2)	(3)	(4)	(5)
5 服装供应商的技术	很不重要	不重要	一般	重要	很重要
① 供应商生产设备的齐全性，具备一些特定生产设备	(1)	(2)	(3)	(4)	(5)
② 供应商检测设备的齐全性	(1)	(2)	(3)	(4)	(5)
③ 供应商具备适应不同生产要求的调节能力	(1)	(2)	(3)	(4)	(5)
④ 供应商具备适合存储成衣原材料辅料的仓储设施	(1)	(2)	(3)	(4)	(5)

（续　表）

6 关于供应商的反应能力	很不重要	不重要	一般	重要	很重要
① 供应商具有迅速改变产能的能力	(1)	(2)	(3)	(4)	(5)
② 供应商具备一定的设计能力	(1)	(2)	(3)	(4)	(5)
③ 供应商对订单变更的快速反应能力	(1)	(2)	(3)	(4)	(5)
④ 供应商交货的前置时间	(1)	(2)	(3)	(4)	(5)
7 供应商公司的基本情况	很不重要	不重要	一般	重要	很重要
① 供应商的内部管理制度	(1)	(2)	(3)	(4)	(5)
② 供应商劳资关系	(1)	(2)	(3)	(4)	(5)
③ 供应商内部员工的素质	(1)	(2)	(3)	(4)	(5)
④ 供应商与贵公司的沟通协调	(1)	(2)	(3)	(4)	(5)
⑤ 供应商厂房的设置遵循贵公司相应的具体要求	(1)	(2)	(3)	(4)	(5)
8 供应商信息处理	很不重要	不重要	一般	重要	很重要
① 供应商有网络支持	(1)	(2)	(3)	(4)	(5)
② 供应商建立电子数据交换系统	(1)	(2)	(3)	(4)	(5)
③ 供采双方具有信息共享能力	(1)	(2)	(3)	(4)	(5)

附录二　服装采购商调查问卷（二）

尊敬的________公司领导：

您好！此次调查的目的是了解服装企业采购和供应方面的基本信息，烦请根据贵公司的实际情况填写。衷心感谢您的支持！

下表的填写方式是以左边的评估准则为基准，与右边的评估准则做相对重要的比较。例如：在评估贵公司信息处理时有3个因素：① 网络支持；② 具备电子数据交换系统；③ 双方信息共享。若您认为“1 网络支持”的重要性很重要于“2 具备电子数据交换”，则在右方的“7”处做“√”或“○”标记；反之，您认为“3 双方信息共享”的重要性稍重要或颇重要于“2 电子数据交换”，则在左方稍重要和颇重要之间的“4”处做“√”或“○”标记。

标记案例

	绝对重要		很重要		颇重要		稍重要		同等重要		稍重要		颇重要		很重要		绝对重要	
1 网络支持	9	8	7	6	5	4	3	2	1	2	3	4	5	6	⑦	8	9	2 具备电子数据交换系统
1 网络支持	9	8	7	6	5	4	3	2	1	2	3	4	5	6	7	8	9	3 双方信息共享
2 具备电子数据交换系统	9	8	7	6	5	④	3	2	1	2	3	4	5	6	7	8	9	3 双方信息共享

（一）贵公司对下表中供应商7个方面的重要性分析

	绝对重要		很重要		颇重要		稍重要		同等重要		稍重要		颇重要		很重要		绝对重要	
1 公司素质	9	8	7	6	5	4	3	2	1	2	3	4	5	6	7	8	9	2 交期准确
1 公司素质	9	8	7	6	5	4	3	2	1	2	3	4	5	6	7	8	9	3 资讯交流
1 公司素质	9	8	7	6	5	4	3	2	1	2	3	4	5	6	7	8	9	4 生产能力
1 公司素质	9	8	7	6	5	4	3	2	1	2	3	4	5	6	7	8	9	5 成本价格
1 公司素质	9	8	7	6	5	4	3	2	1	2	3	4	5	6	7	8	9	6 质量状况
1 公司素质	9	8	7	6	5	4	3	2	1	2	3	4	5	6	7	8	9	7 服务能力
2 交期准确	9	8	7	6	5	4	3	2	1	2	3	4	5	6	7	8	9	3 信息交流
2 交期准确	9	8	7	6	5	4	3	2	1	2	3	4	5	6	7	8	9	4 生产能力
2 交期准确	9	8	7	6	5	4	3	2	1	2	3	4	5	6	7	8	9	5 成本价格
2 交期准确	9	8	7	6	5	4	3	2	1	2	3	4	5	6	7	8	9	6 质量状况

（续 表）

	绝对重要		很重要		颇重要		稍重要		同等重要		稍重要		颇重要		很重要		绝对重要	
2 交期准确	9	8	7	6	5	4	3	2	1	2	3	4	5	6	7	8	9	7 服务能力
3 信息交流	9	8	7	6	5	4	3	2	1	2	3	4	5	6	7	8	9	4 生产能力
3 信息交流	9	8	7	6	5	4	3	2	1	2	3	4	5	6	7	8	9	5 成本价格
3 信息交流	9	8	7	6	5	4	3	2	1	2	3	4	5	6	7	8	9	6 质量状况
3 信息交流	9	8	7	6	5	4	3	2	1	2	3	4	5	6	7	8	9	7 服务能力
4 生产能力	9	8	7	6	5	4	3	2	1	2	3	4	5	6	7	8	9	5 成本价格
4 生产能力	9	8	7	6	5	4	3	2	1	2	3	4	5	6	7	8	9	6 质量状况
4 生产能力	9	8	7	6	5	4	3	2	1	2	3	4	5	6	7	8	9	7 服务能力
5 成本价格	9	8	7	6	5	4	3	2	1	2	3	4	5	6	7	8	9	6 质量状况
5 成本价格	9	8	7	6	5	4	3	2	1	2	3	4	5	6	7	8	9	7 服务能力
6 质量状况	9	8	7	6	5	4	3	2	1	2	3	4	5	6	7	8	9	7 服务能力

（二）关于供应商素质 4 个方面的重要性分析

	绝对重要		很重要		颇重要		稍重要		同等重要		稍重要		颇重要		很重要		绝对重要	
1 供方内部管理制度	9	8	7	6	5	4	3	2	1	2	3	4	5	6	7	8	9	2 供方教育培养体系
1 供方内部管理制度	9	8	7	6	5	4	3	2	1	2	3	4	5	6	7	8	9	3 供方内部员工素质
1 供方内部管理制度	9	8	7	6	5	4	3	2	1	2	3	4	5	6	7	8	9	4 供方以往业绩
2 供方教育培养体系	9	8	7	6	5	4	3	2	1	2	3	4	5	6	7	8	9	3 供方内部员工素质
2 供方教育培养体系	9	8	7	6	5	4	3	2	1	2	3	4	5	6	7	8	9	4 供方以往业绩
3 供方内部员工素质	9	8	7	6	5	4	3	2	1	2	3	4	5	6	7	8	9	4 供方以往业绩

（三）关于供应商交期 3 个方面的重要性分析

	绝对重要		很重要		颇重要		稍重要		同等重要		稍重要		颇重要		很重要		绝对重要	
1 交货期的准确性	9	8	7	6	5	4	3	2	1	2	3	4	5	6	7	8	9	2 对交期的承诺
1 交货期的准确性	9	8	7	6	5	4	3	2	1	2	3	4	5	6	7	8	9	3 业界声誉
2 对交期的承诺	9	8	7	6	5	4	3	2	1	2	3	4	5	6	7	8	9	3 业界声誉

（四）关于供应商信息交流3个方面的重要性分析

	绝对重要		很重要		颇重要		稍重要		同等重要		稍重要		颇重要		很重要		绝对重要	
1 网络支持	9	8	7	6	5	4	3	2	1	2	3	4	5	6	7	8	9	2 构建电子数据交换系统
1 网络支持	9	8	7	6	5	4	3	2	1	2	3	4	5	6	7	8	9	3 供采双方信息共享
2 构建电子数据交换系统	9	8	7	6	5	4	3	2	1	2	3	4	5	6	7	8	9	3 供采双方信息共享

（五）关于供应商生产能力7个方面的重要性分析

	绝对重要		很重要		颇重要		稍重要		同等重要		稍重要		颇重要		很重要		绝对重要	
1 仓储设备合适	9	8	7	6	5	4	3	2	1	2	3	4	5	6	7	8	9	2 生产设备齐全
1 仓储设备合适	9	8	7	6	5	4	3	2	1	2	3	4	5	6	7	8	9	3 检测设备具备
1 仓储设备合适	9	8	7	6	5	4	3	2	1	2	3	4	5	6	7	8	9	4 场地设置合格
1 仓储设备合适	9	8	7	6	5	4	3	2	1	2	3	4	5	6	7	8	9	5 具备设计能力
1 仓储设备合适	9	8	7	6	5	4	3	2	1	2	3	4	5	6	7	8	9	6 订单改变快速反应
1 仓储设备合适	9	8	7	6	5	4	3	2	1	2	3	4	5	6	7	8	9	7 改变产能的能力
2 生产设备齐全	9	8	7	6	5	4	3	2	1	2	3	4	5	6	7	8	9	3 检测设备具备
2 生产设备齐全	9	8	7	6	5	4	3	2	1	2	3	4	5	6	7	8	9	4 场地设置合格
2 生产设备齐全	9	8	7	6	5	4	3	2	1	2	3	4	5	6	7	8	9	5 具备设计能力
2 生产设备齐全	9	8	7	6	5	4	3	2	1	2	3	4	5	6	7	8	9	6 订单改变快速反应
2 生产设备齐全	9	8	7	6	5	4	3	2	1	2	3	4	5	6	7	8	9	7 改变产能的能力
3 检测设备具备	9	8	7	6	5	4	3	2	1	2	3	4	5	6	7	8	9	4 场地设置合格
3 检测设备具备	9	8	7	6	5	4	3	2	1	2	3	4	5	6	7	8	9	5 具备设计能力
3 检测设备具备	9	8	7	6	5	4	3	2	1	2	3	4	5	6	7	8	9	6 订单改变快速反应
3 检测设备具备	9	8	7	6	5	4	3	2	1	2	3	4	5	6	7	8	9	7 改变产能的能力
4 场地设置合格	9	8	7	6	5	4	3	2	1	2	3	4	5	6	7	8	9	5 具备设计能力
4 场地设置合格	9	8	7	6	5	4	3	2	1	2	3	4	5	6	7	8	9	6 订单改变快速反应
4 场地设置合格	9	8	7	6	5	4	3	2	1	2	3	4	5	6	7	8	9	7 改变产能的能力
5 具备设计能力	9	8	7	6	5	4	3	2	1	2	3	4	5	6	7	8	9	6 订单改变快速反应
5 具备设计能力	9	8	7	6	5	4	3	2	1	2	3	4	5	6	7	8	9	7 改变产能的能力
6 订单改变快速反应	9	8	7	6	5	4	3	2	1	2	3	4	5	6	7	8	9	7 改变产能的能力

（六）关于供应商成本价格 4 个方面的重要性分析

	绝对重要		很重要		颇重要		稍重要		同等重要		稍重要		颇重要		很重要		绝对重要	
1 双方交易价格	9	8	7	6	5	4	3	2	1	2	3	4	5	6	7	8	9	2 品质成本维护
1 双方交易价格	9	8	7	6	5	4	3	2	1	2	3	4	5	6	7	8	9	3 运输成本
1 双方交易价格	9	8	7	6	5	4	3	2	1	2	3	4	5	6	7	8	9	4 降低价格以降低成本
2 品质成本维护	9	8	7	6	5	4	3	2	1	2	3	4	5	6	7	8	9	3 运输成本
2 品质成本维护	9	8	7	6	5	4	3	2	1	2	3	4	5	6	7	8	9	4 降低价格以降低成本
3 运输成本	9	8	7	6	5	4	3	2	1	2	3	4	5	6	7	8	9	4 降低价格以降低成本

（七）关于供应商品质状况 3 个方面的重要性分析

	绝对重要		很重要		颇重要		稍重要		同等重要		稍重要		颇重要		很重要		绝对重要	
1 供方出货优良率	9	8	7	6	5	4	3	2	1	2	3	4	5	6	7	8	9	2 产品质量可靠度
1 供方出货优良率	9	8	7	6	5	4	3	2	1	2	3	4	5	6	7	8	9	3 持续改善质量
2 产品质量可靠度	9	8	7	6	5	4	3	2	1	2	3	4	5	6	7	8	9	3 持续改善质量

（八）关于供应商服务能力 2 个方面的重要性分析

	绝对重要		很重要		颇重要		稍重要		同等重要		稍重要		颇重要		很重要		绝对重要	
1 供应商服务态度	9	8	7	6	5	4	3	2	1	2	3	4	5	6	7	8	9	2 针对客户意见改进程度

附录三　服装供应商调查问卷（一）

尊敬的________公司领导：

您好！此次调查的目的是了解服装企业采购和供应方面的基本信息，烦请根据贵公司的实际情况填写。衷心感谢您的支持！

一、对于下列的各项指标，请在您对应的观点下面标“√”。

1 关于成本	很不重要	不重要	一般	重要	很重要
① 贵公司与服装采购商交易价格	(1)	(2)	(3)	(4)	(5)
② 贵公司付出的运输成本	(1)	(2)	(3)	(4)	(5)
③ 贵公司付出的品质等维护成本	(1)	(2)	(3)	(4)	(5)
④ 贵公司有无降低成本以适应逐渐降低的交易价格	(1)	(2)	(3)	(4)	(5)
2 关于品质	很不重要	不重要	一般	重要	很重要
① 贵公司出货品质优良率	(1)	(2)	(3)	(4)	(5)
② 贵公司产品质量的可靠度	(1)	(2)	(3)	(4)	(5)
③ 贵公司的持续改善能力	(1)	(2)	(3)	(4)	(5)
3 关于交货期	很不重要	不重要	一般	重要	很重要
① 贵公司交货期的准确性	(1)	(2)	(3)	(4)	(5)
② 贵公司业务接单中交期的承诺	(1)	(2)	(3)	(4)	(5)
4 关于供应商记录	很不重要	不重要	一般	重要	很重要
① 贵公司以往业绩	(1)	(2)	(3)	(4)	(5)
② 贵公司业界声誉	(1)	(2)	(3)	(4)	(5)
③ 贵公司服务态度	(1)	(2)	(3)	(4)	(5)
④ 贵公司针对客户意见，改进的程度	(1)	(2)	(3)	(4)	(5)
5 作为服装供应商的技术	很不重要	不重要	一般	重要	很重要
① 贵公司生产设备的齐全性，具备一些特定生产设备	(1)	(2)	(3)	(4)	(5)
② 贵公司服装所需要的检测设备的齐全性	(1)	(2)	(3)	(4)	(5)
③ 贵公司具备适应不同生产要求的调节能力	(1)	(2)	(3)	(4)	(5)
④ 贵公司具备适合存储成衣原材料辅料的仓储设施	(1)	(2)	(3)	(4)	(5)

（续　表）

6 关于贵公司的反应能力	很不重要	不重要	一般	重要	很重要
① 贵公司具有迅速改变产能的能力	(1)	(2)	(3)	(4)	(5)
② 贵公司具备一定的设计能力	(1)	(2)	(3)	(4)	(5)
③ 贵公司对订单变更的快速反应能力	(1)	(2)	(3)	(4)	(5)
④ 贵公司交货的前置时间	(1)	(2)	(3)	(4)	(5)
7 作为供应商公司的基本情况	很不重要	不重要	一般	重要	很重要
① 贵公司的内部管理制度	(1)	(2)	(3)	(4)	(5)
② 贵公司劳资关系	(1)	(2)	(3)	(4)	(5)
③ 贵公司内部员工的素质	(1)	(2)	(3)	(4)	(5)
④ 贵公司与采购公司的沟通协调	(1)	(2)	(3)	(4)	(5)
⑤ 贵公司厂房的设置遵循采购商相应的具体要求	(1)	(2)	(3)	(4)	(5)
8 作为供应商信息处理	很不重要	不重要	一般	重要	很重要
① 贵公司有网络支持	(1)	(2)	(3)	(4)	(5)
② 贵公司建立电子数据交换系统	(1)	(2)	(3)	(4)	(5)
③ 供采双方具有信息共享能力	(1)	(2)	(3)	(4)	(5)

附录四　服装供应商调查问卷（二）

尊敬的________公司领导：

您好！此次调查的目的是了解服装企业采购和供应方面的基本信息，烦请根据贵公司的实际情况填写。衷心感谢您的支持！

下表的填写方式是以左边的评估准则为基准，与右边的评估准则做相对重要的比较。例如：在评估贵公司信息处理时有3个因素：① 网络支持，② 具备电子数据交换系统，③ 双方信息共享。若您认为1网络支持的重要性很重要于2电子数据交换，则在右方的7处做“√”或“○”标记；反之，您认为3双方信息共享的重要性稍重要或颇重要于2电子数据交换，则在左方稍重要和颇重要之间的4处做“√”或“○”标记。

标记案例

	绝对重要		很重要		颇重要		稍重要		同等重要		稍重要		颇重要		很重要		绝对重要	
1 网络支持	9	8	7	6	5	4	3	2	1	2	3	4	5	6	⑦	8	9	2 具备电子数据交换系统
1 网络支持	9	8	7	6	5	4	3	2	1	2	3	4	5	6	7	8	9	3 双方信息共享
2 具备电子数据交换系统	9	8	7	6	5	④	3	2	1	2	3	4	5	6	7	8	9	3 双方信息共享

（一）贵公司对下表中7个方面的重要性分析

	绝对重要		很重要		颇重要		稍重要		同等重要		稍重要		颇重要		很重要		绝对重要	
1 公司素质	9	8	7	6	5	4	3	2	1	2	3	4	5	6	7	8	9	2 交期准确
1 公司素质	9	8	7	6	5	4	3	2	1	2	3	4	5	6	7	8	9	3 资讯交流
1 公司素质	9	8	7	6	5	4	3	2	1	2	3	4	5	6	7	8	9	4 生产能力
1 公司素质	9	8	7	6	5	4	3	2	1	2	3	4	5	6	7	8	9	5 成本价格
1 公司素质	9	8	7	6	5	4	3	2	1	2	3	4	5	6	7	8	9	6 质量状况
1 公司素质	9	8	7	6	5	4	3	2	1	2	3	4	5	6	7	8	9	7 服务能力
2 交期准确	9	8	7	6	5	4	3	2	1	2	3	4	5	6	7	8	9	3 信息交流
2 交期准确	9	8	7	6	5	4	3	2	1	2	3	4	5	6	7	8	9	4 生产能力

（续　表）

2 交期准确	9	8	7	6	5	4	3	2	1	2	3	4	5	6	7	8	9	5 成本价格
2 交期准确	9	8	7	6	5	4	3	2	1	2	3	4	5	6	7	8	9	6 质量状况
2 交期准确	9	8	7	6	5	4	3	2	1	2	3	4	5	6	7	8	9	7 服务能力
3 信息交流	9	8	7	6	5	4	3	2	1	2	3	4	5	6	7	8	9	4 生产能力
3 信息交流	9	8	7	6	5	4	3	2	1	2	3	4	5	6	7	8	9	5 成本价格
3 信息交流	9	8	7	6	5	4	3	2	1	2	3	4	5	6	7	8	9	6 质量状况
3 信息交流	9	8	7	6	5	4	3	2	1	2	3	4	5	6	7	8	9	7 服务能力
4 生产能力	9	8	7	6	5	4	3	2	1	2	3	4	5	6	7	8	9	5 成本价格
4 生产能力	9	8	7	6	5	4	3	2	1	2	3	4	5	6	7	8	9	6 质量状况
4 生产能力	9	8	7	6	5	4	3	2	1	2	3	4	5	6	7	8	9	7 服务能力
5 成本价格	9	8	7	6	5	4	3	2	1	2	3	4	5	6	7	8	9	6 质量状况
5 成本价格	9	8	7	6	5	4	3	2	1	2	3	4	5	6	7	8	9	7 服务能力
6 质量状况	9	8	7	6	5	4	3	2	1	2	3	4	5	6	7	8	9	7 服务能力

（二）关于公司素质 4 个方面的重要性分析

	绝对重要		很重要		颇重要		稍重要		同等重要		稍重要		颇重要		很重要		绝对重要	
1 供方内部管理制度	9	8	7	6	5	4	3	2	1	2	3	4	5	6	7	8	9	2 供方教育培养体系
1 供方内部管理制度	9	8	7	6	5	4	3	2	1	2	3	4	5	6	7	8	9	3 供方内部员工素质
1 供方内部管理制度	9	8	7	6	5	4	3	2	1	2	3	4	5	6	7	8	9	4 供方以往业绩
2 供方教育培养体系	9	8	7	6	5	4	3	2	1	2	3	4	5	6	7	8	9	3 供方内部员工素质
2 供方教育培养体系	9	8	7	6	5	4	3	2	1	2	3	4	5	6	7	8	9	4 供方以往业绩
3 供方内部员工素质	9	8	7	6	5	4	3	2	1	2	3	4	5	6	7	8	9	4 供方以往业绩

（三）关于交期 3 个方面的重要性分析

	绝对重要		很重要		颇重要		稍重要		同等重要		稍重要		颇重要		很重要		绝对重要	
1 交货期的准确性	9	8	7	6	5	4	3	2	1	2	3	4	5	6	7	8	9	2 对交期的承诺
1 交货期的准确性	9	8	7	6	5	4	3	2	1	2	3	4	5	6	7	8	9	3 业界声誉
2 对交期的承诺	9	8	7	6	5	4	3	2	1	2	3	4	5	6	7	8	9	3 业界声誉

（四）关于信息交流 3 个方面的重要性分析

	绝对重要		很重要		颇重要		稍重要		同等重要		稍重要		颇重要		很重要		绝对重要	
1 网络支持	9	8	7	6	5	4	3	2	1	2	3	4	5	6	7	8	9	2 构建电子数据交换系统
1 网络支持	9	8	7	6	5	4	3	2	1	2	3	4	5	6	7	8	9	3 供采双方信息共享
2 构建电子数据交换系统	9	8	7	6	5	4	3	2	1	2	3	4	5	6	7	8	9	3 供采双方信息共享

（五）关于生产能力 7 个方面的重要性分析

	绝对重要		很重要		颇重要		稍重要		同等重要		稍重要		颇重要		很重要		绝对重要	
1 仓储设备合适	9	8	7	6	5	4	3	2	1	2	3	4	5	6	7	8	9	2 生产设备齐全
1 仓储设备合适	9	8	7	6	5	4	3	2	1	2	3	4	5	6	7	8	9	3 检测设备具备
1 仓储设备合适	9	8	7	6	5	4	3	2	1	2	3	4	5	6	7	8	9	4 场地设置合格
1 仓储设备合适	9	8	7	6	5	4	3	2	1	2	3	4	5	6	7	8	9	5 具备设计能力
1 仓储设备合适	9	8	7	6	5	4	3	2	1	2	3	4	5	6	7	8	9	6 订单改变快速反应
1 仓储设备合适	9	8	7	6	5	4	3	2	1	2	3	4	5	6	7	8	9	7 改变产能的能力
2 生产设备齐全	9	8	7	6	5	4	3	2	1	2	3	4	5	6	7	8	9	3 检测设备具备
2 生产设备齐全	9	8	7	6	5	4	3	2	1	2	3	4	5	6	7	8	9	4 场地设置合格
2 生产设备齐全	9	8	7	6	5	4	3	2	1	2	3	4	5	6	7	8	9	5 具备设计能力
2 生产设备齐全	9	8	7	6	5	4	3	2	1	2	3	4	5	6	7	8	9	6 订单改变快速反应
2 生产设备齐全	9	8	7	6	5	4	3	2	1	2	3	4	5	6	7	8	9	7 改变产能的能力
3 检测设备具备	9	8	7	6	5	4	3	2	1	2	3	4	5	6	7	8	9	4 场地设置合格
3 检测设备具备	9	8	7	6	5	4	3	2	1	2	3	4	5	6	7	8	9	5 具备设计能力
3 检测设备具备	9	8	7	6	5	4	3	2	1	2	3	4	5	6	7	8	9	6 订单改变快速反应
3 检测设备具备	9	8	7	6	5	4	3	2	1	2	3	4	5	6	7	8	9	7 改变产能的能力
4 场地设置合格	9	8	7	6	5	4	3	2	1	2	3	4	5	6	7	8	9	5 具备设计能力
4 场地设置合格	9	8	7	6	5	4	3	2	1	2	3	4	5	6	7	8	9	6 订单改变快速反应
4 场地设置合格	9	8	7	6	5	4	3	2	1	2	3	4	5	6	7	8	9	7 改变产能的能力
5 具备设计能力	9	8	7	6	5	4	3	2	1	2	3	4	5	6	7	8	9	6 订单改变快速反应
5 具备设计能力	9	8	7	6	5	4	3	2	1	2	3	4	5	6	7	8	9	7 改变产能的能力
6 订单改变快速反应	9	8	7	6	5	4	3	2	1	2	3	4	5	6	7	8	9	7 改变产能的能力

（六）关于成本价格 4 个方面的重要性分析

	绝对重要		很重要		颇重要		稍重要		同等重要		稍重要		颇重要		很重要		绝对重要	
1 双方交易价格	9	8	7	6	5	4	3	2	1	2	3	4	5	6	7	8	9	2 品质成本维护
1 双方交易价格	9	8	7	6	5	4	3	2	1	2	3	4	5	6	7	8	9	3 运输成本
1 双方交易价格	9	8	7	6	5	4	3	2	1	2	3	4	5	6	7	8	9	4 降低价格以降低成本
2 品质成本维护	9	8	7	6	5	4	3	2	1	2	3	4	5	6	7	8	9	3 运输成本
2 品质成本维护	9	8	7	6	5	4	3	2	1	2	3	4	5	6	7	8	9	4 降低价格以降低成本
3 运输成本	9	8	7	6	5	4	3	2	1	2	3	4	5	6	7	8	9	4 降低价格以降低成本

（七）关于品质状况 3 个方面的重要性分析

	绝对重要		很重要		颇重要		稍重要		同等重要		稍重要		颇重要		很重要		绝对重要	
1 供方出货优良率	9	8	7	6	5	4	3	2	1	2	3	4	5	6	7	8	9	2 产品质量可靠度
1 供方出货优良率	9	8	7	6	5	4	3	2	1	2	3	4	5	6	7	8	9	3 持续改善质量
2 产品质量可靠度	9	8	7	6	5	4	3	2	1	2	3	4	5	6	7	8	9	3 持续改善质量

（八）关于服务能力 2 个方面的重要性分析

	绝对重要		很重要		颇重要		稍重要		同等重要		稍重要		颇重要		很重要		绝对重要	
1 供应商服务态度	9	8	7	6	5	4	3	2	1	2	3	4	5	6	7	8	9	2 针对客户意见改进程度

附录五　跟单常用表格

附表1　大货面料验收表

供应商名称			
订单编号		面料种类	
批　　次		数　　量	
交货期限		收货时间	
运输公司		运输方式	
运输负责人		联系方式	
外观检查	抽查数量： 查验内容： 查验结果： 查验人：　　　　　　日　　期：		
洗水测试	测试数量： 测试内容： 测试结果： 测试人：　　　　　　日　　期：		
备　　注			

附表2　货运通知单

订 单 号			客户名称			
订单数量			产品名称			
交货期限			交货地点			
批　　次	数　　量	入库时间	交货期限	交货地点	出库时间	送抵时间
1						
2						
3						
4						
5						

填　　表：__________　　复　　核：__________　　审核主管：__________

附表3 订单资料管理表

订单编号		客户名称		客户订单号	
客户款号		成衣种类		订单数量	
签单日期		要求交货期		实际交货期	
款式描述					

尺码分配方案	颜色分配方案

	公司名称/地址	单价（元）	总价（元）	付款方式	交货期	交货地点	运输方式
客户							
外协工厂 A							
外协工厂 B							
面料描述	名称	纤维成分	组织结构	颜色/色号	供应商	数量	单价（元）
面料 1							
面料 2							

辅料描述	颜色/色号	规　格	供应商	数　量	单　价（元）
拉链					
纽扣					
饰带					
松紧带					
衬料					
样品					

订单生产要求：

后整理	后整理方式与效果要求	外协加工厂	加工单价	交货地点	交货期	付款方式
绣花						
印花						
洗水						
染色						

熨烫/折叠/包装要求：

成品质量要求：

跟单员：____________　　　　审核：____________

附表4　生产制造单

本厂/样办编号________　销货合同编号________　货品名________　制造单号________

买家款式/样办编号________　买家订单编号________　交货日期________　制单日期________

款式描述________　数　量________

用　料	布料	里	衬	绑带	线	纽扣	拉链	主标签	尺码标签	洗衣标签	扣件	松紧带	其他
每打耗用量													
使用位置													
样　卡													

尺　码　表	图　样	车缝指示	
		前幅	
		袋	
		后幅	
		腰	
尺码表	码/色分配	衬衫底摆	
		领	
		袖	
		袖口	
		袋盖	
		其他	
		裤腰襻	

包装物料	纸盒	箱头贴纸	纸箱	拷贝纸	塑料袋	衣架	吊牌	针/夹	领托	内领条	外领条	其他
描　述												
每打用量												
使用规格												
装潢指示	叠衣方式与要求	叠衣尺寸	包装要求	装箱要求	其他要求							

制单人：________　生产跟单员：________　生产经理/厂长：________

附表 5　物料计划控制表

洗水方式		洗水要求		缩水率			
染色方法		染色要求	印花方式		印花要求		
运输方式		交货地点					
物料	纤维成分	组织结构	颜色/色号	款式/图案描述	规格/幅宽	计划用量	供应方
面料							
里料							
填充物							
衬布							
拉链							
绳带							
商标							
吊牌							
订单细节和质量要求：							
业务员签名： 日　期：		审核签名： 日　期：		工厂签名： 日　期：			
注意：1. 请工厂在收到此工艺单后三个工作日内将尚不明确的细节告知我公司 2. 原样收到后一周内需交确认样给我公司 3. 大货样板开裁前所有面辅料必须经确认，大货样板生产前必须先交产前样或产前样板确认							

附表6　辅料采购订单安排与交货进度跟进表

制表/跟单员:________　　　　制表日期:________年________月________日

客　户	客户/订单A	客户/订单B	客户/订单C
订单号			
款　号			
制单号			
成衣款式			
计划生产数量			
裁剪数量			
出货数量			
离厂日期			
更改货期			
发货日期			
物流方式			
收到订单日期			
加工厂			
制单发出日期			
纸样到厂日期			
开裁日期			

辅　料	供应商	跟进日期记录			
拉　链		订购日期			
		到厂日期			
纽　扣		订购日期			
		到厂日期			
皮牌/吊牌		订购日期			
		到厂日期			
注册商标		订购日期			
		到厂日期			
洗水商标		订购日期			
		到厂日期			
缝纫线		订购日期			
		到厂日期			
纸　箱		订购日期			
		到厂日期			
塑料袋		订购日期			
		到厂日期			

参考文献

[1] 于宙. 品牌服装公司产品开发的买手制运作模式[J]. 河北纺织,2007(4).

[2] 李亚男. 中国“服装买手”如何成长[J]. 当代工人(精品版),2009(2).

[3] 朱成钢. 2004 国际商业发展报告[M]. 上海:上海科学技术文献出版社,2005.

[4] TimJackson, David Shaw, Mastering Fashion Buying and Merchandising management[M]. London, Macmillan Press Ltd, 2001.

[5] 王士如,高彩凤,韩贤军,等. 服装企业买手模式[M]. 北京:中国纺织出版社,2005.

[6] 万艳敏,李黎,郑宇林. 服装营销战略·设计·运作[M]. 上海:中国纺织大学出版社,2001.

[7] 于淼. 供应商管理[M]. 北京:清华大学出版社,2006.

[8] 顾苗勤. 服装采购作业指南[M]. 北京:中国经济出版社,2006.

[9] 王士如. 王士如手记——买手型企业运营案例解析[M]. 机械工业出版社,2008.

[10] 海伦·戈沃瑞克. 时尚买手[M]. 甘治昕,弓卫平,译. 北京:中国纺织出版社,2009.

[11] 陈静. 服装买手在国内品牌中的职能化运作研究[D]. 北京服装学院硕士学位论文,2008.

[12] 杰·戴孟德,杰拉德·皮特. 服饰零售采购——买手实务[M]. 北京:中国纺织出版社,2007.

[13] 王国文,赵海然,佟文立. 供应链管理之采购流程与战略[M]. 北京:企业管理出版社,2006.

[14] Graham C. Stevens. Successful Supply Chain Management[J]. Management Decision, 1992, 28(8).

[15] 马士林,林勇,陈士祥. 供应链管理[M]. 北京:经济管理出版社,2007.

[16] 蒙茨卡·特伦特·汉菲尔德. 采购与供应链管理[M]. 王晓东,刘旭敏,熊哲,译. 北京:电子工业出版社,2008.

[17] 吴俊. 织造跟单[M]. 北京:中国纺织出版社,2005.

[18] 赵继新. 采购管理[M]. 北京:高等教育出版社,2006.

[19] 金顺九. 视觉·服装终端卖场陈列规划[M]. 北京:中国纺织出版社,2007.

[20] 傅丽. 浅谈服装零售中的视觉营销战略[J]. 商场现代化,2007(3).

[21] 李俊. 服装商品企划学[M]. 北京:中国纺织出版社,2005.

[22] 杨以雄. 21 世纪的服装产业[M]. 上海:东华大学出版社,2006.

[23] 沈剑剑. 服装企业库存管理的实证研究[D]. 东华大学硕士学位论文,2003(12).

[24] 秦雅娟.服装设计部门岗位职能与工作流程规范模式探讨[J].辽宁经济管理干部学院学报,2009(4).
[25] 肖利华,佟仁城,韩永生.科学运营——打造以品牌为核心的快速供应链[M].北京:中国经济出版社,2008.11.
[26] 黄俊,甘胜军.美邦的组合竞争战略研究[J].管理视野.网络财富,2010(6).
[27] 李颖.零售业的革命[J].南风窗,2001(1).
[28] 张燕.大卖场服装零售绩效评估模型与实证研究[D].东华大学硕士学位论文,2008(12).
[29] 王永进,赵平.北京超市中服装销售状况与前景的调查分析[J].商业现代化,2007(2).
[30] 朱成钢.2007—2008 国际商业发展报告[M].上海:上海科学技术文献出版社,2008.
[31] 何晶珺,顾庆良.上海大型综合超市纺织/服装用品消费行为研究[J].东华大学学报(社科版),2004(6).
[32] 徐晓然.超市自有品牌:市场空间有多大[N].经济日报,2006-02-16.
[33] 李茉.大卖场服装零售绩效评估指标及影响因素分析[D].东华大学学士学位论文,2008(6).
[34] 姚晓云.百货公司买手在英国[J].店长,2010,46(7).
[35] 伦敦 Browns 百货年过八旬的英国顶级时尚买手[N].外滩画报,2010-06-02.
[36] 樊力.麦考林独创销售渠道——三年开店两千家[N].商界,2009-09-21.
[37] 夏俊.白马服装批发市场网络营销扩展研究[D].中南大学,2007(5).
[38] 曾真.批发兼零售:五彩缤纷的七浦路[J].中国制衣,2005(8).
[39] 金玲真.服装集聚型购物中心与消费者行为研究——东大门与七浦路市场分析[D].东华大学硕士论文,2007(7).
[40] 张俊龙.上海世贸商城:潜心打造专业展贸平台[J].纺织服装周刊,2008(7).
[41] Mr Joe.多品牌集成化经营之买手平衡术[J].中国服饰,2007(5).
[42] 孙小丽.我国职业资格认证制度的问题、对策与趋势[J].职业教育研究,2007(10).
[43] 肖昕.摩根百货尝试“半买手”两年内可开 200 家[J].南方都市报,2009-09-12.
[44] 杨以雄.服装市场营销[M].上海:东华大学出版社,2004.
[45] 肖美英.电子数据交换——EDI[M].北京:人民邮电出版社,1996.
[46] 朱俐,郭建南,杜华伟.国内服装行业如何把握好视觉营销策略[J].丝绸,2006(8).
[47] CK Lysons. The M + E Handbook Series—Purchasing (Third Edition)[M]. Pitman Publishing, 1993.
[48] Private label brands gain popularity in Japan[J]. WGSN. 2009-11-25.
[49] Cyril Style, Karl Lagerfeld for Les 3 Suisses[J]. Trendland (EDITORIAL). 2010-05-30.
[50] Michelle Goodman. Sidira Sisich, Macy's Buyer for Juniors. NWjobs. com.
[51] Lauren Sherman, Online Luxury Retail Remains Elusive[N], Bloomberg BusinessWeek (Special Report).
[52] Asos posts 47% sales increase. RetailWeek. 2009. 12. http://www. retail-week. com/newslet-

ter/5006733. article.
[53] Bestseller Fashion Group opens online platform on Taobao, http://www. thepaypers. com, 2009-10-15.
[54] 国家财政部. http://www. mof. gov. cn/mof/.
[55] VANCL 欲借“买手模式”成为中国快时尚品牌. CNET 科技资讯网:http://www. cnetnews. com. cn. 2009-09-17.
[56] 智库百联 http://wiki. mbalib. com.
[57] 跟单员考试辅导:物料验收的步骤 http://www. examda. com/gdy/fudao/fudao/20100210/172454920. html.
[60] 物流案例分析:Y 品牌上下游联动优化产业链. http://edu. 21cn. com/wuliu/g_70_222236-1. htm.
[58] 七匹狼:渠道策略灵活,毛利持续提升. http://money. 163. com/10/0819/09/6EEIALV300253HF4. html.
[59] 专访七匹狼董事长:公司战略定位品牌建设. http://money. 163. com/10/0819/10/6EELNSR8002526O3. html.
[60] 分析我国服装品牌业历年来发展趋势 http://www. china-ef. com/article/2009-04-27/185018. shtml.
[61] 九鼎投资 5 000 万元入股威丝曼. http://www. guosen. com. cn/webd/public/infoDetail. jsp?infoid=8624751.
[62] 时尚界资本风云. 时装周惊现威丝曼日 http://news. 163. com/10/0326/11/62MR726U000146BC. html.
[63] ZARA 全球门店平效超 4 万元为国内同业 4 倍 http://shop. focus. cn/news/2010-07-15/988182. html.
[64] ZARA:重新定义时装 http://manager. ef360. com/Articles/2007-6-15/36695. html.
[65] 解密:视觉营销到底是什么? http://www. topbiz360. com/html/school/yingxiaojinnan/20080418/27509. html.
[66] 七匹狼官方网站. http://www. stepwolves. com.
[67] 雅戈尔官方网站. http://www. youngor. com.
[68] 威丝曼官方网站. http://www. wsmchina. com.
[69] 吉买盛官方网站. http://www. hlgms. cn/html/GMS_shanghai. htm.

后　　记

本书是刘晓刚教授主编的东华大学服装设计专业核心系列教材之一。

《服装买手实务》基于经济全球化的发展和服装买手的职业需求不断增长而编写。本书力图阐明服装买手担当的工作任务：发掘市场需求，开发适销对路的产品或方案，有效进行资源优化配置，增强企业对市场需求的快速反应以及相关实务操作技能和方法。

鉴于服装品牌企业和相关专业学生期望在买手这一领域得到事业拓展，需要相关的教材和参考资料，因此，接到如此有意义的书稿任务，深感荣幸，又颇感压力。因为，服装买手进入我国服装业时间短暂，工作职责和内容并不统一，实务参考资料稀缺。

所幸，本书由一支敬业、刻苦的撰写团队参与，尽管给予的撰写时间不长，但经过努力，终于如期完成。参加本书编写的作者有邵丹、杨澄、朱莉思、陈美霞、张晓雪、杞文楠、毕天逸、史晓云、张春姣、周怡、陈彩霞、蔡钰茹。

在编写和资料收集过程中，得到侯爱华、周爱英、张明杰、陈红朝、吴娜、张俊、许谊、荣家言等商界和学界人士的大力支持，给予了服装买手的诸多诠释和实际案例，在此一并表示衷心感谢。

本书可供大、中专院校服装专业教学之用，也可为服装企业及从事服装买手工作的相关人员提供参考。

书稿撰写时，尽管有30余年教学科研的相关素材，融入诸多案例，但买手的实务操作和教材的系统性还有待今后在实践中不断领悟和完善。书中的不妥之处敬请批评指正。

杨以雄